## 胡 荣

　　福建寿宁人，1962 年出生。博士，教育部"长江学者"特聘教授，厦门大学校务委员会委员。曾就读于宁德师范专科学校（1978 ~ 1980 年）、南开大学社会学系（1984 ~ 1986 年）和香港城市大学（1996 ~ 2000 年）。1986年开始在厦门大学任教，先后担任助教和讲师，1992 年破格晋升副教授，1995 年再次破格晋升教授，为当时中国社会学界最年轻教授。2000 年在香港获得博士学位后回厦门大学参与创办社会学系；2019 年创办厦门大学社会与人类学院，出任首任院长。主要研究领域为农村社会学和政治社会学，提出社会单位理论。2023 年入选国家级教学名师。任中国社会学会副会长，同时兼任教育部社会学学科教学指导委员会副主任委员。

胡荣 著

永不懈怠

一位社会学家的
学术志

社会科学文献出版社
SOCIAL SCIENCES ACADEMIC PRESS (CHINA)

# 序言一

胡荣教授的新作《永不懈怠——一位社会学家的学术志》即将付梓，邀我作序，欣然遵嘱。我虽然曾在中国社会科学院分管全国地方志工作多年，对志书的体系和种类也还算是比较了解，还曾倡导和推动了全国名镇志、名村志的撰写出版，但这种属于学术自述的学术志，并不多见，也令我很感兴趣。阅读此书，令我十分惊讶的是，作者对几十年前发生事情的一些细节，包括时间、地点、人物、情境等，都还记得那么清楚，描述得栩栩如生、历历在目。我猜想作者是有长期记日记的习惯，并经年不辍，这成为这本学术志素材的主要来源。没有这样的基础，想完成这样的学术志，恐怕也是有心无力。

首先，这是一本类似于自传体的学术志，记载了作者出生以后从4岁记事开始直到60岁长达半个多世纪的学习和学术生涯，反映了在大变动、大变革时代的一个个体成长史。通过求学的道路，作者从一个深山小村庄走出大山，走出家乡，走进大城市、走向世界。一些看起来并不是必然的生命历程节点，却成为作者随后成长和发展的重要转折点，比如作者从本地师专毕业后回中学母校当老师，那时正是他家债台高筑的困难期，而他凭着随后的四年自学，考上南开大学的社会学研究生，在当地"引起了不小的轰动，一时传为佳话"。通观他的学术志，这个节点也几乎成为他一生学术生涯乃至人生历程的重要转折点。

其次，这也是一本从独特视角观察中国社会学恢复重建和成长发展的史志，是从一个个体的生命历程反映一个学科的发展变化。作者所考上的南开大学社会学研究生班，以及在此之前由费孝通先生主持开办的南开大学 77 级本科社会学专业班，在中国社会学恢复重建时期，都具有开创性意义。这两个班的学生，后来不少人都成为我国高校社会学重要博士点的领军人物，作者本人也成为厦门大学社会学院独立建院的创建院长。

最后，这还是一本从小窗口审视大变动、大变革时代社会变迁的史志，是通过个体的学习经历和学术生涯反映整个社会的巨变。这本学术志也告诉我们，宏观的社会结构和社会境遇对于个体的命运及其变动具有烙印般的影响，但个体也不完全是被动的，他也参与到对社会结构和社会境遇的构建中。无数个体的有意义的行动，会汇成强大的社会驱动力量。

以上算是读志有感，是为序。

中国社会科学院大学特聘教授、博士生导师，
中国社会科学院学部委员、社会政法学部主任
2024 年 11 月 15 日

# 序言二

在厦门大学的发展历程中，总有一些人以非凡的热忱与不懈的努力，默默耕耘、无私奉献，为学校的学科建设和学术繁荣添砖加瓦。胡荣教授便是其中的代表，他在厦门大学已经工作了 39 年，这是一段充满奋斗与坚持、饱含心血与智慧的历程，而这本学术志，正是他这段难忘岁月的生动记录。

胡荣教授自踏入厦门大学起，便与这里的社会学事业紧密相连。彼时，厦门大学社会学的发展尚处于起步阶段，仅作为一门课程存在，在学科体系中的影响力极为有限，但胡荣教授依然以敏锐的学术眼光和坚定的信念，全身心地投入到教学与科研工作中。随着时间的推移，社会学在中国经济社会发展中的重要性日益突显，学科专业体系日渐完善，胡荣教授也凭借自身的不懈努力和才华，在学术研究领域取得了一系列令人瞩目的成就。

除了理论研究，胡荣教授在实证研究方面同样成果丰硕。他多次深入农村地区，开展实地调查研究。从福建寿宁到浙江永嘉，从江西上饶到江苏太仓，都留下了他的足迹。在这些调查中，他深入了解农村社会的实际情况，关注农民的生活状况、农村的社会结构以及面临的各种问题。通过大量的实地访谈和问卷调查，他收集了丰富的数据资料，并运用科学的研究方法进行分析。他的研究成果为农村社会学的发展提供了坚实的实证基础，也为解决农村实际问题提供了有益的参考。

胡荣教授在学术上的成就，不仅为他个人赢得了声誉，也推动了厦门大学社会学学科的发展。社会学从一个专业逐步发展成为一个系，进而成长为一个学院。

当厦门大学决定设立社会学系时，胡荣教授积极参与筹备工作。他凭借自己对社会学学科的深刻理解和丰富的教学经验，为专业的课程设置、师资队伍建设和人才培养方案的制定出谋划策。随着社会学专业的不断发展壮大，成立社会学系的时机逐渐成熟。为此，他积极与学校相关部门沟通协调，争取支持，为社会学系的成立创造了有利条件。后来他又担任系主任一职，肩负起领导和管理系里各项工作的重任。他精心规划系里的发展方向，制定了一系列发展战略和措施。在他的带领下，社会学系在教学、科研和人才培养等方面都取得了显著成绩。

随着学科的进一步发展，为了整合资源、提升学科竞争力，厦门大学决定成立社会与人类学院。胡荣教授再次投身到学院的筹备和建设工作中，并担任学院的首任院长。他与其他同事一起，共同谋划学院的发展蓝图。在学院的学科布局上，他充分考虑社会学与人类学的学科特点和发展趋势，推动两个学科相互融合、协同发展。在师资队伍建设方面，他继续加大人才引进力度，吸引了更多优秀人才加入学院。同时，他注重加强国际交流与合作，积极推动学院与国内外知名高校和研究机构开展合作与交流，为师生提供更多的学术交流机会和发展平台。在他的努力下，厦门大学社会与人类学院逐渐发展成为在国内外具有较大影响力的学院。

在学术研究的道路上，胡荣教授也曾遇到过各种困难和挫折，如研究条件艰苦、研究成果难以得到认可等，但胡荣教授始终坚持不懈，面对困难毫不退缩。他在早期研究条件有限的情况下，依然凭借着对学术的热爱和执着，克服重重困难，取得了丰硕的研究成果。同时，胡荣教授在学术研究中注重创新，不满足于现有的理论和研究方法，不断尝试新的思路和方法，提出新的理论观点。胡荣教授这种坚持不懈与勇于创新的精神尤其值得青年学者学习。

本书既是胡荣教授的个人自传，也是厦门大学社会学学科发展的珍贵史料。它让我们看到了学科发展的奋斗历程，也让我们看到了在这一过程中无数像胡荣教授一样的学者所付出的努力和汗水。相信在胡荣教授等人奠定的良好基础上，厦门大学的社会学学科将继续蓬勃发展，取得更加辉煌的成就。

厦门大学校长、党委副书记

2025 年 6 月

# 序言三　重拾我们的集体记忆

美国早期社会学家查尔斯·库利（Charles Cooley）的"镜中我"（looking-glass self），大概是社会学这门学科中流传最广的概念之一。大多以社会学为志业的人，都因此深悉他人尤其与我们有着千丝万缕联系的他人都是自我的一面镜子，而每种社会关系也都反映着自我。[1] 我记得，费孝通先生，曾用一句话精湛地表达过库利的思想：我们每个人的自我意识都是通过"我看人看我"的方式形成的。[2] 他人尤其是那些在我们的成长历程中具有重要意义的他人，在一个人的自我意识甚至精神史的形成中都起到了不可或缺的作用。

在我整整 40 年的社会学研究和教学生涯中，尽管无数次以五花八门的方式或案例诠释过这一理论，但一直读到胡荣教授的《永不懈怠——一位社会学家的学术志》时，才恍然大悟：我哪里是在读他人的学术志或个人传记，我从中读到的分明就是自己的生命叙事。不仅在这部 300 多页的学术志中经常会出现我的名字，甚至其中的大

[1] Charles Cooley, *Human Nature and the Social Order*（New York: Charles Scribner's Son, 1902），p.152.

[2] 费孝通：《我看人看我》，《读书》1983 年第 3 期。

部分章节，只要将传主换成我的名字，就如同我自己的叙事一般。我倏地意识到，胡荣记载下的其实是我们这一代社会学人或"知青社会学家"①的集体记忆，或者说呈现的是一部我们这个伟大时代的编年史。

　　我与胡荣，前后相差五岁，但都是在改革开放这个伟大时代的开端同期进入大学的。在此之前，我们天南海北，他在闽东北的一个山村里长大，我在江南的两个古都间徘徊。虽然我一直到18岁下乡"插队"时，才真正体验过他自小就浸淫其中的乡间生活，但除了少时多吃了几顿饱饭外，我们所受的教育及由此形成的想象力其实并无太大的差别：我们都是看《南征北战》或《地道战》的电影长大，不同的只是他的看台是村里的打谷场，我的看台是部队大院的露天操场；他儿时的人生理想是当"不用风吹雨淋日晒"的营业员，我的理想和军队大院的所有孩子一样是做"毛主席的好战士"；1973年11岁的他学黄帅写了自己的"第一张大字报"，1967年1月3日的上午，10岁的我也学着院子里的大人们，贴出了批判刚刚被打倒的国家主席刘少奇的我的"第一张大字报"。我们也都是在那个寂寥的年代养成了文学的爱好。尽管其时社会上流行的信仰是"学好数理化，走遍天下都不怕"，但事实上文学、装半导体收音机和拉二胡，几乎是我们那一代人为数不多的

----

① "知青社会学家"的称谓源于应星的《且看今日学界"新父"之朽败》(《文化纵横》2009年第4期)，及项飚的《中国社会科学"知青时代"的终结》(《文化纵横》2015年第6期)。如果说两位"后知青社会学家"旨在宣告"知青社会学家"的"退场"，那么从主持40位社会学家口述史研究开始，我则在更积极的语义上沿用了这一概念。当然，这一概念包括了年龄大体相当，即使没有下过乡但也做过工或参过军，再在当时的乡间长大的学人。参见周晓虹，《中国社会学的重建与改革开放的话语实践》，《中国社会科学》2022年第12期。

三大共同嗜好。① 文学的嗜好使他获得了图书保管员的资格，也使我成了中学故事队的队长。在那个知识荒芜的年代，这些"近水楼台"的美差多少使得我们的智力没有在荒腔走板的说教中销蚀殆尽。

如果说胡荣有什么幸运，那就是他晚生了五年，并因此也更小就感受到了变革时代的暖意。1977年，当邓小平再次复出，决意放出改革开放的离弦之箭前夕，老人家首先在教育领域破土动工，恢复了自1966年起便取消了整整10年的高考。在生产队担任队长的我，凭着能够自我"派工"的便利，在那年深秋到初冬，白天安排好生产队的活计后睡觉，夜晚在"鬼火高低明灭"的乱坟岗边的打谷场仓库里敞开门，像看草料场的林冲一样，盯紧场上晾晒的稻谷，在煤油灯下苦读了70个通宵，最终在全公社500余名考生中与另外三名知青脱颖而出，我考取了南京医学院。晚我们77级半年，中学刚毕业、年仅16岁的早慧优等生胡荣，更是一骑绝尘，成了高考恢复后其家乡犀溪公社的第一个大学生。

人生总有憾事。因为体检不过关，胡荣进了宁德师专政教系；其实我自己也差点翻船。考完试后，1978年元旦那天天寒地冻，我带着一位社员一起去公社粮管所卖粮，拖拉机手一哆嗦把车开翻了，我俩从高高的粮垛上被抛出，我连头发带头皮在沙石路上擦去一大块。过了不久体检时，我衣服快脱光了却留着顶棉军帽，医生顿生疑惑，便问出缘由，硬逼着我去测有无脑震荡。好在没留下什么后遗症，所

---

① "知青社会学家"大多有这三大嗜好中的某种或几种。比如青年邴正不但"最喜欢文学"，还写过小说；李强对半导体收音机的爱好最为突出，感谢他生前在口述史中还提供了当年自己手绘的半导体收音机线路图；翟学伟学过二胡，还曾参加过"毛泽东思想宣传队"；我自己则不但爱好无线电，而且最终因为文学放弃了最初的医学专业。参见周晓虹主编《重建中国社会学——40位社会学家口述实录（1979-2019）》，商务印书馆，2021：邴正口述史，第181页；李强口述史，第365-366页；翟学伟口述史，第822页；周晓虹口述史，第930~931页。

以比胡荣幸运，未入另册。不过，大学四年我其实读的是两个专科：前两年是医学，在学完生理学、解剖学、病理学等基础医学后，因为酷爱文学，将大量时间投入"伤痕文学"的创作，此后两年转入马列师资班，所以和想着"以后搞文学创作"的胡荣一样，转了个圈也算读了个政教"专科"。

毕业后，胡荣在母校犀溪中学当"孩子王"，我则去了苏州市委党校教书。1983 年，我们都报考了研究生，他想追随北京师范大学杨百顺副教授治西方逻辑史，我则报考山东师范大学，欲跟着 1949 年前复旦大学校长、"文革"后"重获新生"的章益教授研究心理学史。当然那一年我们都名落孙山：他差在欧洲哲学史得了 49 分，我败于政治考了 54.5 分，那年年初"反精神污染"，规定政治必须及格。当然，从后来的境遇来看，我们都应感谢这一年未能金榜题名，否则就不会第二年在南开相遇，更不会邂逅成为我们共同"志业"的社会学。

1984 年，我们都是偶然查阅到南开大学当年要招收社会学专业研究生的。促使我们选择南开的原因固然与费孝通先生牵头挂帅有关，但也多少受到南开社会学兼容并蓄、延揽天下英才的磅礴气势感染。一时间，全国各地 400 多位各学科的考生蜂拥而至。[①] 由于可供选择的考试科目很多，对我而言两年医学和两年哲学都没白读，除了政治和外语，我选了哲学综合考试、历史唯物主义和生理学做为专业课。这最后一门算是方法课，可以在数学、统计学、形式逻辑和生理学四科中任选。胡荣选的是形式逻辑，他在这一科目上夺

---

① 当时，南开大学每年招收研究生 300 余人，报考者 1200 余人，录取率平均 25%；但社会学系研究生班每年招收 30 余人（占全校总招生数不过 10%），但报考人数 400 余人，占全校报考总数的 30% 左右，录取率则不足 10%。录取的严苛也从另一个角度解释了其后南开社会学的成功奥秘。

得 88 的高分，英文完全凭自学的他更是跻身此科目前四的行列，而另外三位同学本科读的都是外文系；我报考的方向是社会心理学，领衔的孔令智教授希望考生能懂生理学，而这一来就给了我这个算是读了医学和哲学两个"专科"的人留足了回旋的天地。几个月后的 5 月，包括我俩在内的 30 余位冲出"生天"的佼佼者云集南开复试，并大多在当年九月开始了自己全新的生活。

从那以后，我们的生活基本开始"并轨"，他这个小老弟以自己的聪明才智和一帮年长的老大哥们开始并肩同行。我们 84 级研究生班 37 位同学，本科除了没有学社会学的以外，从哲学、经济学、教育学、外语、计算机、船舶制造到我这"半个医学"，各个专业应有尽有，记得那年在天津街头为市民咨询时更是大有一个社会学系便可"包打天下"的架势。那时的南开开风气之先，人们后来称颂的社会学系拥有副教授职衔的专任教师其实只有一个孔令智，但是在孔老师尤其是系主任苏驼老师的精心筹划下，却请来了诸多名家大师，包括兼职教授费孝通，以及布劳、英格尔斯、富永健一、波波维奇、蔡文辉、约瑟夫·施耐德、曼德尔夫人和陈元晖等中外教授。记得 1984 年末内地引进由周润发、赵雅芝主演的香港电视连续剧《上海滩》，一时万人空巷，我们无处可看，便每晚涌入前来授课的日本社会学泰斗富永健一教授的客厅观看，而温和的富永先生则自己在里间的卧室为第二天的"经济社会学"课程备课。我想，先生一定不能理解他的中国弟子们为何会为追一部电视剧将他居住的外教公寓小小的客厅挤得插不进脚，他不知道对刚刚从封闭中走出的我们来说，那就是自由和开放的象征。

我曾在口述史中回忆，南开社会学的品质和 1978 年那个弥漫着改革开放之风的时代有着密切的联系。在那个百废待兴的年代，校园里洋溢着激奋的年代才有的特殊气息，而社会学这个被取缔多年、同改革与开放的时代有着天然联系的学科一出现，便赢得了校园和整个社会的高度关注。那情景和19世纪末20世纪初，经验社会学在美国这个天然的实验场中的遭际如出一辙。我们刚刚进南开大学读研究生时，社会学的知识大多基本为零。但是，当年的南开大学或者说南开社会学最大的优点在，她就是能够使一个"门外汉"通过自由的阅读和交流，对一门学科发生真正的兴趣。①

胡荣早我一年离开南开，我和刘祖云、汪新建等另外五位攻读硕士学位的同学又留了一年撰写学位论文。不过，南开是守信的——在我们报考时招生简章上就说研究生班的同学也可以申请学位。我们1987年6月答辩结束后，仅仅晚我们半年，胡荣、张静、关信平和冯钢几位同学在当年年底就回校通过了硕士论文答辩。在我们之前，只有边燕杰、彭华民等14人在结束一年的社会学专业班（即圈内人说的"黄埔一期"）培训后转读硕士学位，那时费孝通和雷洁琼直接挂帅的中国社会科学院社会学所和北京大学也只招有个位数的研究生，所以面对偌大个中国风起云涌的改革开放大业和重建中的中国社会学，人才的急缺为我们的就业谋生和实现人生理想提供了无限的可能。除了几位出国留学的同学外，胡荣去了厦门大学、张静和景跃进去了中国人民大学、关信平留在南开、严立贤去了中国社会科学院、冯钢去了浙江大学……而我则去了在南京医学院读本科时就敬仰无比的南京大学。一时间，我们这些成长于改革开放时代的骄子，竟然有了"长风破浪会有时，直挂云帆济沧海"的感觉。

毕业之时，后来席卷整个中国的"下海"大潮尚未扬起，我们

① 周晓虹主编《重建中国社会学——40位社会学家口述实录（1979-2019）》，商务印书馆，2021，第936~937页。

30 余位同学虽天各一方，但大多都在高等院校或研究机构从事与社会学相关的工作，所以交往依旧密切。那时交通不便，从天津到厦门坐火车要数十个小时，南京就常常成了胡荣往返津厦时的"驿站"。当时火车票极难买，我不在时甚至请妈妈帮胡荣买过票。他有时单独往返，有时我们也会在南京会合再一起走。我邀胡荣参加了《现代西方社会心理学流派》的撰写，<sup>①</sup>其中符号互动论是其硕士论文的主题，在当时他是这一篇章的不二人选；因为我翻译的《萨摩亚人的成年》一书在台湾远流出版公司出版，心理学家杨国枢先生又代表出版社和我签了几本书，我自己译了班杜拉的《社会学习理论》，将乔治·米德的《心灵、自我与社会》交给胡荣和王小章。后来这两本书都先后由台北桂冠图书公司出版。

接下来，整个 90 年代，是我们最为活跃也最为激奋的岁月。1992 年邓公发表"南方谈话"，一时间群潮汹涌。厦门是改革开放的四大特区之一，在海浪卷起的腥味中都带着对岸飘来的金钱的味道。记得 1988 年夏天南京太热，我们临时起意去厦门，一下火车站，台风、暴雨和市场上叫卖的成捆硕大的荔枝，冲去了夏日的暑热。就是那次，胡荣陪我们去刚刚设市的石狮，小镇上尘土飞扬的工地和镇上成群沿街公开叫卖 A 片的女性，在我的脑海里留下了市场的蛮荒侧面。我曾在口述史中谈论过 1993 年在海南我也产生过"留下，还是出走"的认同危机，我不知道身处五光十色厦门的胡荣，从哪里来的勇气与决绝守住了自己的三尺讲台？要知道，在那个充满梦想和躁动的年代，无数像《繁花》中的阿宝、玲子和汪小姐一样的弄潮者，都扑向了象征着财富的我们时代的"黄河路"。

---

① 这部著作 1990 年由南京大学出版社出版，最近修订更名为《西方社会心理学理论——一门学科的多元解释路径与当代状况》，由社会科学文献出版社 2024 年出版。

我们留下了。在守住清贫的同时，开始了年复一年的学术生涯：他写了《社会学导论》，我主编了《现代社会心理学》，而为我们作序的都是古道热肠的王康先生。做研究、带学生、发论文、出版著作……我们既是提前自我"卷"起来的一代，也是享受了改革开放红利的一代。我34岁和37岁分别晋升副教授和教授，胡荣更是30岁就成了副教授，33岁摘得桂冠——"成为中国社会学界最年轻的教授"。我们都在晋升教授后心有不甘，再去攻读博士学位。因为都回到了家乡，我就近跟了蔡少卿教授攻读中国近现代史博士学位，胡荣则前往更南边的香港城市大学追随导师梁君国深造。有意思的是，我们的博士论文都以农村为论域：我以周庄和虹桥两镇为个案，1997年写成《传统与变迁——江浙农民的社会心理及其近代以来的嬗变》，并很快在答辩后入选三联书店"哈佛 - 燕京丛书"；他则以包括自己家乡寿宁县犀溪乡在内的几个福建乡镇为田野地，围绕当时如火如荼的村民自治和村委会选举，写成《理性选择与制度实施——中国农村村民委员会选举的个案研究》，同样第二年就由上海远东出版公司出版。当然，在那个全民致富的年代，为了让空瘪的钱包能稍稍鼓起来，我们也都参加过"创收"，去外地给各自系里办的自学考试辅导班上一整天一整天的课。记得有一年在常熟和苏州两地我各要上三天的课，本来中间空了一天休息，结果到了常熟当晚遭遇地震，课程推后一天，这导致我连续讲了6天40多个小时！这使我在随后的一个月中最不想干的事就是"讲话"。

我们共同的地方还有很多。仰赖改革开放的国策，这些年我们也去了世界上很多地方开学术会议或交换访问：我们都在波士顿待过一年，他在MIT（麻省理工学院），我在哈佛大学；而他的合作导师蔡晓莉教授不仅是美国政治学界的青年翘楚，还曾是我的合作导师裴宜理（Elizabeth J. Perry）教授指导的博士。我们也曾合作搭档，开着一辆简陋的标致，拉着当年还不会开车的翟学伟、周怡和周海燕三位教授在欧洲转了小半圈。当然，我们更相似的地方在，由于分别担任（过）南京大学和厦门大学社会学院的院长，我们都费尽心血，将两个多少处在"半边陲"地带的社会学学科"托举"到了中国社会学的前列。

我不能再写下去，因为我在《永不懈怠——一位社会学家的学术志》中能读到的相似的个人生命史细节太多，由此让我想到近年来我因投身口述史研究而熟知的法国社会学家莫里斯·哈布瓦赫（Maurice Halbwachs）。哈布瓦赫天才地意识到"尽管集体记忆存续于一人群共同体之中，并由此汲取力量，但正是作为群体成员的个体才能够记忆"；以致英译本译者刘易斯·科瑟会说，"集体记忆本质上是依照现在而对过去的一种重构"，[1] 而重构的框架则是由集体或社会提供的。我不能想象，如果我失去包括胡荣在内的诸多同学和同仁，我该如何复述自己的记忆和经历，一如他的学术志无处不闪现着我们的身影。我甚至想如果有一天我也要撰写或叙说自己的生命史，胡荣写成的这本学术志当是最恰当的对标事件和勘误时间的"史志"。

是为序。

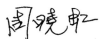

南京大学学术委员会副主任、人文社会科学资深教授

2024 年 11 月 28 日

于南京东郊寓所

---

①   Maurice Halbwachs, *On Collective Memory*, translated by Lewis A. Coser（Chicago: The University of Chicago Press, 1992）, p.22, p.34.

# 目　录

# 〇一　童年时光

　　在中国东南的丘陵地带，洞宫山脉从浙江的龙泉、青田、景宁、庆元绵延到福建境内的寿宁，寿宁位于洞宫山南段。明景泰六年（1455年）始设寿宁县，北面与浙江泰顺县接壤。我的家乡寿宁县犀溪镇库坑村离浙江省泰顺县城仅12公里。

　　1962年6月23日，农历五月二十二日，我出生在库坑村的一座旧房子里。

　　库坑村当时隶属于寿宁县犀溪公社上东皋大队，是个有着悠久历史的古村落。家谱记载，库坑开基始祖敬十四公是由浙江庆元官塘迁来的，他生于洪武戊申年（1368年）十一月，卒于永乐二十年（1422年）十一月二十日。家谱虽然没有明确记载迁居库坑年份，但由库坑迁居始祖的生卒年份推断迁居的时间应该是在明洪武至永乐年间，距今已有600多年历史。库坑，这个位于闽浙边界的小山村，当时仅五六座房子，全村不上百人，都是憨厚老实的种田人。

　　我家世世代代以种田为生，父亲当时30多岁，祖母在贫病中去世，祖父还健在。父亲聪明能干，体格健壮，有的是力气。他不仅能干各种农活，而且还能干木工、篾匠之类的活，虽从未学过艺，但家

图 1.1　库坑村全景

里的很多用具都是他自己动手做的。父亲小时候没上过学,在新中国成立后念了几个晚上的夜校,倒也记了不少的字,不仅能读书看报,有时还能写一些律诗。村头村尾的风雨亭里还有他随手写下的一些打油诗。母亲比父亲小 10 岁,娘家在 30 里外的岗炉村。据母亲讲述,在她出生不久后,外祖母便病逝了。从那以后,她和外祖父相依为命,吃尽了生活的苦头。母亲不识字,还体弱多病,家务活基本靠她一个人忙着。在我出生之前,母亲已生了一个比我大 6 岁的姐姐和一个比我大 4 岁的哥哥。

　　我降生的时候,家里人照例请算命先生给我排"八字"。据说我五行缺金,所以父亲给我取了个名字叫乃鑫。这重重叠叠的"金"字大概会弥补我命中金的不足吧,但我在 1972 年到犀溪小学念书时自己改名为胡荣。父亲说:"荣字的旧体字是火字头,火克金,这名字不好。"我分辩说:"荣字既已简写,'火'不复存在了。"按排行我属于"家"字辈,因此在族谱里,我的名字既不是胡荣,也不是乃鑫,而是家庚。

像农村里的其他孩子一样,我小时候从未吃过花钱买来的东西,哺育我长大的是母亲的乳汁。未满周岁,我居然能下地行走了。祖父常常抱着我到各处去玩。母亲说,小时候的我是很倔强的。摔倒了,就躺地上哭,从旁边走过的行人要来抱我,我就挣扎着喊:"不要你抱,要我的妈妈抱!"一旦别人把我抱起,我还是哭着回到原来跌倒的地方躺下,直到我妈妈来抱,才止住哭声。

等我能跑会跳了,就开始和小伙伴们一起出去玩。清澈的泉水倒映着我的身影,窄窄的田埂上印有我奔跑的足迹,碧绿的山谷里回荡着我采摘野果时的欢笑……不同于城里的孩子能从父母手里得到从店里买来的玩具,我的很多"玩具",都是自己动手做的,是小伙伴们聪明才智的结晶。我们用竹子做成"纸铳""水喷",用玉米秸秆做成"水车",用木头锯成"手枪"。间或哪个孩子弄来了一个子弹壳或是用过的药瓶,更是大家爱不释手的玩具。在制作玩具时常常要避开大人,如果把柴刀、锯子等工具用坏是免不了要挨骂的。春天,我们上山采一束束的映山红,还常到溪水里抓鱼、捉蟹。夏夜,天上有无数的星星,地上有无数的流萤,大人在石桥边聊天,我们在土坪上追逐。秋天,我们就上山采摘各种好吃的野果。有一两个胆大的孩子爬上山顶的松树,山风撩起他们的衣裳,活像展翅飞翔的鸟儿。等房前屋后的水稻收割完了,排干水的田地成了我们纵情驰骋的"操场"。我们在上面用土块打野战,玩"抓特务"的游戏,一直玩到天昏地暗,大人们扯着嗓子喊了一遍又一遍,我们才会依依不舍地回家去吃饭。堆在田坪里的稻草垛更是我们捉迷藏的好地方。冬天,气温低,小伙伴们一个个手冻得像萝卜,我的手还会长冻疮。若是遇上下雪天，小伙伴们又会兴高采烈地打雪仗。最让我们期待的还是春节，做寿的人家会在初一早上摆上各色糖果和零食让大家享用，有时还会给孩子发个小红包。

村子对面有一条溪石铺砌的古驿道，是从寿宁通往泰顺的必经之路。1966 年寿宁通往泰顺的公路开始修建了。记得修公路的时候，我只有 3 岁，村里来了很多修建公路的外地民工，小小山村也开了个小卖部，就在国岩叔家。遗憾的是公路并没有从村中通过，而是从村对面的半山腰穿过。一年后公路通车了，村里人还是望着山对面的公路上的车兴叹。女人们常以每天往返于寿宁和泰顺班车的出现来判断时间的早晚。当中午的班车从泰顺返回的时候，也就是她们该开始做午饭的时间了。公路，一直是我幼小心灵中莫大的期盼。不知多少回梦里，我都见到村子通公路了。

听母亲讲，小时候我们兄弟要是生病发烧了，父亲通常就是用自己的偏方给我们治疗，用一种叫天胡荽的草药加蚯蚓煎汤，效果很好，药到病除。要是生了自家找不到医治偏方的病，那就要到犀溪镇去找医生了。记忆中有一次父亲背着我去犀溪镇看病，伏在父亲厚实的肩膀上，走在夹在两山之间的古驿道上。路外侧是流经村庄的小山涧，蜿蜒数里汇入犀溪。犀溪的水迥异于库坑村的山涧，其水量也是库坑小溪的几十倍，溪水里是一块块圆圆的溪石。街上人来人往，很是热闹，还有穿行于街道上的车子和手扶拖拉机，这些都给我留下深刻的记忆。

1966 年，"文化大革命"开始了。这是一场无比巨大的运动，连库坑这个闭塞的小山村也席卷进去了。当时我年仅 4 岁，懵懵懂懂。每天夜晚，劳累了一天的大人们都聚在村中的石板桥上闲谈。我也偎在父亲的怀里听大人们讲许多新鲜事。从犀溪不断传来许多消息：谁被打倒了，谁又上吊了。村里发生了巨大的变化，每座屋子的大厅都贴上了"红太阳""红榜"。村里有人结婚了，主持仪式的叶石良先生都要先念一段毛主席语录。有时还有一两队串联的红卫兵敲锣打鼓地从村中经过。有一次大人们到犀溪游行，我也赶去看热闹。哦，人真多，一群一群，个个胸前都佩戴毛主席像章，有的举着画像，有的举着语录牌，有的举着彩旗。祠堂里，人们正在批斗几个人。不知道他们干了什么坏事，跪在凳子上，胸前挂着沉重的木牌，大家喊着口号要打倒他们。后来，情况又发生了变化，泰顺城关在武斗中战败的人不断逃到犀溪来，每天村对面的小路上总有三三两两逃难的泰顺人。毛主席的像章、语录本也进入了这个偏僻山村的家家户户。

1968年春，不到6岁的我背起书包上学了。我们的学校有五六张桌子，十几个学生，一位民办教师。教室原先设在一座祠堂里，由于这座祠堂离村较远，后来我们便搬到村中的民房上课去了，先后搬过几个地方。再后来，村里盖起一座土木结构的仓库，生产队的粮食放在楼上，我们就在楼下上课。我们每天只上语文和算术，老师有兴趣就教我们几首歌曲。除此之外，我们没上过别的课，甚至连作文都没写过。第一年给我们上课的是西浦村的缪存连老师，大人们叫他先生，我们也称之为先生。第二年来了位南阳村的龚启凤老师。我连续两年被任命为班长。

我们家住的是一座百年老宅，宅内住着6户人家。我家的北面住的是堂叔，我叫他国岩叔，婶婶终身未育，与婆婆不和，也常常欺负其他人，包括我母亲。国岩叔的母亲，我们叫她犀溪婆，因为娘家是犀溪村的，住在老房子的厢房，自己单独过。她常来我家串门。记得有一年，姐姐到山上自己的竹林里挖竹笋，犀溪婆让姐姐帮她从她家的竹林里带几根笋回来。这事被她儿媳知道了，她儿媳就在村里破口大骂，说我姐姐是"小偷"。

我家南面住的也是一个堂叔，名叫成二，我们就叫他成二叔。当过村里的生产队长，终身未娶，与他母亲住在一起。我们称呼他母亲为李家山婆，因为她娘家是几十里外的李家山村的。后来她让外甥女过来当女儿抚养，并招婿进门，算是有人养老，也续了香火。还有一家是成顺叔，他的父亲胡子平平常常犯胃疼，与他母亲关系不好，老是吵架。还有就是我的大叔胡成美，婶婶与我母亲关系不好，两家人很少来往。父亲有一个哥哥和两个弟弟。我的大伯胡成雷在民国时期的军阀战乱中被抓去当壮丁，据说后来得了痢疾死在军队中；我的大叔胡成美在家中务农，小叔胡成连去了邻村做了上门女婿。听母亲说，她生我那年，没有得到很好照顾，导致母亲得了重病。还好那年父亲上山打了一只野猪，吃了野猪肉身体才有好转。

在小山村里，男女分工明确。男的上山劳动，女的在家带孩子和操持家务，内外有别。男人们白天在山上劳动，晚饭后聚集在村中石板桥旁聊天。他们有的讲村里的陈年旧事，有的讲邻村的新闻，有的在复述不知道说过多少遍的笑话或故事，还有的在高谈阔论，对国内国际局势做与事实大相径庭的解读。当有人说起已经说过好多遍的、老掉牙的故事的时候，大家都还是会聚精会神地听，会意地哄笑。外村来的理发师和裁缝也是村里重要的消息来源。全村人的头发都是由犀溪来的一个师傅理的，每月来一次。他在给村民理发的同时，也与村民聊各种八卦新闻。村里不定期请来做衣服的裁缝，是村里人的女婿，能说会道，一边缝制衣服一边和村民聊天。哪位老将军怎样了、周总理和"四人帮"说了什么话，好像他都知道。大家听得津津有味。再到后来，村里安装了有线广播，每座房子都安了一个喇叭，每日可以听到寿宁县人民广播电台的新闻播报，还可以听到转播的新闻。

女人们不用下地劳动，大多在家带孩子、做家务。她们晚上不出门，晚饭后要在家里洗碗、喂猪或是哄孩子入睡。女人空闲时间在白天，早饭或午饭吃过，如果不是采茶或农忙季节，她们便相互串门聊天。女人们的关系不如男人们单纯，在这聊天过程中，便形成这样那样的关系，村里的人际关系也因为这种聊天串门而变得丰富多彩和错综复杂。三个女人一台戏，因此便有了亲疏远近与"合纵连横"的关系，间或也发生争吵、斗气和打架的事情。两个吵过架的女人要是在路上相遇，双方都有独特的肢体语言表示自己的鄙视抑或愤怒。有时怒目相向，有时扭过头去，正眼不看对方一下，抑或转过身去"呸"一声，吐一下口水，以示鄙视或恼怒。双方要是开骂，那得持续很长时间，不是三言两语就可以结束骂战的。

我记忆中村里第一次放电影，是在生产队的仓库里。也记不清是哪一年了，但清楚记得放的电影是《智取威虎山》。生产队的仓库除了堆放村里刚割回的稻谷，更多的用处是作为小学上课的场所，也是放映电影和开会的地方，算是全村的公共空间了。好像那一次看电影时是冬天，我正出麻疹。第一次看到银幕上的人会动，而且还会说话，好生诧异。再后来，公社宣传队来的次数越来越多了，一年可以看上好几场电影。大多是在胡友根家的新房子放映。他家前面有个土坪，银幕就绑在露天的土坪上。每次放电影的时候，村里像过节一样，老老少少都搬着自家的大小板凳来看电影。

大概是 1969 年，叔叔胡成连从邻近的坑兜村举家迁回库坑村住。他们一家 5 口人：我叔叔和婶婶，一个女儿胡爱秀，还有他的岳父和岳母也来了。我叫他的岳母为外婆。回村后不久婶婶又生了一个男孩，也就是胡家旺。记得有一次，大概是我 8 岁时吧，母亲带着我和婶婶、外婆和一岁多的家旺到西浦用麦子换面，家旺还到照相馆坐在脸盆里照了相。后来成连叔叔在一次意外中去世，婶婶也改嫁到山后村了。

母亲不识字，却可以教我很多道理，遇到村里的长辈一定要有礼貌，要主动打招呼。老人生病了，要去看一看，关心一下。吃饭不可说话，夹菜要从碗边开始，不可以用筷子在碗里面翻找食物。

家里来了客人，主人就会用地瓜扣①或面条做一碗点心，煎一两个蛋夹于其中，用于招待客人。所以不管是自己家或邻居家里来了客人，主人要是做好吃的招待客人，我们兄弟都会避开，不能看客人吃东西。

库坑田地少，村庄不大，但村周边的田地都是犀溪人的。村里水田不多，交了公粮和余粮之后，每家每户能分到的稻谷就所剩无几了。水稻不够吃，大部分村民靠在山上的自留地里种的地瓜填饱肚子。平常只有老人、病人或客人可以吃白米饭，或是到了重要的节日，比如过年，我们才可以吃上白米饭和猪肉。在物资匮乏的年代，家里三餐吃的都是地瓜米。秋冬是挖地瓜的季节，因为地瓜不能放太长时间，需要刨成丝晒干才能长年贮存。因此，一到挖地瓜的季节，家家户户都在村里的小溪或田边找一个地方，用来刨地瓜。农忙季节，男男女女一齐上。从山上挑回的地瓜放在一个大木桶里洗净，然后刨成丝。刨成丝的地瓜还需要放在大木桶里用水浸洗一遍，而后捞起放在竹匾上晒干。这种晒干的地瓜丝俗称"地瓜米"，它是村里各家各户的主食。因为兄弟多，家里煮了好东西，母亲就会给每人分一份，不然大家就很有可能因争抢食物而打架。

那时候我们常常看一种叫小人书的连环画册。一本也不过几分钱，有的是根据小说改编的，有的是根据电影绘制的。在当时的氛围下，我们梦想着自己能有机会在山上或路上抓一个特务，成为小英雄。记得成二叔家有一本小人书叫《月妹》，我看过好几遍。我自己也买过几本，珍藏着，记得有一本是《捉蛇记》。

1971年9月13日，林彪叛逃摔死在蒙古的温都尔汗。没过多久上面的文件也传到这个偏僻的山村小学。当龚启凤老师在课堂上给我

①　地瓜扣：又名金丝扣，寿宁县的特产，用地瓜粉蒸煮后刨制而成。

们说完这件事后，我们立即动手把课本扉页上毛主席和林副主席在一起的画像做了处理，把林彪的画像撕下来。课本中如果出现林副主席的地方也整页撕去，或用笔涂黑。

图 1.2　我（右三）与小学同学的毕业合照（局部）

到 1972 年，我和同村的胡友根同学将升入四年级，由于村小中只有一个老师，他忙不过来，只好叫我们到五里路外的犀溪小学念书。每天往返要走十多里路，这对我来说是非常吃力的。所以我就去翁坑村上了四年级，住在姐姐家。在翁坑小学还未念完一学期，我就转到了犀溪小学。刚到那里时，我的成绩并不是很好，老师也没有注意我。每天清晨很早就上路了，像父亲上山劳动一样，带着一包饭去上课，晚上回家，中午一个人在学校吃家里带来的冷饭。夏天还好，到了冬天吃冷饭的感觉就不太好了。我曾先后把午饭拿到几位亲戚家里去加热。为此父亲找了当时的班主任周乃福老师，所以有一段时间我在周乃福老师家里热饭吃。从家里到犀溪，我和村里的友根常常一起走，有段时间我把饭拿到他姐姐家里去加热。

村里没有店铺或小卖部，我每天从家里到犀溪上课，邻居们常常托我买一些日常用的东西，火柴、煤油、酱油、盐巴等，有的甚至还让我帮忙把他们家里的兔毛、鸭毛或是木瓜干送到犀溪供销社收购。

山村和贫穷限制了我的想象力，我当时的理想就是当一名供销社的营业员。如果能当一名营业员多好呀，不用上山劳动，不用风吹雨淋日晒，每个月都有工资领，可以吃上白米饭。当然，这个理想在当时也是不切实际的，因为农民的孩子不可能有这样的机会，只有居民户才可能有这样的工作，即使偶尔聘用的临时营业员，那也要与供销社领导有关系才行。

从库坑到犀溪读书，时常要防备被大村的同学欺负。让我难忘的一次经历是被上垵村的两个同学辱骂。那是放学回家的路上，走到上东皋的公路上，他们两个没有缘由地骂我，接着还动手打我。我一个人怎么能打过他们两个人，我很害怕，也不敢还手。

第一次去泰顺，大概是读小学的时候，也记不清几岁了。那时候村里家家户户在做"副业"，白天翻山越岭从溪头山那边砍回质地坚硬的楮木，晚上加班加点，在松明点的火把下把木材加工成块状，然后挑到泰顺玩具厂去卖。我很想到泰顺县城看看，但父亲不让我去。有一天，天还没有亮，父亲就起床了。等他挑着木头上路的时候，我就远远地跟在后面。县城令我眼界大开，那里的许多东西对我来说都很新鲜。我还在玩具厂捡到了废弃的木制青蛙和一小块轴承，它们成了我爱不释手的玩具。

我家里姐弟6人，姐姐最大，我还有一个哥哥和三个弟弟。姐姐在17岁时嫁到了翁坑村，家里没了帮手，家务活就只能靠母亲一个人料理了。小时候，母亲和亲戚在闲聊中总为自己没有多生几个女儿感到遗憾。她甚至为我们兄弟的亲事担忧，因为在她看来在农村娶媳妇要花费很多钱，兄弟这么多，恐怕以后要有人打光棍了。

从小村子来的我在犀溪小学没有太多人关注。不过，在五年级时发生了一件很意外的事，使我在班上的地位有了很大的改变，我突然成了学校的风云人物。事情是这样的，北京海淀中关村一小五年级二班的黄帅因为与班主任产生了矛盾给《北京日报》写了一封信。1973年12月12日《北京日报》在头版头条发表了黄帅的来信，接着《人民日报》在头版头条位置全文转发了《北京日报》的文章，黄帅被当作反"师道尊严"和反潮流的英雄成为全国小学生的学习榜样。当时我所在的犀溪小学的老师也给我们布置了任务，要我们每人都写一张"大字报"。下课了，其他同学没完成任务，唯独我上交了一份"大字报"。有一位体育老师在上课时给我们讲了这样一件事情：三年级的一位学生不遵守纪律，他用篮球砸了这位同学。后来我把这件事写进去了，认为老师不能这样体罚学生。班主任把我当作典型加以宣传、表扬。教学楼的楼梯旁开设了一块大字报的专栏。我的"第一张大字报"就贴在上面。一时间，我从一个没人注意的"边缘人"成了学校里的"风云人物"，老师们在大会小会中都会提到我的名字，学校开会常叫我去，老师表扬我，同学们羡慕我。接着，同学们纷纷学我的样子写了许多"大字报"，贴满了专栏。这真出乎我的意料，我的性格虽是倔强的，但我很守纪律，并不具有"反潮流"的精神，写"大字报"仅是为了完成老师布置的任务。不过这件事对我的学习起到了意想不到的促进作用。老师的表扬，不管是什么样的表扬，对学生增强学习信心都是有很大的好处。

从那时起，我学习更用功了，成绩也慢慢好起来了。

# ○二 中学时代

1974 年，12 岁的我小学毕业，升入初中学习。

犀溪中学所在地是山明水秀的西浦，一个有着两千多人口的古村落。西浦村距当时公社所在地犀溪村仅一公里。原来的公社所在地是西浦村，但 1966 年修通的寿泰公路从犀溪穿村而过，而在西浦路段则只是从村边上绕过，公路给犀溪村带来极大的便利，公社所在地自然就搬到犀溪村了。西浦公社变成犀溪公社，随后诸如粮站、卫生院、供销社等机构也都搬到了犀溪，唯独中学还留在西浦，因为当时的校长缪锦梦是西浦村人。

当时初中只有初一两个班，初二一个班，十几位老师。中学老师中除了本地的缪锦梦、缪存锦、缪柏章等人，林寒生、陈元监、陈作正和陈坚等几位是福州来的，还有杨庆东老师是莆田的。学校设在一座老式建筑三官殿里。宿舍、教室和厨房都在这个老建筑里面。我刚来时，一座新的教学楼已经建成，还未启用。当时我们初一（1）班在隔壁的油坊上课。每到榨油的时候，楼下就传来隆隆的响声，飘来阵阵的油味。记得我们是在第二学期搬进新教室的。教室虽新，但墙壁还未粉刷，坑坑洼洼的，地面也没灌水泥，全是灰尘。

我家离学校有 8 里路，所以我寄宿在学校。每个星期一，挑着米和咸菜到学校去。一罐咸菜要吃一个星期，冬天没有什么问题，但到了夏天，头两天还新鲜，过几天就开始长霉变质了。宿舍是大通铺，我们都睡在一个房间里的木板上。后来才有了上下两层的床。被子很单薄，记得有几次冬天睡觉睡到天亮双脚还是冰冷的。学校的食堂为同学们蒸饭，每餐需要付 2 分 5 厘的柴火费。每学期，学费虽说不超过 5 元，但父亲也要向别人借。每星期都要费很多口舌才能从父亲那里得到 2 毛 5 分的柴火费。

学校条件差，再加上那时提倡开门办学、开卷考试，我们的学习是很轻松的，连基本的概念、公式都不必记了。学校也设有音乐、图画和体育等课程，但上课的老师也是"半路出家"，所以我们相关的训练很欠缺。劳动是我们中学生活的一个重要内容。开始时，我们常到西浦大队的蟠龙岗劳动，还到犀溪大队参加平整土地。后来缪锦梦校长从西浦村要了两片山场，组织学生自己开垦荒山。在中学 4 年时间里，我们每个星期都有劳动课，一般一周一天，有一个学期是一周两天劳动课，我们带着午饭上山劳动。先是在从西浦到翁坑的公路边开垦了一大片荒山种茶树，后又在天星岗上开垦了大片的荒山种果树。为了调动大家的劳动积极性，早在 1975 年我们就实行了"生产责任制"。开始时，组长将每个同学每天开垦的荒地面积记下来，学校表扬了开垦荒地多的同学。到后来，学校规定每个同学每次劳动要完成的工作量，先完成的可以先回家。我是班上年纪最小的，挖地不是我的特长，每次总是最后一个回家。在种果树时，学校还要求每个同学在各自种的十三棵苹果树和梨树上挂上有自己名字的竹片，以便做到包种包活。到了期末，学校还要根据同学们的劳动出勤情况和表现，评比出甲、乙等劳动积极分子，我也几次被评上了，每次得到的奖励都是一条毛巾。

我是爱幻想的。进了中学，接触的东西毕竟多起来了，我的想象更是插上了翅膀。星空、白云、飞鸟、流水都会引起我的想象。遥远的星球上有没有人类？这个世界上要是没有人会是什么样子？家里的鸡鸭，吃的是糠和地瓜米，为什么能长出肉来？能不能研究一下鸡鸭的结构，根据其原理造出一种机器来，将糠、地瓜米加工后变成鸡鸭肉？倘若我将来成为科学家，我是要试一试的。回家没带雨伞，又被雨淋了。怎样才能使天不下雨？地理课上说，冷空气是降雨的一个重要原因。将来能不能造一种很大的鼓风机，把热气鼓向天空，这样不就没法下雨了吗？小时候对村庄的改造就有了想法，如何修出整齐的梯田，如何建起漂亮的房子。门口的木桥下长满了灌木、杂草和荆棘，我就爬到溪磡上，把这些灌木和杂草全砍了。这下从木桥一眼可以看到小溪和潭里的水。没想到我的好心办了一件坏事，因为灌木起着防护作用。

每到星期天，我都要回家，父亲常叫我上山砍柴，但我总想偷懒，所以免不了挨骂。不想上山的原因是很怕蛇，不过，我常常帮母亲洗碗、扫地。我常以学习为借口在家里看小说或玩杂七杂八的东西。我也常拿锄头到房前屋后的空地上种些青菜、丝瓜，还在山上挖出一片片的荒地来，并种上地瓜，自己挑着农家肥上山，收获季节没到就把土挖下去看地瓜长多大了。自己喜欢干的事情总不觉得累，正是"童孙未解供耕织，也傍桑阴学种瓜"。因为在房前屋后的边角地种菜种瓜，常有鸡鸭过来把我辛辛苦苦种的菜吃了。记得有一年，我在村中一座水车碾米房的旁边种了几畦青菜，一次看到一群鸭子正在吃我种的菜，我怒不可遏，抓起一根竹竿就过去追赶，没想到一竹竿下去正好击中一只鸭子的头部，那只鸭子扑扇几下翅膀就倒地不动了。我知道闯祸了，鸭子被我打死了，赶紧把鸭子往小溪里扔，想"毁尸灭迹"。后来才知道那只被我打死的鸭子是我婶婶家的。

图2.1 我的初中毕业照（1976年）和高中毕业照（1978年）

初中时开始学物理。张承纲老师给我们讲电的原理，摩擦如何产生电。物理课的知识让我有了一种豁然开朗的感觉，原来身边发生的一些事情都是有因果关系的。张老师每一次上课都帮我解开了生活中关注好久的谜团。物理知识让我着迷，我也想动手试着做物理实验。那时村里刚好办了小水电，我就经常在家里做起电的实验。我买来小灯泡，弄几盆盐水和几根电线，就把自己关在房间里做起电的实验来。我试盐水的浓度与导电性，试各种材料的导电性能，有时还会引起短路。因为是小水电，只要有地方短路，全村就都会停电。这时管电的人就要跑到村中的电站，把水关了，重新启动，否则电机就会烧毁，因此常常招致大人的责骂。最开始，村里的停电十有八九都是我在家里"实验"短路导致的。到后来，只要村里一停电，大人们就会说又是我在玩电，即使不是我干的。

我在班上虽寡言少语，但我的好奇心却一点也不比别人弱。上初二时，我花了很多的精力研究手枪，可以说是到了废寝忘食的地步。没见过真的手枪，但从父亲的鸟铳和儿童玩具手枪的结构中得到了启示，自己设计起来。为了弄清玩具手枪的结构，我步行到八十里外的城关，用积攒下来的几毛钱买了一把玩具手枪。手枪终于做出来了，枪筒是竹子做的，后面用一个旧弹壳填上火药。引发火药的装置是模仿鸟铳的，用铁丝和弹簧制成。一个夏天的中午，我独自跑到没人的地方试放手枪，"砰"的一声，啊！响了，我成功了！虽然枪筒炸裂了，但我还是很激动！

第一次去寿宁县城，是初中二年级吧，我14岁的时候。那时从犀溪到县城每天都有两班长途公交车，但常常人满为患，经过犀溪也就很少停下来。搭乘公交车到县城机会不大，所以我跟着父亲步行去县城，走了差不多一天，从犀溪的泮洋岭上去，走了30多公里的路。我的表姐柳月秀住在寿宁县城的上马巷，她是我姨妈的女儿，姨妈早已去世，表姐夫是福安人，在寿宁饼厂上班。之后我去宁德和天津读书，每次路过寿宁城关都住在表姐家里。

1976年，我们的国家发生了许多重大事件，周恩来总理、毛泽东主席相继去世，"四人帮"也在这一年被打倒了。毛主席的去世对我们的震撼很大，我感到茫然，我在想：没了毛主席，中国怎么办？不过，毛主席去世的当天晚上，我们听到几个老师在讨论如何布置灵堂，感觉他们很冷静。我有点诧异。

我就是在这一年升入高中学习的。我们是犀溪中学的第一届高中生，只有一个班。我的成绩在初中便开始好起来了，到高中时每次考试总是名列前茅。从初二到高中，我的语文都是林寒生老师教的。我很喜欢林老师上课。林老师常把我的作文念给同学们听，这使我对作文产生了浓厚的兴趣，立志要成为一名作家。高二时，我的一篇题为《我的老师》的作文得到了林老师的高度肯定。我在文章里写了一件事："我"在写物理作业时没有认真思考，抄了同学的答案，把"13斤"写成了"B斤"，被物理老师严厉批评。林寒生老师把这篇文章推荐到宁德地区进修校，被编入一本叫《作文指导》的书中，这本书是进修校编写供高二学生复习备考用的。记得那本书中被选作范文的文章只有两三篇，我的作文能够入选很不容易。这更增强了我从事写作的信心。我在课外经常读一些小说，但能看到的小说不多，好多文学名著没有读过，只是在课外或课堂上听说过一些名著的名称和作家的名字。自己买过几本小说，记得有《红岩》《盐民游击队》等。在高二的时候还订了文学杂志《延河》，如饥似渴地读着一篇篇小说，学校还让我保管杂志，近水楼台让我有更多的机会读短篇小说。

我家在 1976 年建了新房子。这是一座木质结构的老式房子，所有的木料都要靠父亲和哥哥用人力从大山里扛回来。村里有帮工的习俗，我们家盖房子需要人力，村民都会过来义务帮忙，但要做好饭招待客人。当然，如果其他人盖房子，父亲和哥哥也一样要去帮他们。

高一时，就听说高校招生制度可能要改革。通过考试招生，每年从应届高中学生中招收一定比例的新生。当时我并未想过要考大学，我想的是毕业后回家如何干一番事业。果然，1977 年高考制度改革了，七七届的学生参加了考试。我真的可以考大学了！于是在高二第二学期，我们就提前上完了课程并进行了毕业考试。我的毕业成绩是班上最好的，接着我便进入了紧张的高考复习阶段。究竟是报考文科还是报考理科，我一度犹豫过。我当时语文、物理和化学的成绩都是班上最好的，数学一般，报考理科有较多的有利条件，但我的兴趣在文学上，所以我还是报了文科。我在初中时有学过地理，但我从未学过历史，必须从头开始学。据说搞文学创作也需要理科的知识，我当时还花了很多时间做与考试无关的物理练习题。当时刚恢复高考制度，复习资料缺乏，老师付出了大量的时间和精力。校长常召集班上学习较好的同学开会，给我们打气鼓劲。校长缪锦梦还几次找我谈话，要我努力学习，考取好的成绩为学校争光。他还专门找到我父亲，让家里支持我的学习。学习是紧张的，每天我很早就起床，没午睡，晚上十点多才上床。有时夜深人静，整个校园都沉睡了，我还在灯下学习。我单薄的身体经得起这样的劳累吗？好几次考试结束走出教室时，我感到头晕脑涨。在高考的前一个月，我病倒了。我肚子整整痛了一个星期，功课也搁下一个星期。病刚好，又要到学校上课了。

1978年的夏天，我参加了高考。全县的考场设在县城，当时从乡下到县城乘车很不方便，校长缪锦梦雇了一辆手扶拖拉机把我们送到县城。开拖拉机的是西浦一位经验丰富的老拖拉机手缪进铃。到了城关，有的同学住旅社，有的住亲戚家，我就住在表姐家。第二天，表姐拉我去后墩桥庙里烧香求签。我不是很信这东西，是表姐拉着我去的，我不敢拒绝表姐的好意，还生怕被同学知道不好意思。我抽的签很好，依稀记得签里有这样的字句："选出牡丹第一枝，劝君折取莫迟疑。时间若问相知处，万事逢春正及时。"

决定前途的时刻终于来到了。1978年7月的一天，我走进了设在城关实验小学的考场。考生真多！他们一个个年纪都很大，有的还戴着眼镜，看上去很有学问。能考得过他们吗？我真的担心，经过两天半的时间，考试终于结束了。

一个月之后，考试成绩揭晓了。在全班三十多个参加考试的同学中，只有我以总分364的成绩取得了体检资格。我真高兴，父母、哥哥、老师们也为我高兴。我提前到城关参加体检。体检在县医院进行。测听力、查五官、量血压，这一切我都正常，最后是透视。轮到我了，透视完，医生将我拉到一旁，叫我再来一遍。情况不妙，医生说我肺部有黑点。天啊，黑点！肺部！不能录取！难道我的希望就这样破灭了吗？天渐渐黑了，冷风吹得我发抖。下雨了，雨水掺和着泪水。我把这不幸的消息告诉城关的表姐夫，告诉在城关开会的林老师、缪校长，他们也为我着急，为我奔走。第二天，表姐夫、林老师和缪校长跟我一起到医院再检查。我向林老师借了7块钱拍片。晚上，医院里的很多医生都被叫来会诊，得出的结论是肺结核（硬结钙化期）。我虽然体弱，但并不多病，也没咳嗽过，怎会在肺里留下这倒霉的斑点？到后来，比我分数低很多的考生都收到了录取通知书，但我却杳无音信。我失望了，准备回中学再念一年，第二年再考。正在这时，大概是十月吧，我收到了宁德师范专科学校的录取通知书。按分数，我是可以进福建师大的，现在虽去的是宁德师专，但总算被录取了。就这样，我成了高考恢复后犀溪公社的第一个大学生。

# ○三 乡村任教

1978年10月下旬，我被宁德师范专科学校<sup>①</sup>的政教专业录取了。由于11月中旬宁德师范专科学校突然暴发流行性肝炎，新生入学报到推迟到12月初。12月6日正式开学，16岁的我告别了父母、同学和老师，离开了家乡，师专的学习生活也就这样开始了。

我们班入学报到时共有46人，后来有3位同学开学不久就转到本校英语专业了，还有林学舜、姚鸿峰2位同学因福建师大扩招补录到其中文专业学习，因此78级政教班实际就读人数41人。当时的班长是林晓青，团支部书记是刘可清。班上的同学中林晓青和戴承峰是退伍军人，只有阮碧莺和高丽琴2个女生。我和王宇飞、刘晓明、刘淑贝、林强、罗绍彪、黄敏杰等7人是应届毕业生。同学中年龄最长者33岁，我们几个应届生16岁。

师专刚办起来，条件很差。我们是那里的第二届学生。老师大部分是从中学抽调上来的。吴有为老师教马列哲学原著，程能金老师教哲学，林祥锵老师教马列政治经济学原著，林畴洲老师教政治经济

---

① 为方便表达，下文也会简称为宁德师专、师专。

学，郑光老师教国际共运史，余深密老师教中国共产党史。一位年轻的女老师叫陈雪芬，教世界近代史，还有林荣松老师教写作。当时的校长是牟广钦，教务处主任是啸马，我们的班主任先是胡进顺老师，后来胡老师调回霞浦，由77级政教毕业的黄雄老师接任班主任。

我们的教室、宿舍和膳厅全都是借用宁德师范的，学校没有图书馆。寄人篱下，总有许多不便之处。第一学年在师范教学楼一层的一间教室上课，第二学年的教室安排在宁德地区教师进修学院三楼。住的地方第一年在师范学校山上的一个大教室，里面有上下铺的木架床，几十个同学共居一室。第二年搬到进修学校，也是用一大间教室改的宿舍，还是许多人挤在一起。用膳安排在师范学校食堂旁临时搭建的竹棚，当时每月有15元生活费，由学校统一安排伙食，每8人

图 3.1　在宁德师范专科学校读书期间与同学秋游

编排一桌就餐。食堂的菜有豆腐、包菜、海蛎以及肉类，许多同学觉得食堂伙食不好，老是豆腐包菜汤，但对我来说，这里的伙食要比家里好多了。除了每月 15 元的生活费，国家还给我们每人每月发放 4 元的助学金作为零花钱。

我报考文科本来是想读中文专业，以后搞文学创作，没想到事与愿违，中文没念成，要念政教。政教科开设的课程有：哲学、政治经济学、马列哲学原著、马列政治经济学原著、社会发展史、国际共产主义运动史、中国共产党历史、中国通史、世界近代史和写作等。这些其实就是大学本科政治公共课上的课程，对于空洞说教，我实在是提不起兴趣，老师在上面讲课，我在琢磨着如何把老师写到我的小说里。我烦恼极了，向学校要求转到中文专业，没被批准。我向读中文专业的同学借了很多书，上完课便把专业课丢在一边看起中文专业的书来。我对文学的兴趣越来越浓，班主任劝我在学好专业的基础上再搞文学，但我还是一如既往。在大专期间我读了大量的文学作品、文学评论，特别是短篇小说。我买了许多短篇小说，特别喜欢看孙犁、赵树理的作品。当时我还买到一本作家艾芜写的《文学手册》，看了一遍又一遍。接着我开始研究起短篇小说的创作来。一天中午睡觉时，我失眠了，我构思的形象使我难以入睡。那天下午我写了第一篇小说《扑克迷和水稻迷》。稿子寄回到寿宁文化馆，在该馆编辑的刊物《映山红》上登出了，这也是该刊发表的第一篇小说。后来我又在《映山红》上刊登了另一篇小说《姐姐》，反映的是农村买卖婚姻问题。我将这篇小说多次修改，易名为《孙玉芝》，寄到《福建文艺》编辑部，编辑虽对稿子很肯定，也提了许多修改意见，但还是没发表。

家里仍很困难，哥哥已订婚，为了一千多元的"礼金"，哥哥和父亲日夜操劳。天有不测风云，1979 年哥哥婚后不久便大病了一场。

家里借了很多钱，债台高筑。我每学期到学校上课，父亲只给我有限的十几块钱，我只能靠学校的 15 元伙食费和 4 元助学金维持生活。尽管如此，我还是尽量省下一些钱买书。我是很爱书的，每次上街，我首先去的地方是书店，每到书店，总是将身上的钱花完了才回来。

我常常想家。宁德离家不远，但我从小就在父母身边长大，刚开始总有些不适应。我的身体不好，常感冒，失眠也是常有的事。我最怕的是宁德闷热的夏天。夏日的太阳将整座宿舍楼烤得如蒸笼一般，那时的学生宿舍既没有电扇，也没有空调，晚上根本无法入睡。冬天的日子也不好过，宁德的冬天虽比家乡暖和些，但一到冬天手总要生冻疮，肿得像冬瓜似的，又痒又痛，拿笔都困难。

学校紧挨着五里亭华侨农场，校园外有一条绿树成荫的公路，是散步的好去处。晚饭后，我常和陈光鸿、黄敏杰、康仲平等同学一起去散步。早上很多人在那里跑步，我有时也去那里跑跑步。学校的生活还算是丰富多彩，常开晚会，我们班自己也开过几次晚会。每天晚上，同学们回到宿舍或是谈天，或是争论，古今中外，海阔天空，什么都谈，什么都说，直到很晚才睡觉。

两年的师专生活就要结束了。在最后一个学期，学校安排我们到中学实习。实习时间为 1980 年 4 月 25 日至 5 月 26 日，78 级政教班的实习地点分两处，一处是罗源县，一处是霞浦县，我和福安、宁德、霞浦等县的十几位同学被安排在霞浦六中实习。

我们就要告别师专走上工作岗位了。在毕业茶话会上，师生欢聚一堂。我在会上说："同学们，师专的生活就要结束了，这两年的生活是难忘的。我是班上的小弟弟，许多大哥哥、大姐姐都在学习、生活上给了我不少的帮助，我是很感激的。在这两年中，我的个子长高了，但我学到的东西却很少。用我们经济学中学过的一句话来形容，我的情形就是知识的增长速度赶不上个子增长的速度。不过，我决心到工作岗位上多学些东西，愿下次我们相见时，我会有更多的知识。"

毕业后，我被分配到我的母校犀溪中学。学校还是老样子，那座两层的三官殿还在，兼做老师宿舍和教室。原来的老师调走了一部分，新来了些年轻的。宿舍紧张，我刚来时没地方住，只好搬到楼下一个堆放杂物的大房间。房间的上面是一条走廊，每当有人走过时，破旧的地板就会发出隆隆声，接着便是纷纷扬扬飘下雪花似的尘埃，可谓是边"打雷"边"下雪"了。后来杨庆东老师调走了，我才搬到楼上他之前住的那个房间。这个房间窗户朝溪，景色不错，可以看到溪水、碇步和溪对面的大樟树。1983 年，学校建成了一座四层的教师宿舍楼，我被安排搬进了二层角落的一个单间。

图 3.2　在犀溪中学任教

18 岁的我走上了讲台。这是我学习过的地方，对这里的一切我既熟悉又亲切。哦，那是我坐过的位置，两年前我就是坐在那里听课的。现在我是一名老师了，在给学生上课。两年前，这些学生都是我的同学，他们当时正念初二。这些学生中还有我的同班同学，他们在高考落榜后也插班进来读书了。

校长对我寄予厚望。第一学期就叫我教高二毕业班的政治和历史课。我刚毕业，对中学的教材不熟悉，教毕业班是很吃力的，而且要教两种教材。我没学过历史，所以只好一边学一边教了，常弄得连休息的时间都没有。学校小，一个老师要教好几门课程，涉及多种教材，而且所任课程经常变换。在犀溪中学任教的四年时间里，我先后教过政治、历史、英语和语文。第二年我教的是初三、高一的政治和英语，每周十节课。第三年我教高一的语文、初二的历史和高一的政治。第四年我教的是高一的语文和初一的政治。在这四年里，教材多次变换，为了适应这种变换，我必须在实践中边学边教。

我是热爱学习的，我不愿白白浪费青春的时光。我的自尊心也是很强的，总觉得自己不应该比别人差。中学时的努力学习使我成了班上的第一个大学生，我也是最早走上工作岗位的，我为此自豪过，但当我的许多同班同学经过几年的复读陆续考上重点大学时，我坐不住了。这些后来者居上，我也不甘落后，我还要学习，还要奋斗。那么，学什么呢，怎么学呢？我在中学阶段就立志要成为一个文学家，师专期间文学占去了我的大部分时间。现在还要继续搞文学吗？是的，开始时我是这样想的。我订了《小说月报》和《作品与争鸣》，但当我继续学习的时候，许多问题使我迷惑了。什么"本质""典型""意境""主流"，围绕这些概念，报刊有许多争论，而且这些争论许多是牵涉到哲学的。为弄清这些问题，我觉得有必要先弄懂哲学。于是我将心爱的文学放在一边。从那以后，我将精力转移到哲学上来，小说几乎没有再看了。我了解到厦大哲学系开设的课程，准备用两年的时间学完这些课程并掌握好英语。由此开启了我的自学过程，我的大学在自学中继续。可以说在犀溪中学边教书边自学的四年所学的东西远比师专两年时间学的东西多，但师专的两年学习对我来说也是非常重要的，至少它给了我一个能够站在中学讲坛上教书的入场凭证。

我碰到的第一个问题就是缺乏书。尽管工资不高，但我省吃俭用，每月都有一些钱买书。不过，在寿宁城关的书店里，只能买到侦探小说，因此我只好先后写信给北京、天津、上海、福州以及其他地方的出版社、新华书店和外文书店，从这些地方我邮购到了许多哲学和英语方面的书。我写信给我在大学里念书的同学，叫他们为我寻找资料。我还利用到福州学习、到宁德参加考试以及到天津复试等机会买了许多书。边学边买，经过四年的苦心经营，我的房间里摆着一个高达七层的书架，上面放着近五百册的书。我没有其他东西，书是我唯一的财富。

学习需要时间。书的问题解决了，那怎样利用业余时间学习呢？平均每天上两节课，此外还要有一定的时间做菜。这一状况到1983年下半年才得到改变，学校开始安排食堂的阿姨给我们这些单身汉做菜了。这样七除八扣，一天中剩下的时间就不多了，我把这有限的时间全都用在了学习上。我制订了个学习计划，循序渐进，每学期都要学几门课程。英语花的时间最多，除了每天至少半个小时要收听广播中的陈琳英语讲座，星期一到星期三的时间都用来学英语。我给自己排了一张学习时间表：星期一至星期三学习英语，星期四学哲学史，星期五学形式逻辑，星期六至星期日学现代西方哲学。我整天躲在房间里学习，很少回家，更少外出，因为这些都是浪费时间的。学校老师打牌三缺一请我参加，我也婉言拒绝了。一天过去了，我总要想一下，这一天我都学了什么，有没有浪费时间。

学习促进了我的教学。如果单凭师专学来的那些东西，我是无法给学生上语文、英语和历史课程的。从这方面说，学习促进了工作。学习使我有了较多的知识，能更深入、更透彻地理解教材。当然，学习需要时间，在时间安排上有时会出现矛盾。在这种情况下，我只能暂时把学习放在一边。

学习中是会遇到困难的。我在初一时学过一个学期的英语，但从那以后就没摸过英语课本了，甚至连字母怎么念也忘了，一切都得从零开始。怎么学？我用了一个月的工资买了一台茶花牌收音机，开始跟随陈琳的英语广播讲座学英语。我用陈琳编的教材，想跟中央人民广播电台学英语，但发现中央人民广播电台已经教到第二册了，我跟不上。浙江人民广播电台是从第一册开始教的，所以我就跟着浙江人民广播电台学陈琳的英语教材，每天半个小时。学了一段时间，浙江人民广播电台的第一册没讲完，但我已经有了一定的基础，就直接跳到中央人民广播电台跟着学第二册的教材。陈琳的英语讲座共四册，过了一段时间，中央人民广播电台四册没教完，我已经把四册都学完了。学完了陈琳的教材，我接着又学了北外编的教材和许国璋的教材，进而收听美国之音、北京电台，训练听力。没有老师，在遇到困难的地方，我只好先把它放在一边，等我继续学了更多的知识时，原来不理解的地方就好理解了。在学习哲学时，我也遵循由易到难这一原则。哲学原著较为难懂，但在弄透哲学原理、学完哲学史的情况下再来学就容易了。

学习使得我的生活变得充实。除了学习，我还有较为广泛的爱好和兴趣，这些爱好使我的生活变得丰富多彩，使我能以更充沛的精力投入学习。我对音乐的浓厚兴趣是在听收音机后培养起来的，在电波里我认识了一批歌唱家，我爱上了音乐，懂得了贝多芬、莫扎特。在紧张的学习之后，我也用自己那并不动听的嗓子唱歌。1983年，我花28元钱从泰顺买回了一把吉他，我喜欢它那娇嫩柔美、具有梦幻色彩的声音。我有时也看电影，当然只看那些有艺术特色和能增长知识的电影。学校的老师很喜欢体育，常在饭桌上讨论体育新闻。耳濡目染，我也逐渐有了几个"体育细胞"，也和老师们赛起篮球来。每天晚饭后，我还经常和学校里的年轻老师一起散步，徜徉在林荫道上，欣赏西浦的风光。西浦的风光十分秀丽，两条清澈的溪流在这里汇合，两岸布满了挺拔的凤尾竹、袅娜的柳树、巨大的樟树和其他树木。每当栗子树开花的时候，整个村庄都弥漫着栗子花的味道。

大概是 1983 年的夏天，我到福州大学参加为期一个月的政治课培训。当时的中学新增了法律常识和道德修养的课程，福州大学办了一个培训班，我们就住在福州大学的学生宿舍里。这是我第一次到福州，第一次到省城，第一次看到城市里的街道是如此宽阔。

家里对我的学习挺支持的。几年前，家里盖起了一座房子，父亲在这上面花了不少的心血。墙、灶、厨都是父亲用他那灵巧的双手做的，没请过师傅。1980 年，我们搬进了新居。哥哥在 1979 年结婚，有了两个男孩，并在 1982 年分家了。家里还有三个弟弟，全都在学校念书。最大的弟弟家东初中三年都是在我身边念。1983 年，他在全县初中升高中的考试中成绩名列第二，为了能早一点出来工作，没有读高中，直接报名读中专，被南昌气象学校录取。二弟胡枫在我身边念初一，三弟胡家亮在犀溪小学念四年级。

我在自学的道路上摸索了两三年，基本学完了大学哲学系的课程，学到了不少东西。1982 年，我报考了北京师范大学哲学系的西方逻辑史研究生。1983 年 5 月，我收到了成绩单：政治 64 分，外语 69 分，普通逻辑 61.5 分，欧洲哲学史 49 分，哲学原理 66 分。这次没有考上，我给该专业的导师杨百顺副教授写了封信，杨老师在信中这样鼓励我："看来您的成绩还是不错的，再努一把力，大有希望。"杨老师的鼓励让我更有信心了。

　　我想接着考哲学专业的研究生。大概是 1983 年底，我到寿宁县高招办查阅各高校的招考目录，发现南开大学社会学系要办一个研究生班，我当即决定不考哲学专业了，改为考社会学专业，虽然对什么是社会学完全不了解。考虑到的因素是：第一，当时一般的专业只招两三个学生，而南开社会学研究生班招收 30 多人，考上的概率比较大；第二，这个专业选考科目很多，不管是学哲学的，还是学经济学的，或是学历史的，都可以找到自己的选考科目。

　　像 1982 年一样，考点设在宁德。春节刚过去不久，还是寒假时间，到宁德后我去找了师专的同学郭新，第一个晚上住在他家里。考试时间为 2 月 18 日至 21 日上午，共 6 科，分别是英语、政治、哲学综合考试、历史唯物论、形式逻辑和中国近代史。

　　1984 年 4 月 14 日，我终于收到了南开大学的复试通知书，多年的努力总算有了结果。

图 3.3　1984 年初在南开大学参加完研究生入学复试后路过北京

　　我先乘车到福州，而后踏上了开往天津的列车，4月29日到达天津。经犀溪中学的同事刘钟银介绍，她有一个堂弟叫刘宁荣在南开大学中文系学习。我找到了他的宿舍，复试那几天我都住在他的宿舍，并从南开的在校学生那里借来杨心恒教授油印的讲义《社会学概论》阅读，做复试前的准备。这是第一次阅读社会学的书，发现社会学既比哲学有趣，也比哲学易懂。5月3日复试，了解到我的初试成绩：政治68.5分，英语74分，哲学综合考试73分，历史唯物论61分，形式逻辑88分，中国近代史46分。

　　1984年7月，我收到南开大学的录取通知书。四年的自学终于有了结果，作为一个师专毕业的学生，能凭自学考上南开大学的研究生，这在寿宁引起了不小的轰动，一时传为佳话。

# ○四  负笈津门

趁暑假空闲，在去南开上学之前，我与父亲一起跋涉几十里的山路，去看望了住在大山深处外山村的姨妈一家，还从西浦带回十几根柳枝，插在房前屋后。

学校在 9 月初开学，从家里到天津需要近一个星期的时间，我还打算路过南昌看看弟弟家东，所以在 8 月 24 日便动身了。临走前我分别到犀溪中学老师、同学以及村中左邻右舍的家里走了走，算是告别。

8 月 24 日下午，我先到西浦看望了几位老师后，在中学同学缪启春家里吃饭，当晚到另一位同学叶振平处睡觉。8 月 25 日上午，父亲从家里到犀溪与我会合一起去县城，许多同学、老师都到犀溪车站送我。给我送行的有叶于迁老师、叶树端、郭正凤、缪启春、缪日升、叶华平、胡树方、魏朝库等同学，还有敏霞、哥哥北淼、弟弟胡枫、家亮和姐姐桂秀。

和往常一样，我在城关住在上马巷 27 号的表姐家里。当天下午，我便把行李托运了，并走访了城关的几位同学。8 月 26 日乘车去福州，叶兴荣、叶振平、缪仕栋、吴国松等几位同学到车站送行。叶树福、

缪道楷、叶振洪要去上学,和我同车到福州,车子在当天下午 2 点半
抵达福州长途汽车站。刚下车,我们三人就赶到火车站买票,但排了
两个多小时的队我还是没买到票。当晚,我跑到省委党校找到带学生
在那里实习的叶树生。叶树生是我中学时候的同学,比我迟一年考上
大学,去了厦大读经济学。第二天上午,我再次到火车站购票,在排
了三个小时的队后总算买到了一张到天津的车票,下午在树生的帮助
下托运了行李。

　　8 月 28 日上午 9 点 40 分,我踏上了驶往天津的 46 次列车。经
过一天的行驶,列车于当晚 8 点 10 分抵达江西鹰潭站。我在那里下
了车,随即买了一张前往南昌的车票,准备去看望在南昌气象学校读
书的弟弟家东。家东在 1983 年到南昌气象学校就读,那个暑假没回
家。我在火车站候车室的长凳上稍作休息后,8 月 29 日凌晨 3 点半
离开鹰潭,早上 7 点抵达南昌。在弟弟家东的陪伴下,8 月 30 日我
在南昌游览了"八一"起义纪念馆、"八一"公园及"八一"大桥等

图 4.1　1985 年在南开大学学习期间新开湖畔留念

景点。9月1日我离开南昌到鹰潭，晚上8点10分再次踏上北上的46次列车，车上挤得很，找不到座位，一直等到上海，许多旅客下车后才找到座位。9月3日早上，列车抵达天津西站，下车后我直奔南开大学。

新的学习生活开始了。曾经梦想进入正规的高校接受系统的教育，现在终于能够以一个研究生的身份走进南开大学这所全国著名的高等学府了。

南开大学创办于1919年，是国家教委所属的综合性重点大学。不过，社会学系刚创办不久，苏驼任系主任。社会学在中国中断了近30年，邓小平同志上台后，在老一辈社会学家的呼吁之下，才逐步得到恢复和重建。当时南开大学便是全国最早成立社会学系的综合性重点大学。新的学习环境给了我一个全新的认知，在南开大学可以见到不少知名人物，这些人的名字在书本上或传媒中已经见过。著名的老一辈社会学家费孝通教授还担任过我们的兼职导师，我们第一次见到费老是1984年10月17日上午。那天是南开大学65周年校庆，我们没去参加校庆大会，而是在主楼的教室里等从北京赶来参加校庆的费老。费老参加完学校的校庆大会，于上午10点半来到主楼和我们见面。费老坐下后，就和我们谈起了中国社会学的恢复和重建过程，讲他如何采取"愿者上钩"的钓鱼方式从其他学科中招兵买马培养人才。在党的十一届三中全会之后，遵照小平同志社会学、政治学要赶快补课的指示，在费孝通等老一辈社会学家的呼吁之下，社会学得到了重建。为了培训师资，当时从社会科学相近的一些专业如哲学、历史等抽调了一些人集中进行培训，费老亲自给他们授课。除了培训班，当时南开大学还开办了社会学研究生班。在我们入学之前已经办过一个14人的研究生班，我们是南开大学办的第二个社会学研究生班。我们班的同学有相当一部分成了中国社会学的骨干，后来学界把我们这个班叫作社会学的"黄埔二期"。

费孝通教授当时担任全国政协副主席，家在北京。虽然公务繁忙，但还是常抽空过来看我们，只要有机会到天津，都会和我们坐一坐。我记得仅1985年3月我们就和费老见了两次面。一次是19日下午3点，在南开大学主楼的303教室，我们和费老进行了座谈。他先讲了最近做的一些研究，从他研究的小城镇问题讲到西北的开发问题。我们提了很多问题，费老一一作答。前两天班上组织大家到位于天津市中心的百货大楼旁的街道上摆摊设点，接受市民的各种咨询。记得有同学在座谈中提到这件事，并说打算成立一个咨询公司，甚至想请费老担任我们咨询公司的顾问。费老拒绝了这一请求，明确表示不赞成大家去街上摆摊。我问费老，当时什么课题最值得研究，他说"四个现代化"是最值得研究的课题。10天后，也就是3月29日，费老到天津市委党校给社会调查方法班的学员讲课，我们全班同学到市委党校去看费老。当时社会学刚恢复，可读的专业书不多，但费老的书是我们必读的。他的《江村经济》、《生育制度》和《美国与美国人》等，我们读了一遍又一遍。

我们84级研究生班总共37人。由于入学考试选考科目较多，班上同学来自不同的专业，有学哲学、中文、经济、历史的，也有学外文、物理、化学的，唯独没有学社会学的。我在班上的位置是很独特的，我的年龄是最小的，而教龄却是最长的，我有4年的中学教龄。我是师专毕业的，而大部分同学都有本科文凭，但我的入学成绩却是较高的。尽管是完全靠自学考上的，但我的英语高达74分，那一年研究生入学考试的英语及格线是50分，班上大部分同学的英语成绩只有50多分，70分以上的只有4人，另外3人分别是王丽雅、王德明和杨红纲，他们都是外文专业毕业的。

　　我住在九宿舍121房间，第二学年搬到221房间，我睡靠窗的一个铺位。我的上铺是于显洋，对面是陈志全，另外还有景跃进、陆开锦。朱泓也和我们同一寝室，但他家住天津，极少来住。班上按寝室分为几个小组，我们小组除同寝室的六位男生外，还有女生陈晓虹。1984年9月5日班上开会，系党总支唐书记在会上宣布了班委名单，庞鸣任班长，刘祖云任党支部书记。

　　南开大学是所不错的学校，图书馆的藏书不少，但由于社会学研究中断了30年，有关社会学的图书资料十分匮乏。当时唯一公开出版的社会学教材是由费孝通组织编写、天津人民出版社出版的《社会学概论》。系里有一本杨心恒编写的打印讲义《社会学概论》。由于系里老师都是其他专业转过来的，他们接触社会学的时间并不比我们长太多，因此没能给我们开课。当时的系主任是苏驼老师，苏永和任系办公室主任，记得系里的老师有孔令智、张向东、王处辉、侯均生、孙非、边燕杰、彭华民、白红光、郭大水、张乐宁、宗力等。唐忠新既是系里的老师，也是我们的同学，因为他也通过考试，和我们在同一个班里学习。系里除边燕杰老师和彭华民老师组织我们的社会学概论课外，相当一部分课都是请国外的社会学者给我们讲授。第一学期给我们授课的有来自南斯拉夫的波波维奇教授和日本东京大学的富永健一教授。波波维奇教授从1984年10月15日开始给我们讲马克思主义社会学，11月8日结束。富永健一教授从11月初开始给我们讲经济社会学，一同前来的还有他的学生园田茂人，他们在12月下旬离津返日。第二学期是来自美国印第安纳大学的蔡文辉教授给我们讲西方社会学理论，他从1985年5月9日开始上课，共讲一个月。蔡先生是美籍华人，用普通话上课，比前两位外籍教师生动得多。第三学期来了两个美国教师，一个是宾夕法尼亚大学的曼德尔夫人，她开设了美国家庭和组织社会学这两门课，另一个是约瑟夫·施耐德，他讲社会调查方法。除外籍教师外，先后还有国内的一些专家学者给我们开课，南京师范大学的刘恩久教授在第一学期上西方心理学史，吉林大学的车文博教授给我们讲弗洛伊德的精神分析学说，杭州大学的龚浩然教授讲苏联心理学，天津社会科学院的潘允康讲家庭社会学。来给我们作短期讲座的国内外学者就更多了。因为南开大学是第一所创办社会学系的大学，所以不少到中国的社会学者要来南开大学看一看。

比起自学，南开大学的条件好多了，在南开大学我的英语又有了很大的进步，尤其是在听力、口语方面。第一学期我们开设了英语课，分听力、口语和精读几个部分。为提高学生的听力，学校在星期一和星期三分别邀请了来自英国的休·奥斯本和来自美国的大卫在小礼堂用英语开设讲座，介绍两国的风土人情及学校生活。10月8日晚的第一次讲座由休·奥斯本讲，我和班上的刘祖云同学在6点钟来到主楼旁的小礼堂门口，人山人海，一直等到6点半才开门。在那里我认识了化学系的李凤霞。几乎每一次讲座我都坚持去听，李凤霞常常帮我占位置。这比听磁带效果好多了。

北方的冬天冗长而沉闷，落光了叶子的树木将赤裸的枝丫伸向灰蒙蒙的天空。不过，冷空气并没有想象的那么可怕。事实上，北方的同学比南方的同学更怕冷。在同一个寝室中，南方来的同学喜欢经常打开窗户换换新鲜空气，而北方的同学总要把窗户关得严严实实。虽然校园内的新开湖面结了一层厚厚的冰，但室内都会供应暖气，只要不在室外待太长时间，并不觉得冷。我最冷的一次体验是1985年1月18日送唐忠新同学到车站：第一个寒假我没回家，唐忠新是班上最后一个回家的。那天早上5点钟，我就被他叫醒，然后骑上自行车载着行李把他送到长途汽车站，由于在室外待太长时间，手脚都麻木了。

　　我们不太习惯的是北方干燥的气候和漫天飞舞的尘土。1986 年
1 月 3 日，好大的风，有点像夏天家乡的台风，不过没雨罢了。那
天早上我们在主楼 403 上课，可以看见窗外随风飘扬的落叶、纸片。
大风掀起灰尘，把天空搅得黑乎乎的。窗户被吹得呜呜作响，灰尘
从窗户的间隙挤进来，教室里全是泥土的气味。关着的门也几次被
风推开，最后我们只好拉了一排椅子将门顶上。下课后，从主楼出
来，只见楼前一排排自行车全部倒在地上，像经过了一场空袭一样。
留学生楼前的一棵大树也被风吹倒了。回到宿舍发现窗户已结满了
冰花。

　　在经过漫长冬天的煎熬后，当看到校园内第一朵绽开的桃花时，
我便感到异常的兴奋和激动。

图 4.2　全班同学与来自南斯拉夫的波波维奇教授合影

　　学校的文化生活是丰富多彩的。学校图书馆的旁边有个露天
广场，同学们常带着各自的小凳子到那里看电影。有时我们也到天

津大学的求实礼堂或校外的新兴电影院看电影或演出。每个周末校内都有舞会，系里也常有舞会。来南开大学之前我没跳过舞，我有时也到舞会上去看看，想学会跳舞，但在这方面我的进步似乎不大，花了一些时间，也只学会了慢三、慢四和快三这些简单的舞步。舞跳得不好，在舞场上也不敢请不认识的女生跳，只在碰到熟悉的女生时才请她们带着自己下去转两圈。所以到了舞场，我更多的时候是在看舞，而不是跳舞。在一次舞会上，我认识了家住天津大学的李凤蓉。班上不少同学爱打扑克、下棋，但我却始终没养成这方面的习惯。我爱音乐，第一学期就到天津大学听李质伟的吉他讲座，但没花太多时间也没学好；在进校的第三个学期，中文系的学生成立了文艺研究会，我和周晓虹、李兆阳都积极参与了他们的一些活动，我还在文艺研究会的刊物上发表了《黄昏的柳树下》《夏之歌》《故乡》等歌曲，这应该算得上是南开最早的校园歌曲了。在周晓虹的倡议下，我在第三学期还着手对社会学社进行了改组。

在天津两年，北京去了好几回。第一次去北京是1984年5月到南开大学复试时，当时去找了在国家计划委员会经济研究所工作的同学叶柏寿，还和在京工作的寿宁同乡一起游览了天安门及北海公园。第二次是1985年5月2日，和系里的同学、老师一起游览了北京的十三陵。下午1点半，我们离开十三陵，到北京东北角的雍和宫参观，随后大部分同学乘车回校，我则到人民大学找寿宁老乡陈根弟，之后又去见了叶柏寿同学。5月4日，我骑车到天安门广场，先后参观了毛泽东纪念堂、中国革命博物馆、中国历史博物馆、人民文化宫，又去了王府井书店，5月6日回津。第三次是1986年4月，系里要派人到北京买书，我和陈志全于5月20日到北京，5月21日参加书展购书，5月22日一起到长城游览。

北方的城市生活与南方并无太大区别，作为社会学专业的学生，作为一个农民的孩子，我更想了解北方农民的生活。1985 年 11 月 3 日，我借了一辆自行车，与化学系的同乡李兆阳一起早上 8 点钟出发，沿卫津路到西站，又从西站往西到杨柳青，路上我不慎摔了两跤。在一个饭店吃完午饭后，我们碰到了一位在地里挖菜窖的农民。经一阵攀谈之后，我们被带到他家里坐了一会儿。在交谈中我们知道这里的农民家里已基本有了电视机，年收入达 4000 多元。接着我们骑车在子牙河边逛了一会儿，5 点回到学校时我已精疲力竭。

最后一个学期在河北定州市十多天的实习使我有了更多机会了解北方农村。1986 年 5 月 19 日，我和谢志强、陈志全、欧阳马田等 5 位同学一起在天津东站乘从秦皇岛开往石家庄的 304 次列车，途经北京，于下午 6 点抵达定州车站。前一天到达定州的唐忠新来车站接我们，6 个人雇了一辆三轮车，在市政府招待所住了下来。

定州原名定县，20 世纪 30 年代李景汉先生曾在此做过社会调查，出版了著名的《定县社会概况调查》。我们此次来就是想对 80 年代的定州各方面的情况进行调查，而后与李景汉 30 年代调查情况做比较。根据分工，我负责宗教方面情况的调查。由于调查需要协调与河北大学人口所的关系，唐忠新来回在保定与定县之间跑，我们就待在招待所里耐心等待。5 月 20 日上午，我和谢志强背着相机，骑上租来的自行车在市内转了几圈，并到市中心看了开元寺宝塔。5 月 21 日上午，又骑车到南庄大队转了转。我们所住的招待所的房间是临街的，吵得很，无法睡好觉。空闲的时候，我也坐下来看看英语单词，或是唱唱歌。

5 月 25 日下午 4 点，我和唐忠新、谢志强骑车从南门出去，到市郊去转了一圈。小唐是河北人，对北方农村生活比较熟悉，他一路上给我们讲北方农村的各种事情。出了南门，便是一望无际的麦田。

天是阴的，有时还有一两滴雨点，不时碰到一两个劳作的农民。阡陌纵横，我们骑车在窄窄的田间小路上颠簸着。我们来到了尧方头村，这是典型的北方农村村落。每幢砖土结构的房子只有一层，不高的土墙，四周葱郁的白杨树给村子增添了不少生机。村中土路上散落着的高粱秸秆是北方独有的景象。自行车驮着我们出了村子，又蜿蜒在田野上。田野中不时有一两幢矮小的砖房，那是抽地下水用的机井。北方雨水少，几乎没有水田。能用水灌溉的地叫水浇地，只有这些地方的庄稼才长得较好。接着我们来到一条小河边，两岸是几排挺拔的白杨树，繁茂的枝叶令人望而生爱，我兴奋地领头骑车在林中的土路上奔驰。

由于与河北大学人口所的合作没有谈妥，原来的调查计划无法实施，我们决定选择一两个村庄，深入调查，以便得到一些关于北方农村的感性认识。5月26日下午4点，我们从定州市政府招待所出发。我们把大包寄存好，拎着一小袋日用品，骑着自行车向城东奔驰而去。出了城，便是笔直的柏油马路，两排钻天的白杨，无边无际的麦田。我一路上骑在队伍的前头。经过近一个小时的骑行，我们来到了东亭镇。在一个小饭店里喝了碗茶水之后，又上路了。半个小时后，我们来到了东庞乡政府，在给一个姓邢的同志看完介绍信后，他带着我们来到了翟城村。这是一个近千人口的大村，有26个生产队。在大队部，我们找到了米书记。米书记安排我们在街边的饭馆吃了晚饭，接着又给我们安排了住处。我们分三处住下，我和小谢、马田来住在米书记家里。5月27日上午，我们在大队部听韩会计介绍翟城村的一些基本情况，下午到育才小学听校长介绍情况。5月28日，我和小唐、小陈一起重点访问了几家农户和几位嫁到这里的四川妇女，询问了这里的一些风俗。5月29日上午我和小唐、小陈与一个开店的青年聊了一会儿，接着又到田野转了转。下午 4 点，我们动身从翟城村返回城关。临别，房东大娘送给我们一包煮好的鸡蛋。下午 6 点左右，我们抵达城关。5 月 30 日上午，我们离开定州来到石家庄，住进了 52901 部队招待所。石家庄是个新兴的工业城市，污染严重，可玩的地方不多，下午我们沿着中山路走到华北军区烈士陵园。这是一个很大的烈士陵园，园内有白求恩、柯棣华的雕像。5 月 31 日上午，我们乘 212 次列车离开石家庄，经 7 个小时的旅途劳顿，于下午 7 点抵达天津。

春节是中国人一年中最隆重的节日。每当春节到来，许多在异地他乡求学、经商或做事的人们都回到了自己的家乡，与家人共度新春佳节，同享天伦之乐。天津离家远，回一趟家来回要花八九天的时间，所以第一个寒假我没回家。从 1 月 21 日我们班的课程结束后，同学们便陆续回家了。一个个忙着买车票，购买天津特产和准备行李。当班上的同学都陆续回家之后，往日热闹的校园便变得异常冷清。当把同学们一个接一个地送往车站时，我也难免有几分思乡之情，但无论如何，我是不打算回家了。一是因为路太远，来回起码花一个礼拜的时间，二是假期短，三是怕旅途艰辛。同学们一走，往日热闹的宿舍变得冷清了。我刚开始有些寂寞，但几天过去也就适应了。我有时上图书馆，有时去教室，有时就待在宿舍。或是看书，或是翻译，或是听听音乐。生活还是很丰富的，学习工作效率甚至比平常高。除了几次由于睡眠失调而影响学习，时间得到了很好的利用。不知不觉中，寒假已过了一半，春节也悄悄来临了。往年这个时候，我都待在家里。父母这个时候总是很忙的，做米果、蒸糕、做豆腐、买猪肉，一件接着一件，直忙到年三十晚上。

大年三十晚上，学校安排留校的同学聚餐，我和班上的两位同学及几个本科生一起在苏永和老师的陪同下会餐，并观看了春节文艺联欢会的节目。大年初一，系里的老师们早上聚集在一起互相拜年，我也参加了团拜会。初一晚上，系书记唐老师又来请我和留校的陆开锦同学到他家吃饭。

系里有一个内部刊物《社会学与现代化》，班上一些同学参与编辑，并在上面发表文章。我临近毕业提交了一篇关于田野研究的短文，离校之后才发表。班上的同学早早就递交了入党申请书，许多人在读研的两年时间里入了党，但我反应比较慢，等我递交上申请书已临近毕业，在校期间也就没入党了。

在校期间共回家两次。第一次回家是1985年暑假。6月26日晚上7点，我和历史系的盛国雄及另外两位进修教师老林和老庄一起乘坐45次列车南下。幸好放假时间还没到，人不多，上车后我和老盛很快在7号车厢找到了座位，老林和老庄坐在13号车厢的卧铺。我在车上吃了一餐米饭和一顿面条，其余几餐都吃带去的方便面。在车上睡眠是很成问题的，我到老林的卧铺躺了几次也没睡着。由于晚点，火车28日下午4点左右才到达福州站。下车后，我乘巴士到长途汽车站旁的文艺大厦办理了住宿手续，接着到车站买了张次日回寿宁的车票。6月29日早上5点52分乘汽车从福州出发，下午3点到达寿宁城关。下车后，我把行李拿到表姐家里，便立即去找在城关工作的同学、朋友。30日上午8点乘公共汽车到犀溪，又到西浦找了几位朋友，当天下午才回到家里。

回家之后，去看望了一些同学。7月21日，与振平、胡英等游览了三峰寺、后墩桥，并认识了当时还在寿宁茶叶公司工作的黄春霞。由于想去一趟厦门和到北京参加王宽诚基金考试，我提早动身返校，8月14日离家到城关，8月17日到福州，8月18日到厦门。中学同学叶树生当时已经读完厦门大学经济系本科，并留在厦门大学经济研究所工作。在他的陪同下，我游览了鼓浪屿、湖里和集美，厦门大学校园给我留下了难忘的印象。吃完晚饭，我和树生一起来到厦门大学的海滩上。刚退潮，岸边铺了一层松软、金黄而洁净的沙子，海上点缀着几片帆影，海浪不断地拍打着岸边。夕阳西下，海风徐来，此时漫步在海滩上，别有一番情趣，一种从未有过的新鲜感。接着树生又带我到校园各处走走。这里新的经济学院最为堂皇，掩映在树丛中的教授楼、讲师楼、助教楼以及留学生楼、研究生楼也颇为壮观，校内有相思树、龙眼树、柠檬桉、凤凰树等各种的热带树木，鲁迅和陈嘉庚的两座塑像也给校园增色不少。

8月21日，我从厦门回到福州。8月22日上午11点34分，我踏上了北上的46次列车。火车沿着闽江岸边的铁路线穿山越岭、奔驰北上。当火车进入闽西北时，天色渐渐暗下来了，我伏在车上迷糊入睡。当天色发白的时候，火车已进入浙江境内。火车奔驰在一望无际的田野上，晨风从车窗外吹来，使人精神振奋，我又一次见到了钱塘江大桥，见到了六和塔。跃过一座又一座的城市，跨过一条又一条的河流，当第二次天色暗下来时，列车已经进入安徽境内。我一直伏在车窗看外面的景色。开始，当火车经过几个小镇时，我还可以看见三三两两光着膀子在树下乘凉的人。渐渐地，只能看见一点两点或成片的灯光。咣当当，咣当当，火车还是不知疲倦地奔驰着，大地飞速地向身后退去。此时窗外只能看见一弯明月，几粒星星，黑茫茫的一片，分不清是树木、庄稼还是荒野。此时，你会感到大地的辽阔，一种难以描述的感受……8月24日下午，我回到了南开大学。

第二次回家是1986年寒假。1月17日上午考完统计学，下午骑车到食品街买了几样天津特产，晚上收拾行李，8点半从学校出发。几位同学送我到门口，李兆阳同学送我到八里台车站，没等多久就上了8路公交车。冬夜的海河别有一番景象。以往的活动范围仅限于八里台到和平路，这个冬天还没有到过海河呢。河里结了厚厚的冰，不少人在那里滑冰，河两岸缀着无数的彩灯。车站到了，人特别多。人群涌向检票口，接着又涌向各个车厢。我也随着人流，进入了5号车厢。车里已经坐了不少人，乘务员忙着为大家安放行李。我放好行李后，取出牙杯，还有一本《社会学概论》，准备用它打发车上的时间。

图 4.3　1985 年在南开大学与同学在一起

经过十几个小时的行驶，列车在第二天晚上抵达上海。我在那里下了车，准备到上海玩一天后，再到杭州与春霞一起回家。将近晚上8点，火车驶入了上海站。下雨了，地上满是泥泞。刚出检票口，就上来不少拉客住宿的大妈。踏着泥泞，我找到了售票厅。黑压压的全是人，我排在17号窗口前面，等到近处一看，才发现该窗口不办理到杭州的签票手续，我赶忙跑到16号窗口前。这里的队伍更长、更吓人，从厅里排到厅外，然后来了个90度转弯，继续向厅的另一个角落蜿蜒过去。我怀着侥幸的心理跑到队伍前面找了一位旅客，好说歹说，总算让他答应为我签票。等了有半个小时，该轮到这位旅客签票了。可气的是他自己没买到票，也就不帮我签票了。白费了一番口舌，白等了一个钟头，还是老老实实去排队吧，我拖着疲倦的身子，扛着沉重的行李，无可奈何地走向那长蛇似的队伍的末端。没吃晚饭，肚子早饿了，我取出在车上买的黄桥烧饼和芝麻糖，往嘴里塞了几块。队伍以令人难以忍受的缓慢速度向前移动着。等了足足两个小时才轮到我。"请签明天下午到杭州的票。"我对着票窗说。"没了，只剩下明天上午的票了。"里面传出冷冰冰的声音。"那么有后天早上的票吗？""明天再来买。"明天再来？明天再来等两个多小时，再来受这份罪？我受够了！我不假思索地决定："签明天上午的票。"还是尽快离开这个使人受罪的地方。一个人孤零零的，况且还下着雨，我不想玩了。走出售票厅，我拐进了旁边的一个饭店，胡乱地吃了三两饭。"同志，住旅社吗？"还有几个想拉我去住宿的。"不住。"我径直走向候车室，票是明天上午5点多的，还住什么旅社，在候车室待上几个小时不就得了。在上海火车站嘈杂的候车室熬过了寒冷而又困倦的几个小时之后，我在1月19日凌晨5点40分踏上了开往杭州的95次列车。在杭州下车后，到华家池找到在浙江农业大学学习的春霞。1月20日晚与春霞一起乘377次列车离杭，1月21日晚9点多抵达福州，1月22日回到寿宁城关。那一年春霞的祖父80大寿，她在1月31日回穆阳苏堤，我也在2月8日赶到了苏堤，2月15日我们一起回到寿宁。

　　美国是当代社会学的大本营，在那里产生了像帕森斯、默顿、米德、布劳等著名社会学家，我梦想着能有机会到美国学习深造。1985年，我报考了王宽诚贷款留学基金项目。该项目只给我国（包括中国台湾、香港在内）的社会学学生一个名额，竞争十分激烈。考试于1985年8月27日至28日在北京大学图书馆进行。由于考试科目中的社会统计学、社会人类学我还没学过，临时找了一些书来看，所以考得并不好，当然这唯一的名额也就争取不到了。第四学期，我听说王德明、王丽雅等已陆续收到美国大学的录取通知书，所以我也陆续给一些学校写信要申请材料，准备考托福。直到1986年到了厦门大学后，我才考了托福，但联系国外学校并未成功。

两年的学习生活就要结束了。在第四学期，我先后给厦门大学、中国社会科学院社会学研究所、深圳大学、福建省委政策研究室等单位写信联系工作。中国社会科学院社会学研究所很快回信，他们那里的《社会学研究》编辑部正在招人。作为全国的政治中心，北京在学术研究方面有独特的优势，但我不喜欢北方的气候。厦门大学是福建省唯一的综合性重点大学，是我向往已久的地方。虽然很早就给厦门大学写过信，但到3月12日填写毕业分配志愿时，仍未收到厦门大学的信，但我在分配表中第一志愿填的还是厦门大学。3月18日，苏永和老师告诉我，我分配去厦门大学的事确定下来了。

1986年7月初，我们便开始准备离校。我买了几个纸箱把书捆好，7月9日全班同学聚餐，7月10日到系里领离校手续表，先后在系里、图书馆、体育部、房管科、食堂科、研究生处盖了七八个章，然后在系里领到了报到证和毕业证，办理好户粮关系，并从财务科领到了92元的派遣费。7月10日晚上，和任东来、李世金聚餐，彭华民、陈晓虹也来了，还有两位是历史系的研究生以及留学生荷莲。大家喝得痛快，每个人谈自己最幸福的事，表演自己最拿手的节目，我演唱了我写的《夏之歌》。7月11日上午去买火车票，下午在电影广场托运行李。7月12日又去天津大学见了李增光和其平，一起共进晚餐。7月13日晚上，东来、世金、世平、张辉、彭华民以及班上尚未离校的同学都到车站给我送行。

# ○五  加盟厦大

1986 年 7 月 13 日晚，我告别了整整生活两年的南开校园，踏上了南驶的列车。列车驶离天津，7 月 14 日下午 2 点列车抵达南京站，我先游览了玄武湖，次日上午去了中山陵，下午乘 315 次列车离宁，7 月 17 日凌晨抵达厦门。7 月 18 日到厦门大学报到，先后跑了人事处、总务处、教务处、校产科、保卫处等部门。办完报到手续，在 7 月 21 日回到寿宁。

新学期就要开始了，我和春霞在 8 月 23 日离开寿宁，路上走访了宁德、福州的几位亲戚，8 月 26 日抵达厦门。我暂被安排住在凌云（二）底层的一个房间，与自然辩证法研究室的乐爱国和人类学系的汤雄平住在一起，他们俩也是刚来报到的新教师。9 月 8 日我和汤雄平搬到南光（六）207 房，另一个床位是函授学院小赖的，因为他下乡扶贫一年，还要去上海进修，所以并未在这里住过。汤雄平先是带学生到外地考古挖掘，不久又调到河南，所以住的时间也不长。

厦门大学既没有社会学系，也未设社会学专业，只有哲学系的辛炳尧和张友琴二人开设社会学方面的课程。南洋研究所的何启拔教授曾是著名社会学家陈达的助手，但已多年未从事这个学科的研究了。我被分配到新成立的政治学系，但刚去时还是先在哲学系报到。当时哲学系的办公室设在囊萤楼二楼。这是一座三层的石头建筑，建于1921年，是建校之时仅有的五座建筑之一。楼里除了哲学系，还有高等教育研究所、厦门大学学报编辑部、马列室这些机构。新成立的政治学系只有十来位老师，因此与马列室合在一起在三楼办公。1986年9月27日下午学校来人开会，宣布政治学系的领导班子，黄强为主任，吴仲平为副主任。

刚到厦门大学，认识的人不多，我找机会去拜访外系的几位老师。8月31日晚去见了哲学系赵民、卢善庆和辛炳尧老师，9月4日晚上和汤雄平去见了人类学系的陈国强老师，9月27日晚登门拜访了南洋研究所的何启拔教授。何教授也在南开大学任教过，算是南开大学校友。陈晓虹把她的朋友鹭江大学的吴晓穗介绍给我认识。南开大学毕业的陈铁民老师则在10月11日晚上到我的宿舍来看望我。政治系的学生与我年龄相仿，来往比较多，84级的学生陈飞、邓先华、青春强、郑齐放等常来我宿舍玩。87级的白平、邓高和刘铭，更是我无所不谈的好朋友。厦门大学也有好几个寿宁老乡，除了叶树生，还有数学系的吴春璋、财金系的严萍，正在本校就读的有化学系的龚桂良和哲学系的阮玉中。龚桂良很活跃，话多且善辩，有三寸不烂之舌。他和阮玉中有一段时间干脆搬到我的宿舍来住。这个房间的面积约18平方米，摆着三张两层的铁架床，三张书桌，并不太挤。一个旧的帆布箱和几箱从南开大学带来的书，便是我的全部家当。房间对面是楼层的洗澡间兼厕所，不少人跑到这里来洗澡，日夜不断的流水声搅得我心神不宁，而那些人洗澡时还要引吭高歌，刺耳的吼叫声常使我不能睡好午觉。春霞几次从杭州过来看我，住在东村招待所。

第一学期我没开课，系里给我的任务是备课。我先是忙着准备托福（TOEFL）考试。1986年10月25日我在厦门大学考点参加了托福考试，接着开始填写申请材料。没有任何申请经验，个人所述（Statement of Purposes）只凭感觉写，托福成绩只有 550 分，所以联系的学校不多，在 11 月向美国的亚利桑那大学、佛罗里达州立大学、加利福尼亚大学等五六所学校寄出申请材料。每个学校需要的几十美元申请费也没提交，不知道这些学校的招生办有没有详细看我的申请材料，结果是没有收到任何学校的录取通知书。

考完托福，总算了结了一桩心事，可以松一口气了，接下来的任务是备课和撰写毕业论文。厦门大学图书馆中社会学方面的书并不多，在备课中我主要参考的是沙利文和托马森写的英文版《社会学》。按系里的要求，新教师上课应先进行试讲。已当过四年中学教师的我对试讲胸有成竹，不过，我不习惯只对一两个人讲课，人越多我讲得越有干劲，也讲得更自然。因此我向系里提出要求，能不能请一些学生来听我试讲。系里答应了我的要求，试讲安排在第一学期末，1987年 1 月 9 日上午，我在厦门大学囊萤楼边上的一间教室里给 84 级政治学专业的 40 多名学生试讲《社会学概论》第一章，系里林平国和方贻岩两位老师也来了。我成功的试讲赢得了全体学生的阵阵掌声。第二学期我开始上课，给 84 级政治学专业的本科生开设《社会学概论》。学生没教材，我边上课边编写讲义。1987 年 4 月，一本约 18万字的讲义终于完稿，我将其定名为《社会学原理》，由政治学系的教学秘书郑奠开单，在 5 月 14 日交校印刷厂印刷。不过，黄强主任知道这件事后非常生气。他批评我，打印讲义这么重大的事居然没有通过他。可是系里没有明确的制度规定打印讲义需要由系主任审批，当时我有通过系里的教学秘书送到印刷厂。黄强主任想让我明白，凡是系里的大事，都需要他的知晓和同意。

由于第一学期没课，系里就派我去参加几个会议。1986 年 10 月17 日我和方贻岩、陈锦希两位老师到福州参加福建省科学社会主义学会年会，但是在会上听到他们在讨论一些文件的什么新提法，我觉得这不像一个学术会议，心想如果学术都是这样讨论问题的话，那就太缺乏专业性了。1986年12月25日与林平国一起参加福建省民政学会成立大会，何启拔老先生也去了，我当选为省民政学会理事。1987年6月10日至12日我代表厦大政治学系到三明参加军地两用人才研讨会。既然是代表厦门大学来参会的，会议主持人邀请我在会上作了个发言，我只好临时抱佛脚，从社会学的角度谈了两点与军地两用人才相关的观点：第一，作为社会的子系统，军队除了打仗的外在功能外，还有为社会输送人才的潜在功能；第二，冲突学派提出文凭"通货膨胀"的观点，实际上许多文凭不是实际工作所需要的，而是某些群体为垄断行业把门槛弄得越来越高。我的发言与实际部门的对策研究大相径庭，但他们却觉得很新鲜。

图 5.1　1987 年 6 月参加在三明召开的军地两用人才研讨会

我在南开大学上的是研究生班，只读了两年，在校没写毕业论文，也没拿到硕士学位。按规定，我们毕业后可以在工作岗位上写学位论文，然后回校答辩取得学位。我准备写符号互动论。在离开南开大学之前，我就从社会学系资料室和来校讲学的美国教授施耐德那里复印了两本有关符号互动论的书。到厦门大学后，我又托北京进修的同事朱仁显在北京图书馆复印了两大本有关符号互动论的资料。由于要备课，论文的写作断断续续，显然已无法在1987年7月回校答辩，所以我给南开大学写信请求将答辩时间推至年底。经过几个月的努力，1987年9月12日论文完工，我先抄写了两份，于10月3日分别寄给南开社会学系的孔令智和王处辉老师，接着又将论文交与厦门大学印刷厂打印，10月21日取回50份印好的毕业论文。回校答辩需要经费，按南开大学规定，如请南开大学老师指导需1000元，未请指导老师也需要400元的答辩费，另外还要一笔路费。为答辩费的事情我来来回回跑了几十趟，先找师资科、教务处，后又去找财务处长陈长源和分管文科的郑学檬副校长，但还是无法得到解决。最后黄强答应先由政治学系垫支400元的答辩费。这样我就不能请导师了，我写信给孔令智老师，请他做我的挂名指导老师。12月7日，我给南开大学寄去了400元的答辩费，12月20日收到南开通知，12月29日参加论文答辩。

　　12月23日我离厦乘火车北上，经两天一夜的行驶，于12月24日晚抵达南京站。下车后我直奔周晓虹家，但当我抵达之后，才发现周晓虹因弟弟结婚，已经搬到别处居住，只给我留了一张纸条，我从南京到天津的车票由周晓虹妈妈代买。周晓虹给了我地址，让我住到南京大学南园6幢他未住的宿舍，同舍的有毕业于南开大学化学系的李贵根。12月25日下午见到了周晓虹。他忙得很，告诉我他正在赶译《文化与人格》一书。我在12月25日晚上离宁，12月26日下午抵达天津，住南开大学社会学系86级研究生陈健那里。我的论文答辩安排在12月29日下午进行，答辩委员会由赵璧如、林方、孔令智、乐国安、张乐宁等人组成。各位老师都提了不少问题，我都一一作了回答，论文顺利通过了。在天津过完元旦，我于1月2日下午从天津去北京，周达、陈健、欧阳马田、苏东福等送我到八里台车站。我到北京查阅资料，1月4日离京，1月6日抵厦。

在政治学系，我时常参与来访外宾的接待和翻译工作。1988年1月15日和校外办的廖发荣一起到机场迎接从天津过来的美国Towson州立大学的Borowski教授，和他一起来的还有天津社科院的唐桂青。1月15日下午4点钟，外办钟兴国，哲学系的邹永贤和商英伟老师，政治学系的黄强、方贻岩和吴仲平老师，与Borowski在专家楼的会议室见面。晚上时任副校长的王洛林在南普陀寺设宴招待客人，我也作陪参加了晚宴。1月16日在专家楼的会议室召开一个座谈会，主题是"美国的政治和政府"。1月16日下午Borowski在映雪（二）207教室作题为"美国的宗教和政治"的学术报告。接着我还陪他参观了集美学村、南普陀、鼓浪屿等地方。1月17日晚上从鼓浪屿回到学校，已经是晚上9点，但他兴致未减，想到学生宿舍去看看。于是我带着他到石井（四）的女生宿舍和芙蓉（十）的男生宿舍，与学生们聊天，了解学生的学习和生活，一直谈到深夜12点。待我用自行车把他载到专家楼时，发现门都关上了。1月18日Borowski教授和外办的张主任、黄强教授等谈校际合作事宜，下午2点又在映雪（二）207教室作了一场关于"美国和东欧苏联的关系"的报告。1988年4月接待了美国北卡罗来纳大学的J. O. Williams教授。J. O. Williams教授是从香港过来的，他在香港中文大学访学。4月25日中午2点15分，我到机场接他。等他入住学校的专家楼，大约4点半，我领着系领导黄强、吴仲平和办公室主任李俊去看他。4月26日上午9点，系里部分教师在专家楼与Williams座谈，请外文系的肖萧协助翻译。4月26日下午3点他在映雪（二）207 作学术报告，第一场的题目是"美国的总统选举"，由肖萧翻译；第二场的题目是"美国的城市管理"，由我担任翻译。4 月 27 日陪他去了一趟集美和鼓浪屿，4 月 28 日上午送他到机场。美国印第安纳州立大学政治学系的张德光教授，曾经在厦门大学政治系就读，他在 1988 年 7 月回母校，我参与了接待工作。7 月 19 日上午在系办公室，张德光和系里教师座谈。当天下午张德光的女儿张安麟在音乐系开钢琴独奏会，我前往观看。7 月 20 日晚上 10 点我到宾馆看望张先生，与他相谈甚欢。7 月 21 日上午我到火车站帮助张先生托运行李，他们一家乘火车到永安，准备回长汀一趟。

厦门是个小城市，那时的厦门只有三路公交车，1 路车从火车站到厦大，2 路车从厦大这里到轮渡，3 路车从轮渡到火车站。往北出了厦门火车站就是郊区，往东过了厦大校园就是农村，一条小小的柏油路蜿蜒在相思林中。厦门与金门只有一水之隔。来厦不久，1987 年 5 月 2 日，我与政治学系的师生一起乘坐海军的登陆艇到距离台湾所控制的大担岛只有 3000 米之遥的青屿。汽艇在早上 8 点 15 分驶离一号码头，9 点左右便抵达青屿。这是一个很小的岛屿，仅有一个连的海军驻扎于此，没有居民，也没有商店。岛上绿树成荫，幽径蜿蜒，风景不错。我们一口气登上坡顶的观察哨，用望远镜瞭望对面，大担、二担和五担尽收眼底。但因早上雾大，看不清对面的景物，依稀只看到几面旗帜和观察哨所。我们在岛上转了一圈，过了一会儿又回到观察哨，这时日出雾散，看得很清晰：那是大担的沙滩，布满了障碍物；那是标语，分明用红漆写着"三民主义统一中国"；还有观察哨，有时还可以看到人。其实这些景物用肉眼也看得清楚。头一两年在厦门大学的课不多，所以有时也到校外上一些课。1987 年秋季学期给鹭江大学 86 级中文秘书班的学生上社会学课，每周 4 节，这是陈晓虹的朋友吴晓穗介绍我过去上课的。1987 年的秋季学期还到厦门行政干校给电大班的学生讲授《社会学概论》。厦门行政干校位于厦门六中校园内，是一座两层楼的石头房子。每次我都会骑自行车去上课。当时电大《社会学概论》用的是刘祖云和张乐宁合编的教材。

来厦的第二年，我还要为春霞调动的事四处奔走。春霞于1985年考入浙江农业大学茶学系办的干部专修班，但工作关系仍在寿宁县茶叶公司，按规定毕业后要回原单位工作，要想从寿宁调到厦门工作看来是十分困难的。尽管希望渺茫，但我还是在努力寻找各种机会。为她工作的事，我在南开大学时就给厦门市茶叶公司写过信。1987年2月，春霞在福州实习，2月22日抵达厦门，住在东村招待所。吴仲平老师告诉我，浙江农业大学的庄晚芳教授是厦门供销社茶叶公司的顾问，当时正在厦门，他可能会给我们一些帮助。庄晚芳是茶学界的泰斗级人物，出生于惠安。其时他年事已高，每到冬天，他都到厦门休养。抱着试一试的想法，3月4日上午我带着春霞来到湖滨一里，轻轻敲开了一间寓所的房门。出来开门的是位精神矍铄的老人，我们猜想他就是庄晚芳先生了。当我们介绍完各自的情况并说明来意之后，他当即给厦门市茶叶公司写了一封推荐信。3月5日，我和春霞一起来到厦门供销社所属的茶厂，但王秀英厂长不在，所以我们和林伟奇副厂长谈了春霞调动的事。3月6日，春霞在庄晚芳先生的住处见到了王秀英，3月7日她到茶厂递交了调动申请报告。3月20日，春霞离厦返杭。春霞于4月28日又来厦一次，5月7日回校。6月2日春霞来信说：寿宁方面已答应放她走，我第二天便骑车到茶厂找王秀英告知她此事，但她的态度似乎有些含糊。接着我又到供销社找茶叶公司的林经理，他答应让寿宁方面发函。经多方努力，茶叶公司起草了调动报告，接着又找供销社领导签字。为了便于调动，8月19日我和春霞到思明区人民政府登记结婚。9月

4日我到劳动局问郑云峰，他说陈昆源局长已将春霞列为第50个"待研究"的对象。在收到调档函后，寿宁茶叶公司于9月20日寄出档案，厦门供销社于9月29日收到档案，但缺体检表和单位鉴定。待补齐这两份材料后，我于10月17日给劳动局的郑云峰打电话，他说调令已发出几天了。春霞的调动问题总算得到解决了。10月27日，春霞来到了厦门。

从此我们开始了新的生活。一切从零开始，一切都要靠我们自己。春霞从家里带来了被子、毛毯，还有300块钱。我手上有几百元讲课费，加上借来的200块钱，我们有了一笔建设基金。我们花520块钱买了四件降价处理的家具：写字台、衣橱、床和小柜。在春霞来厦的前几天，我就给校产科递交了住房申请书，但是住房最后还是没能得到解决，校产科用丰庭（一）一间堆放家具的房间给我开了一张房票用于申报户口，所以我们仍住在南光（六）207房。春霞开始上班了，她被安排在供销社茶厂的审评室工作。工作虽不累，但每天7点半上班，却也够紧张的。每天6点半就要起床，匆匆吃完早饭，我用自行车将她载到校门口，然后她再乘公交车到厂里上班。我们分别给供销社的吴书记、茶叶公司的林书记、林经理和傅经理以及黄强主任送去了喜糖。12月10日，我们买了10多斤糖果，分发给系里的老师和84级政治学专业的学生。我们的工资都不高，为了建设我们的家，我利用各种机会多赚一点钱。1987年7月11日至18日参加高考试卷的评审，一个星期得了105元，这在当时算是不错的收入了。学校放寒假，我们在1988年2月5日回到寿宁，2月10日在寿宁茶叶公司办了10桌酒席宴请我们的同学、朋友，2月22日在库坑也办了10桌酒席宴请亲戚和村里的乡亲。那一年母亲刚好50岁、父亲60岁，所以接着在24日（正月初八）又为父母办寿酒。我们买了万宝牌全自动洗衣机、冰箱。家里没有电视机，遇到好的电视节目，我就跑到学生宿舍去看。当时我在学生那里看了《凯旋在子夜》和《红楼梦》等电视连续剧。

图 5.2　1990 年在厦门大学南光（六）207 宿舍

我们住在南光（六）207 房。整座楼就一个公用电话，安装在三层的楼梯口。有人打电话来了，路过或邻近房间的人就会跑过来接电话，然后就会在那里扯着嗓子喊："507 或 403，电话！"那个时候不同城市之间朋友和家人的联系主要靠信件，有急事就发电报。打电话给外地朋友，要专门跑到邮电局去打。南光（六）原来是单身教工宿舍，许多人在成家之后，便把走廊围起来，放一个电炉在里面煮饭。我也在门口的走廊围了一个地方，可以在里面做饭，还在旁边围了一个洗澡的地方：上面架一个铁桶，桶中放一个可以加热烧水的电热器，即使冬天也可以洗上热水澡了。

家里来来往往的客人不少。小姨子黄惠于 1988 年 9 月到厦门丽的针织厂做工，二弟胡枫于同年 10 月 3 日到厦门大学物理系办的家电维修班学习，他们刚来时都和我们住在一起。三弟胡家亮和小姨黄红于 1989 年 11 月 24 日来厦，准备找临时工做。1990 年 1 月，春霞的父母和她的姑姑、姑丈一行四人来厦门过春节，加上我们两人在厦门做工的弟妹，家里拥挤异常。春霞的大伯黄白，原在兰州军区工作，离休后长住杭州。黄白大伯和伯母在 1990 年 10 月 26 日来厦门看望我们，待了一个星期，11 月 4 日回杭州。1991 年 2 月 9 日，弟弟家东带父母来厦门过春节，同来的还有舅舅和侄儿胡康。家东和家亮带他们游玩了各处景点，2 月 20 日父亲、舅舅、家东和胡康坐火车经福州回寿宁，母亲则待到 3 月 15 日，与叶树冲同学一起回家。南开大学的同学中刘祖云最早来厦门，他在 1987 年 12 月 16 日来厦门，我请他给电大的学生讲了几节课，帮助他们掌握教材内容。刘祖云在厦门待了几天，在 12 月 20 日离厦去广州。周晓虹夫妇在 1988 年 7 月 20 日至 7 月 26 日来厦门一趟。据说是因为那一年南京特别热，他们来厦门避暑。

除了上课和撰写学位论文，在来厦门的头几年我也陆续发表了一些科研成果。1986 年，我在《社会》上发表了《西方社会学中实地调查法的发展》一文，这是我发表的第一篇社会学文章。通过备课得到的材料，我撰写了《国外社会学对越轨行为的研究》和《西方社会分层理论》两篇文章。通过撰写学位论文，1989 年我在《国外社会学》和《社会学研究》两个杂志上发表了《符号互动论的先驱》、《当代的符号互动论》和《符号互动论的方法论意义》等一系列论文。这些文章主要是评述国外社会学的理论，现在看来有点粗浅，但却是我进一步进行理论研究的基础。1988 年，我参加了周晓虹主编的《现代西方社会心理学流派》一书的写作，6 月 8 日至 16 日到南京参加书稿讨论会。接着我又参加了周晓虹主编的《现代社会心理学》和乐国安主编的《社会心理学》等书的写作。作为"七五"期间国家重点课题"台湾行政管理研究"的成员，我在 1988 年 11 月 19 日至 12 月 15 日到北京查阅资料，途经天津、上海等地，我还从金华下火车换乘长途汽车回到寿宁。

20 世纪 80 年代，那是一个思想解放的年代，西方各种思潮进入中国，各种书籍也在中国翻译出版。四川人民出版社的"走向未来丛书"成了年轻人的必读书目，弗洛伊德、萨特的著作也成了畅销书。国内学术界则掀起了一波文化研究热潮，许多学科都参与到文化的研究中来。一些文章动不动就说中国人的"劣根性"，或是从历史文献中去概括中国文化特点和中国人的民族性，我觉得这是本末倒置了。就像生活在农村的时候我不知道农村怎么样，到了城市之后我才知道农村与城市的不同。同样，要真正概括中国人的特点，需要作比较研究，单从中国的文献典籍中是找不到答案的。"不识庐山真面目，只缘身在此山中。"要了解中国，必须跳出中国看中国。只有通过比较研究，比如通过问卷调查或量表测量，把当代中国人与世界不同国家和民族的人放在一起进行比较，才知道哪些是中国人特有的，哪些是不同民族共有的，哪些特点是与经济和社会发展的不同阶段相联系的。找到不同民族和不同国度的人们在生活方方面面的差异之后，才可以进一步探寻造成这种差异的原因，即哪些是由独特的文化信仰造成的，哪些是由各自历史上的思想名人影响的结果，哪些是独特的环境造就的。当然，这是一项巨大的工程。

我的第一部译著是托马斯·F. 奥戴的《宗教社会学》。1987 年 11 月，在完成毕业论文写作后，我翻出从南开大学复印来的《宗教社会学》原著，译出目录和部分章节，写了内容简介，打印了十多份，寄往多家出版社联系。1988 年 4 月份宁夏人民出版社丁孝立来信说，该书已列入他们的出版计划，于是我和乐爱国便动手翻译。1988 年 6 月全书译完，我在 7 月 4 日将书稿寄出。该书在 1989 年出版，我在 1990 年 1 月 12 日收到了样书。1988 年 3 月，黑龙江人民出版社的朱德环来厦门开会，经他联系，我与该社签订了翻译《性别角色与自我认同》一书的合同。1988 年 7 月着手翻译此书，但该书未能出版。1988 年 9 月我开始翻译默多克的《我们当代的原始人》，全书 40 万字，1989 年译出，先将书稿寄往中国民间文艺出版社，后又与多家出版社联系，最后转给了中国劳动出版社，书稿在 1991 年排版，《社科新书目》也发了征订单，拟 1992 年印出，但后来该社停印译著，所以这部书未能出版。在联系《我们当代的原始人》一书出版的过程中，不少出版社提出对该书进行缩写，我利用这本书的资料再加上其他一些材料，编写了《当代世界原始人目击记》一书，由中国工人出版社出版。1989 年，我联系了系里的几位青年教师组成编委会，打算编译一套当代世界政坛风云人物传记丛书，由厦门大学出版社出版。我写信给当时中国社科院政治学研究所的所长，请他担任丛书顾问，他爽快地答应了。但后来由于他到了海外，丛书不便挂他的名字，我便让美国波尔大学张德光教授和厦门大学的邹永贤教授担任顾问。我们先译出了《宫廷内幕——马科斯与伊梅尔达的兴衰》、《卡扎菲——沙漠之声》和《阿拉法特》，出版社内部有不同意见，结果只出了前面两本。

在 1989 年那个夏天嘈杂的喧嚣沉寂之后，我静下心来伏案完成了一篇题为 Social Stratification in China Today 的英文论文，寄到巴黎，准备参加国际社会学会举办的青年社会学家比赛。1990 年 6 月 5 日，我收到国际社会学会主席阿切尔的来信，邀请我参加将于 7 月 9 日至 7 月 13 日在西班牙召开的世界社会学会大会。6 月 9 日在校科研处了解到，参加国外学术会议，不仅要经系、科研处、学校的批准，还要报国家教委，来回至少要两个月，最后才能拿到护照。手续如此烦琐，加之经费没有落实，我去西班牙参加会议的计划落空了。

　　1989 年我参加了校师资科办的教师英语强化班，准备再次参加托福考试。时局的变化更加坚定了我出国学习的决心。这次考试我花了更多时间进行准备，不仅买了许多英语磁带，还买了三洋录音机。1990 年 4 月 7 日至 4 月 30 日，系里派我到三明参加自学考试卷子的封闭式校对工作。我们住三明教工招待所。为了保密，我们不能与外界联系。我带去了录音机和英语书，利用这个难得的机会准备了托福考试。4 月 25 日至 4 月 27 日，省自考办组织大家游览了将乐的玉华洞和泰宁的金湖。在这次工作期间，我还认识了刘江红和郑文力等人。托福考试在 5 月 12 日进行，这次考得比较好，得了 600 分。接下来我又准备考 GRE，1990 年 10 月参加考试，但 GRE 没考好，总分还不到 1500 分。1992 年 1 月，我给美国的几所学校寄出了申请材料。美国印第安纳州立博尔大学张德光教授也给我寄来了他的推荐信。这次联系有了结果，1994 年 2 月，我收到了美国哥伦比亚大学政治学系的录取通知书。哥伦比亚大学，这可是美国一流的大学呀！由于学校没给奖学金，我必须找一个经济担保人。自己没有海外关系，为寻找担保人，我东托西问，数次写信给学校推迟报到时间。记得该校更换校长，还专门写信给我这个没有入学的学生征求意见。最后总算找到了担保人，春霞的表妹建萍有一位亲戚在海外，愿为我担保，但由于未能及时办妥手续，这次出国学习的机会只好放弃了。

## ○六　构建理论

社会学的知识是多层次的，既包括通过定性研究和定量研究获得的实证知识，也包括借助理性概括抽象出来的社会学理论。实证的社会学研究固然重要，但要让中国社会学在现代社会学中占有一席之地，使中国社会学家的名字也像帕森斯、默顿、米德、布劳、达伦多夫这些名字一样在不同国度的社会学教科书中频频出现，就要对社会学理论做更多的研究，而且这种研究不只是用刻板的腔调对外来的理论作简单的评判，而是要产生出中国自己的社会学流派。在南开大学两年的研究生学习，我并未接受太多的实证研究方法训练，所以早期我更多的是关注社会学理论，当然不仅仅是译介国外的社会学理论，而且要着手创建自己的社会学理论。

1988 年 8 月 28 日至 8 月 30 日，我到福州参加福建省社会学会年会，并提交了《社会单位范畴初探》一文。在这篇文章中我提出了社会单位这一全新的概念，并认为社会学应以社会单位为研究对象。以社会单位这一概念为基础，我开始建立自己的社会学理论体系的工作。我喜欢创造性的工作。在中学读书时自己做过手枪，在宁德师范专科学校我写过短篇小说，在南开大学我创作过校园歌曲，而现在我从事的是理论上的创新。如果说在从未出书时，参与一两本教材的编写还有一种新鲜感的话，那么，教材写多了之后我再也不想做那种拼拼凑凑的简单重复劳动了。只有创造性的劳动才能给我带来兴奋和满足。《社会单位范畴初探》一文 1989 年在南京社会科学院的《社会学探索》第 6 期上发表。1991 年我开始了《社会学导论：社会单位分析》一书的写作，我为自己构建的理论体系着迷，上课在想、吃饭在想，到海边游泳也在想。这一年的日记里写下了我的许多原创性的思想。我在本书中建立了一个全新的社会学理论体系：人有各种需要，这些需要既包括马斯洛所划分的五个层次的需要，也包括与人的价值观相联系的价值需要。我认为，除了马斯洛所说的五种需要，还有一种"价值需要"，即一种与价值观、世界观相联系的需要。它是由个体对外界事物和世界秩序的解释而产生的，满足这一需要的资源便是与个体世界观、价值观相一致的某种世界秩序。经过社会化的学习，每个人都有一套关于世界的"理论"，尽管这种"理论"有简单和复杂之分。对于那些信仰某种宗教、学说或主义的人来说，他们的"理论"实际上就是他们所信仰的学说，宗教或主义的世界观和价值观，实际上就是他们的世界观和价值观；对于那些没有信仰特定宗教或主义的人来说，他们的"理论"可能是自身的经历和各种知识的综合。就像人们需要吃、喝、住、穿才能维持生理的平衡一样，人们要求世界建立与自己世界观一致的秩序才会有心理平衡。价值需要不仅是个人各种需要中的一种，而且还影响（甚至决定）个人需要体系的结构。人有不同层次的需要，而满足需要的资源又是有限的，对于满足低层次需要的物质资源尤其如此。在每个人都试图把自己的利益最大化的情况下，一个人的多占必然会使总的资源份额减少，从而损及他人的利益。在这些情况下，个人对自身利益的追求自然就被贴上了"自私"的标签，但是在另一些情况下，一些人对个人的高层次的精神性需要的追求不仅不会损害他人及群体的利益，反而会增进群体的利益，尽管这种情况并不多见。

需要是一切社会行为的驱动力。我们把能满足人的需要的东西称作资源，资源既可以是物质的，也可以是精神的，既包括有形的东西，也包括无形的东西。人为满足自身的需要，就要从他人那里或自然界获取资源，互动就是在此基础上产生的。互动是相互的社会行动，其主体既可以是人，也可以是社会单位，其种类既包括直接互动，也包括间接互动。社会互动有合作与竞争、互助与冲突、交换与掠夺三对基本形式。为了满足个体的需要，人与人之间发生社会互动，当互动形成一定的关系网络时，便产生了社会单位。社会单位所包括的范围相当广泛，既包括小到由两人组成的家庭，也包括大到覆盖全球的世界体系，既可以指松散的朋友群，也可以指结构严谨的社会组织。根据其结构和规模，社会单位可以划分为社会群体、社会组织、国家以及世界体系四个层次。为了弄清宏观社会单位与微观社会单位之间的共同之处，我又分别从权力关系将社会单位划分为初级社会单位和次级社会单位，从满足成员需要情况将社会单位划分为单一型社会单位、综合型社会单位和自足型社会单位，以及从结构化程度将社会单位划分为正式社会单位与非正式社会单位。

1990年5月17日，政治学系与马列室分开，不久政治学系办公室搬到了政法学院大楼三楼。1990年，系里要我担任90级新生的班主任。担任班主任，杂事不少，但这也是一个锻炼自己能力的好机会。这个班学生的素质不错，我尽自己的最大努力把他们带好。为了培养他们的民主习惯，我有意让他们按一人一票的方式选举班委会。1990年9月8日，我召集90级新生开会，系副主任吴仲平和辅导员阮辉铭到会，我宣布了临时班委的名单：班长林剑锋、副班长张竞博、生活委员谢源豹、学习委员蔡聘宇、团支书刘雪涛。因为学生相互间不了解，初期的这几位临时班委都是我任命的。其实我对这些学生也不了解，我是通过查看这些学生的档案，看看谁在中学期间有担任班干部，老师的评语怎么样，以此为依据挑选了这么几个人，但这些人只是临时的班委，在学生们经过一段时间的相互了解之后，我决定完全放权，让他们一人一票选举班委，我需要的是能做事情的、能为班级服务的学生来担任班干部。1990年12月28日新的班委会经选举产生：谢源豹任班长，张竞博任团支部书记，王珂任副班长，陈星辉任文娱委员，刘雪涛任生活委员，林剑锋任学习委员，吴首钢任团支部组织委员，刘爱国任宣传委员。在一人一票选举的班干部产生之后，我接着把班干部选举和改选的做法制度化。1992年1月4日，我拟了几条班委组成规定交给学生讨论，这个规定中还有关于罢免班委的条款，如果学生对现任班委工作不满意，也可以通过联名的方式提出罢免。我让全班学生参与讨论，最后表决通过，然后严格按照这一规定，选出新的班长张竞博和团支书刘雪涛。我不时到学生宿舍走一走，了解他们的学习和思想情况。在开会时，我总强调要学好外语，打好基础。1991年4月20日，我请87级学生白平等人给他们分享学习经验，我也讲了自己在中学任教时的自学情况。1993年2月，90级学生分三个组，分别在厦门市人事局、泉州市鲤城区人大以及沙县县委办实习。1994年这些学生毕业，他们中相当一部分人留在厦门工作，他们经常与我保持联系。

在商品经济浪潮的冲击下，教师的工资待遇偏低，教学科研经费也日益拮据。为了改变这种情况，学校只好让各系自己去"创收"。1990年政治学系在漳州办了两个行政管理学专业证书班，一个是脱产班，另一个是半脱产班。我在1990年8月底到漳州给脱产班上社会调查研究方法课程，12月开始又给半脱产班上课。接着政治学系又分别在连城、三明、宁化和尤溪等地办班。这几个班的社会调

查研究方法都由我教：1991 年 7 月 28 日至 8 月 12 日，我到连城上
课；1992 年 4 月 9 日至 4 月 20 日到尤溪上课；1992 年 6 月 4 日到
6 月 24 日分别到三明和宁化两个地方上课。这些专业证书班的学员
在各自的岗位上工作多年，不少有一定的官职。通过给这些班的学员
上课，我也可以到各个地方走一走，加深对中国基层社会的认识。例
如，在连城上课期间，龙岩市武装部的吴冠成等几位学员陪我游览了
冠豸山；1992 年 6 月 14 日在三明上完课后，便与学员韩晓东、肖宝
珠坐车到清流，6 月 15 日下午一起到清流嵩口乡；应三明班全体学员
的邀请，系里十多位老师于 1992 年 7 月 20 日至 7 月 25 日到三明游
玩了将乐玉华洞、泰宁金湖、宁化天鹅洞、清流龙津河、明溪滴水
岩、三元格氏栲自然保护区以及永安桃源洞等。每到一个地方上课，
学员们总是很热情。但这些学员工作繁忙，上课的出勤率并不高。因
此，每个班在上第一门课时到的人较多，而到了后面上课的人就越来
越少，有时人数不到总人数的三分之一。系里的目的是"创收"，因
此学习的各个环节也就严不起来，即使考试不及格，但最后的补考总
会顺利过关。这种班上多了，我越来越感到心里不安。这种"创收"
政策的负面作用是显而易见的。每个系领导都面临繁重的"创收"任
务，他们的主要精力不是用来抓教学科研，而是终日忙于"创收"。
对于教师来说，出去上课的时间多了，自然也就会影响到校内的教学
与科研工作。更为严重的是，许多大学生通过这样的短期办班被"培
养"出来了。在后来的几年中，这种"创收"形势又有了新的发展，
许多系不只是办"相当于大专"的专业证书班，一些面对厂长、经理
及政府官员的在职研究生班和研究生课程班也纷纷上马，据说厦门市
的好几位领导都在读厦大的研究生班。谁都知道，这些领导难得会安
下心来读几页书。这样下去，中国教育的前景实在令人担忧！其实，
解决高校经费困难的办法是有的。以厦大当时的师资规模，完全可以

招收五万学生，而那时只有一万学生。哲学系两个专业，每个专业每年仅招 10 个到 20 个学生，实际上每个班都可以招 50 人。研究生的招生数更是少得可怜，常常可以在校园内看到这样的情况：一个老师面对一个学生在讲课。为什么不降低大学和研究生的录取线、扩大招生规模，多招一些自费的大学生和研究生呢？即使录取线再低，由于这些人脱产学习，年纪小，同时也达到了基本要求，完全能够培养成合格的大学生、研究生。

图 6.1　1992 年厦门大学政治学系在三明开办行政管理学专业证书班，授课后在清流龙津河留念

　　1992 年 5 月，《社会学导论》一书完稿，我将书稿交给学生誊抄。在书稿完成之前，我写信与多家出版社联系出版事宜。有几家出版社对本书感兴趣，但都要作者资助。最后我把书稿交给了厦门大学出版社，并多次找陈天择社长谈出版条件，希望能给予一些照顾。1993 年 1 月 5 日，我与厦门大学出版社签订了出版合同，条件是包

销 1000 册书。应该说厦门大学出版社已经给了我相当大的支持了。接着王康教授寄来了为该书所写的序言，他在来信中对该书做了充分肯定，认为该书"理论气氛很浓"，我对社会学研究对象的见解"当会引起社会学同行们的兴趣"。1993 年 7 月 18 日，尤溪印刷厂送来了 1000 册《社会学导论》。经过一年时间的努力，我的第一部专著终于问世了！

我的创新思维不仅限于构建社会单位理论，也体现在我的另一篇重要论文《社会学知识的形态》中，该文发表于 1992 年《社会学研究》第 3 期。必然性和偶然性是哲学教科书反复提及的概念，但我另辟蹊径，以独特的方式对必然性和偶然性作了重新的定义：必然性和偶然性是一对与我们看问题的角度相联系的范畴，当从某一现象发生的充分原因考察时，该现象就是必然的；由于认识能力的限制，有时无法把握（或没有必要把握）事件的充分原因，而只从部分原因考察，这时特定事件的发生就是偶然的。我举了这样一个例子，A 从二楼往窗外倒一杯水（原因），刚好全部洒在从楼下路过此处的 B 的左肩上（结果Ⅰ）。在这里，若只从 A 倒水这一原因考察，B 的左肩被水淋湿这一结果的出现就是偶然的；A 的再一次倒水未必会产生同样的结果，这水可能倒在 B 的头上，可能倒在路上，也可能倒在其他人身上，但是如果我们从导致结果Ⅰ的充分原因进行考察的话，当考虑到 A 倒水的动作（原因 1）、B 所在的位置和姿势（原因 2）、A 倒水时所站的位置和姿势（原因 3）、A 倒水时用力的大小和角度（原因 4）以及杯中水量的多少（原因 5）等因素时，水洒在 B 的左肩上（结果Ⅰ）就不是或然的，而是必然的。在这里，5 个原因构成了结果Ⅰ的充分条件。不管在什么时候，只要这 5 个条件具备，结果Ⅰ一定会发生，如果 5 个条件只具备 2 个或 3 个的话，结果Ⅰ的出现就是或然的。因此，必然性和偶然性是一对与我们看问题的角度相联系的范畴。当从某一现象发生的充分原因考察时，该现象就是必然的；由于认识能力的限制，有时无法把握（或没有必要把握）事件的充分原因而只从部分原因考察，这时事件的发生就是偶然的。当然，科学并不仅仅限于对具体的、个别的事物的性质及其与其他事物的因果关系的探索，尽管对个别事物的认识是对一般事物认识的起点，科学认识的目的是超越个别的事物而探讨具体事物的一般属性及其与其他事物的因果联系。我们在认识事物时，要使用各种各样的概念，用专有名词表示的单独概念是反映某一个具体事物的，而用普通名词表示的普遍概念是反映某一类事物的。普遍概念是我们对事物进行抽象概括和归类极有用的工具。当我们对一系列在某一方面或几个方面具有共同性质的事物认识之后，根据其共同的性质，我们给贴上一个标签，这就形成了一个普遍概念。这个普遍概念是我们认识同类事物中其他个体的有用参考框架。假如我们已认识到某类事物具有 A、B、C、D 这样四个特点的话，当遇到某个依其特性亦可归入此类的具体事物时，我们也就可以推断这一事物也具有A、B、C、D 四个特点。不过，需要指出的是，我们在给某类事物下定义时并没有穷尽应属于该类的所有个体，这样做既无必要也不可能。我们的定义以及对该类事物性质的认识都是从该类事物中的部分个体概括出来的。这种概括的不完全性有可能导致认识的偏差，我们对某一类事物中部分个体的认识有可能不适用于该类事物中的其他个体。这样，我们就要对原有的认识进行修正。所以，普遍概念并不是一成不变的东西，而是一个在认识的过程中得到不断修正、发展和丰富的参考框架。普遍概念的抽象程度愈高，其涵盖范围愈广，发生认识偏差的可能性也愈大。

给事物归类和给一个普遍概念下定义仅仅是对一类事物的性质和特点进行认识。在弄清某类事物的性质之后，我们还要探讨不同事物之间的关系，在较为抽象的层次认识不同类别事物的因果联系。对不同类事物之间恒常的因果关系的认识便构成规律，这是科学的最主要目标。若从某一事物出现的充分原因考察的话，这一事物便是必然的。同样，当我们从某一类事物产生的充分原因考察时，这类事物的出现就是必然的，就是有规律的。不过，在抽象层次探讨一类事物的充分原因比对具体事物的原因分析要复杂得多。这有下列几种情形。其一是从类的层次看事物的因果联系比较简单，某一类事物的出现有共同的充分原因，这样我们就可以把该类事物与其共同原因的联系概括成规律性认识。其二是某类事物的出现有部分共同原因，但这部分共同原因并不构成充分原因，还有部分原因不是该类事物共有的。不过，我们可以根据这些不同的原因把该类事物分为若干个子类，当从每个子类来看时，每个子类的事物也有共同的充分原因，这时也可以归纳出有关各个子类的规律性认识。其三是促使某类事物出现的充分原因中只有部分是共同的，而其余的则是未知的，或已探知但过于复

图 6.2　1994 年 11 月，厦门万石植物园

杂无法分为若干子类。这时，已知的那部分共同原因与其他原因的结合就有各种可能性，已知的部分共同原因与结果的联系便呈现出一种不确定的关系。

因此，在不同的抽象层次上，因果之间的联系是不同的。每一具体事件都有充分原因。若从充分原因考察，每一自然事件和社会事件都是必然的。抽象层次事物的因果联系尽管较为复杂，但我们仍能认识许多自然现象和社会现象的充分原因。当然，在这方面社会现象和自然现象是存在差别的。自然现象没有人的意识介入，比较容易把握其充分原因。而社会现象却有人的意识介入，人的意志是导致许多社会现象的一个重要变量。一方面，由于迄今为止我们对人的意识的认识十分有限，这就使得人的意识显得多变而难以把握。另一方面，尽管我们能对影响每一具体社会事件的意识因素进行把握，但是当我们把若干社会事件归入一类并用一普遍概念加以标示时，由于影响每一具体事件的意识因素丰富多样，我们就很难将其作为充分原因中的一个或几个原因加以概括。所以，与自然现象较多地表现为确定的函数关系不同，社会现象较多地表现为不确定的相关关系。我把人的知识按抽象程度分为生活知识、科学知识和哲学知识三类。社会学理论中的相当一部分属于哲学知识，定量研究试图在类的层次归纳知识，但定性研究更接近生活经验。

1991年是个多事之秋。12月，我们得到了春霞父亲病重的消息。12月7日，我和春霞赶回寿宁，将他带到福安地区第一医院检查，发现他腹部有个肿瘤。12月16日又将他带至福州，住进了福建医学院附属第一医院。12月22日动手术，但发现癌细胞已经扩散。我们尽了最大努力，春霞的大伯也从杭州赶来，但显然医生对此已无能为力，岳父于1992年1月18日下午6时52分去世。料理完后事，23日下午春霞姐妹将父亲骨灰护送回穆阳苏堤安放，我在当天赶回厦门。

1992 年初，我们搬进了海滨一套两室一厅的单元房。厦门大学分房委员会有项规定，申请套房需要有三个户口。这实际上剥夺了一批坚持晚婚晚育的青年教师的分房权利，与国家实行计划生育的基本国策大相径庭。1991 年上半年开始，我和人类学系的潘宏立等人便多次找校有关部门和领导反映校分房规定违反计划生育政策的情况，要求解决我们的住房问题。1991 年下半年召开的校教代会，终于取消了未生育家庭不能参加分套房的不合理规定。1991 年 12 月，我分到了海滨 48 号楼 302 室的这套房子。拿到新房子的钥匙后，在弟弟家亮的帮助下，我将房间清洗了一遍，铺上塑料地毯，1992 年 1 月 26 日搬了进去。春霞回穆阳去了，我和两个弟弟在新房子过春节。房子没进行任何装修，胡枫帮助我们用木板打了一个煤气灶的架子，我自己动手用水泥做了一个灶台，在厨房里自己贴了一些瓷砖。没添置太多的新东西，2 月 1 日我买回一张双人床，2 月 9 日春霞回来后我们又去买回一张写字桌，3 月份买回一台 21 寸的彩色电视机，请师傅装了铁门和窗户上的铁条。

当时普遍存在工资收入脑体倒挂的现象，社会上有这样的说法：拿手术刀的不如拿剃头刀的，造导弹的不如卖茶叶蛋的。体制内工作的收入不如体制外的，一些刚从厦门大学毕业的本科生到了外资企业，工资居然比老师要高很多。教师工资待遇偏低，不少人到校外兼职，有的则干脆"下海"经商。我也曾有过到校外兼职的想法，甚至几次也拿着简历到市人才中心去看过。不过，1992 年购买厦门市首次发行的"厦海发"和"厦门汽车"两家股票，却使我们有了一笔可观的收入。1992 年 6 月，厦门海洋渔业公司等四家公司发行股票。购买股票需先购买认购表，每人可通过排队购买认购表一份（5张）。6 月 20 日晚上，我领着胡枫、家亮、永清及卓越请来的两位干专班学员到湖滨南路师范附小的股票认购表发售点排队。大部分厦门市民还不知股票为何物，参与的不多，但许多上海人和深圳人扛着大包的钱过来雇请民工排队，把发售点挤得水泄不通。因为次日要参加英语监考，我在当晚9点半回校，胡枫等人在那里等了一个晚上，于第二天上午买到11份认购表。春霞和阿惠则在另一个发售点买到5份认购表。每张认购表都要填一个人的身份证号码。我们将认购表填好，送到证券公司。那几天证券公司的门口挤满了人，认购表的价格不断上涨，从最初的每份300元上涨到后来的2000元。1992年9月21日，中签号码公布，我和卓越的9份认购表（已卖掉两份）中了6张，可购买6000股"厦海发"股票；春霞和黄惠购买的认购表中了2张，可购买2000股"厦门汽车"股票。由于与卓越合买的6张中签表中有一张用的是来厦门打工的老乡周大北的身份证，他已回寿宁，我急忙给家东打去电话，让他从城关赶到李家山，又昼夜兼程，在9月24日将周大北的身份证送到厦门，从此家东就来厦门做临时工了。9月25日我和卓越到湖滨二里缴纳股金，每人3000股，需交6000元。另外我又到校门口一条街的建设银行交款3600元，购得"厦门汽车"股票2000股。经过一年多的等待之后，"厦海发"股票于1993年11月1日上市，"厦门汽车"股票在11月8日上市。那几天，我忙着往槟榔证券公司跑，并在11月11日抛售"厦海发"600股、"厦门汽车"800股，并用所得款在11月12日买了一辆重庆摩托。后来我又在市文化宫的华夏证券公司开了个账户。第一次购买股票我赚了几万块钱，但后来购买厦门工程机械厂的股票却让我亏了6000多元。股市风云变幻莫测，没有太多的精力关心股市行情，实际上是很难通过炒股盈利的。1994年股市有过一段上涨的行情，我在9月底入市买下的"飞乐音响""福建豪盛""闽福发""闽闽东"股票却使我的资金长期套牢。

1991年开始，厦门大学对中青年教师在晋升职称方面实行了一项新的政策：在各自领域取得突出成绩者可以破格晋升为教授或副教授。抱着试一试的想法，我在1991年8月报名参加中青年教师选拔晋升副教授。9月18日下午系里开会推荐，我顺利通过。但是，在学校职改领导小组讨论时，我未能通过。第一年的尝试失败了。时间过得很快，转眼又到了第二年申报晋升职称的时候。这一年我发表了不少成果，原来未出版的著作也陆续出版。按学校的规定，年龄在35岁以下者只要达到规定的几项条件中的3项即可申报副教授，我已具备其中的5项。1992年10月底，我打听到校职改领导小组第一次未通过我的资格，不久职改领导小组开会，我的名字被补上。接着我把自己的材料送给学科组及文科组的成员。12月17日下午政法学科组开会，没想到我只得了5票，虽过半数，但未及总人数的三分之二，只好申请文科组复议。12月21日文科组开会，我的复议成功，获得15票，过了总人数的三分之二。12月23日校总委员会开会，我得了21票。几经周折，我终于晋升为副教授。这一年我刚好30岁。

# ○七  破格晋升

1993 年 12 月，经国家教委批准，厦门大学哲学系成立社会工作专业。张友琴多次提出，要把我调到哲学系充实社会工作专业的力量。虽然我做的不是社会工作，但与政治学相比，毕竟社会工作与我的社会学研究更接近一些。权衡利弊，我决定调去哲学系。从南开大学毕业到厦门大学，我在政治学系待了 8 年。8 年来，我踏踏实实地工作，主动承担系分配的任务，1990 年开始任班主任，1992 年 12 月又开始任系研究生秘书。1994 年初我向政治学系领导提出要调到哲学系。尽管不少人劝我不要走，尽管政治学系"创收"的收入要多于哲学系，但为了专业，为了不再被边缘化，我已下决心要走。政治学系以缺人手为由不让我走。我请学校领导出面协调，最后我在1994 年 6 月份将关系转到了哲学系。哲学系领导让我担任社会工作教研室主任，实际上我已经成为这个专业的学术带头人了。我刚过来时这个教研室只有 8 个人，我和张友琴、陈墀城是副教授，王宗烘、张加才和彭学农三人是讲师，张时飞和童敏为助教。张加才 1996 年到南开大学读博士学位，彭学农也回到哲学原理教研室，教研室就只剩下 6 人。为了扩大影响，我们积极与外面建立联系。1995 年 3 月

3 日，香港城市大学吴水丽和关锐煊二人来访，商谈城大应用社会科学系与厦门大学社会工作专业建立联系事宜。1996 年 1 月 18 日至 1 月 21 日，香港城市大学应用社会科学系陈永泰一行 11 人访问我系，1 月 19 日上午在政法学院 11 楼签订了合作协议。1996 年校庆期间，我出面邀请中国社会科学院陆学艺教授来校作报告，我们请他到系里与教师进行了座谈。《社会学研究》主编张琢携夫人与日本爱知大学法学部加加美光行、绪形康一行 4 人于 1996 年 5 月 2 日至 5 月 6 日来厦门，我陪他们走访了集美的一家台资企业和一家私营企业，台资企业是通过集美区副区长柯志敏联系的，私企是通过灌口中学的王春英老师联系的。5 月 6 日还带他们到石狮参观了几家私营企业。

我教授的课程除原来的社会学概论和社会调查研究方法外，还新开了组织社会学和专业外语。针对学生在学习中投入时间少、死记硬背课堂笔记应付考试的情况，我在社会学概论的教学中积极进行教学方法的改革，提出了"听、读、问、写、议"五字方针，通过课堂讨论达到拓宽学生知识面、培养学生独立思考能力的目的。所谓"听"就是先由我在课堂上突出重点，少而精地讲授课程内容，对于一些基本概念、基本原理要讲得透彻明白，并要求学生牢牢记住；"读"就是每一单元都给学生布置与教学内容相关的课外阅读书目，通过广泛的课外阅读，可以有效拓宽学生的知识面；"问"就是要求学生多提问题，学生在课堂中可以随时发问，甚至可以打断教师的讲课提问。为了鼓励学生多提问题，我对学生所提问题都作了记录，不仅在课堂上表扬积极提问和提出好问题的学生，而且还给这些学生的期末成绩适当加分；"写"就是要求每一个学生围绕布置的讨论题目写读书心得；"议"就是进行课堂讨论，每学期安排四至五次课堂讨论，我对每个学生的发言情况都作了记录，并作为期终评定成绩的一个重要依据。我主讲的《社会学概论》课程 1995 年被评为厦门大学优秀主干课，1996 年又被评为福建省普通高校优秀课程。

经过自己的努力，我在厦门大学和中国社会学界都逐渐有了一定的影响力。在完成《社会学导论：社会单位分析》一书的写作后，1992 年我又动手翻译了乔治·赫伯特·米德的经典名著《心灵、自我与社会》。1991 年周晓虹通过台湾大学杨国枢教授与台北桂冠图书公司签订了翻译该书的合同，原定由我与晓虹各译一半，后因为晓虹没空改由杭州大学的王小章与我共同翻译。经过一年多断断续续的努力，1993 年 11 月我将全部译稿修改完毕，交学生抄正后托人带给台北桂冠图书公司，该书于 1995 年 1 月印出。1993 年 11 月，我参加了由厦门大学教师组成的"厦门实施自由港某些政策研究"课题组，负责社会保障政策研究。11 月 24 日课题组成员在校办接待室召开会议，林祖赓校长和郑东斯副书记到会讲话。12 月 21 日至 12 月 23 日，我们参加了在厦门宾馆明霄厅召开的厦门进一步实施自由港某些政策研讨会。参加会议的除厦门大学课题组外，还有国家体改委课题组、福建省课题组和厦门市课题组，厦门市的主要领导也参加了这次会议。1994 年 2 月 27 日至 3 月 1 日，厦大课题组还参加了厦门市举行的纪念邓小平同志视察厦门十周年活动和进一步实施自由港某些政策研讨会。该课题的研究成果《中国经济特区发展的一个战略选择：厦门经济特区实施自由港某些政策研究》于 1994 年由鹭江出版社出版。该书由王洛林担任主编，朱崇实任副主编，课题组成员有李文溥、翁君奕、吴世农、黄建忠、杨斌、张小金、徐楚弦等，我也是课题组成员之一，负责社会保障部分的撰写。自由港课题组的大部分成员还于 1995 年参加了由陈振明主持的特区政策研究课题，我仍负责社会保障政策的研究，研究成果《跨世纪的中国经济特区：政策回顾与展望》1995 年由鹭江出版社出版。1994 年下半年至 1995 年上半年，我在张友琴社会调查讲义的基础上撰写《社会调查研究的理

论与方法》一书，该书是社会工作专业自学考试的教材，1995 年由
厦门大学出版社出版。除上面几本著作外，这几年我还在《社会学研
究》和《厦门大学学报》上发表多篇论文，其中一些（如《市场经
济与我国社会保障制度的改革》《市场经济与我国社会组织的功能分
化》《我国社会保险制度改革的模式选择》等）被中国人民大学复印
报刊资料《社会学》全文转载，在社会学界产生了一定影响。由于在
科研方面取得了突出成绩，1994 年我荣获厦门大学"素端科研奖"。
1993 年，我当选为福建省社会学会常务理事，1994 年 12 月中共厦
门市委政策研究室聘我为特约调研员，1995 年我被增补为中国社会
发展研究会理事。

　　我还积极参与各种社会活动。当时厦门大学中文系的林兴宅教授
和哲学系的陈嘉明教授发起成立了厦门市社会发展研究会，挂靠厦门
市政协，得到时任政协主席蔡望怀的大力支持。厦门大学有影响的一
些教授，不管是文科还是理科，都被聘为这个研究会的理事或常务理
事。从 1995 年 5 月开始，厦门市社会发展研究会与《厦门日报》合
作，对公众关心的一些热点问题进行调查。因为我是做社会学的，公
众调查的任务就由我来承担了。从选题到问卷设计，从问卷的发放到
数据分析，还有调查报告的撰写，全都由我来完成。第一期调查的
是居民生活质量，我当时对统计软件还不熟悉，就请张时飞用 SPSS
进行数据处理。第二期是独生子女调查，我请海洋系的商少平协助
用 QBASIC 处理数据。1995 年 10 月我的老同学罗教讲给我寄来了
SPSS 软件，我很快就掌握了这一最新的工具处理数据。每次调查结
果都用专版在《厦门日报》上刊出，先后刊出 8 期，引发了读者的热
烈反响。另外我还参与电视台和电台的一些活动，例如 1995 年 4 月
参与厦门电视台两期"大众话题"的策划；应厦广经济台"虎溪纵横
谈"节目主持人王亚男的邀请，我两次作为嘉宾到演播厅录制节目；

1996 年 8 月 1 日，应"厦视热线"主持人房慧萍的邀请，我到电视台录制了一期节目，谈了自己对赌博现象的看法。

我是学校重点培养的第二批优秀中青年骨干教师。在学校的资助下，我参加了多次重要的学术会议。1994 年 5 月 5 日至 12 日在上海浦东参加了中国社会学会年会。此次会议的主题是中国社会保障与社会发展，我提交的论文是《市场经济与我国社会保障制度的改革》。我在 5 月 5 日飞往上海，住上海造船厂宾馆，5 月 6 日上午参加在上海造船厂科苑召开的大会开幕式，下午大会发言。5 月 7 日上午全体与会代表参观少年宫和外高桥保税区，下午分组参观，我所在的第二组参观了建平中学、东方医院和陆家嘴养老院。5 月 8 日上午在浦东新区管委会的会议室分组讨论，我在会上作了发言，主张彻底打破城乡界限、所有制界限和劳动者的身份界限，建立与市场经济相适应的新型社会保险制度。开会前雷洁琼副委员长还与各组代表合影留念，我把新出的《社会学导论：社会单位分析》一书送给了雷老。5 月

图 7.1　1994 年在上海浦东召开的中国社会学年会上，将我所著的
《社会学导论：社会单位分析》一书送给雷洁琼副委员长

8 日下午代表们参观了东方明珠电视塔、外滩，5 月 9 日上午在金桥公司举行分组讨论会，下午是大会发言，接着参加闭幕式。大会发言是事先安排好的，在大会发言之后还有十几分钟时间，主持人让代表们自由发言，我抓住机会举手，上台介绍了自己新出的《社会学导论：社会单位分析》一书，引起与会代表的浓厚兴趣，会后代表们将我团团围住，不少人向我索要《社会学导论：社会单位分析》一书。原拟 10 日乘火车回来，但因未能及时买到车票，我只好在 5 月 12 日乘飞机回厦门。

1995 年 11 月，第六届亚洲社会学大会在北京召开，我参加了这次会议，并向会议提交了《中国社会转型过程中政府与民间关系的重构》一文。我在 10 月 29 日乘火车北上，10 月 30 日抵达南京，10 月 31 日晚与周晓虹一起乘车，次日中午抵北京。参加这次会议的代表多达 230 人，分别来自亚洲 19 个国家与地区。11 月 5 日会议结束，当晚我即赶往火车站乘车，在北京打工的弟弟胡家亮将我送至车站。11 月 7 日上午 6 点 30 分，火车抵达广州。由于 1995 年我申请了到哈佛大学研究的项目，此次来广州的目的就是参加面试。11 月 8 日中午哈佛大学的 Partick Hannam 教授抵达广州，当天晚上我们到他下榻的东方宾馆面试。我和刘峰、陈甬军买了 11 月 9 日晚回厦门的机票，但因航班延误，于 11 月 10 日上午才飞回厦门。

根据厦门大学职称评审规定，参加中青年选拔晋升教授职务者，须具备规定的 6 项条件中的 3 项。由于已具备其中的 3 项条件，我在 1995 年 9 月报名参加中青年选拔晋升教授。1995 年 9 月 29 日晚哲学系推荐组开会，我全票通过。10 月份，校职改领导小组通过了我的资格审查，接着是送审代表作。12 月 17 日晚，学科组开会表决，我也顺利通过。从 12 月 18 日开始，我将个人材料送至文科组各位成员手上。12 月 22 日，文科组开会，我得 22 票，超过总数的三分之二。

经过半年多的努力，我终于晋升教授职务。33岁的我成为中国社会学界最年轻的教授。

像政治学系一样，为了生存，哲学系也在办班"创收"。经有关部门批准，1994年的福建省自学考试开考社会工作与管理专业，由厦门大学哲学系主考，在开考的13门课程中，共有9门课程使用哲学系教师编写的教材。哲学系在龙岩和漳平办了该专业的自学考试辅导班。1994年10月6日至10月18日，我到龙岩辅导社会学概论课。由于许多学员无法花太多的时间学习，及格率并不高。为了解决这一问题，哲学系又在龙岩办了一个专业证书班。1995年8月23日至9月1日，我到漳平辅导社会学概论课，1996年1月11日至1月15日又到漳平辅导社会调查研究方法。省自考办、省机关事务管理局等单位联合举办了一个行政管理学专业自考辅导班，原先请厦门大学政治系的老师辅导，后又把专业改为社会工作与管理专业。1993年9月16日至9月23日，我到福州在省直党校给这个班的学员上社会调查方法课，回厦门时路过莆田看望了在那里当县长的老同学刘可清。1996年4月10日至4月14日又去给第一次未参加考试的20多位学员上社会调查方法课。哲学系在集美办了一个社会工作与管理的专业证书班，1995年6月我去给集美班的学员上社会学概论课，12月又去给他们上社会调查研究方法课。

1994年12月8日，胡枫和姐姐送父母亲来厦门。春霞已有9个月的身孕，我们想请母亲来帮助做家务和带孩子。在春霞怀孕期间，一日三餐都由我负责，每天还要用摩托车接送她到源顺公司上班。春霞临产的最后一个月还在坚持上班。为了能顺利分娩，她每天步行上下班。在最后一个星期，她才回家休息。12月26日凌晨4点40分，春霞几次上厕所，发现有羊水流出，她便把我叫醒。两人洗漱毕，春霞还煮了两个鸡蛋吃下，并为我俩各泡了一杯牛奶。接着我便骑上摩托出去找出租车，在圆形餐厅的路边看到一辆桑塔纳的士停在那里，我随即叫上这辆的士往回走。待回到楼下把摩托放进地下室，春霞已经上车了。车子驶出校门，穿过宁静的街道，大约在 5 点 40 分到达 174 医院。下车后我们便直奔妇儿科。春霞在凳子上坐好后，我便到门诊部办理住院手续。办完手续回来，春霞已经进了待产室。7 点 5 分，孩子顺利出生，是个男婴。

孩子出生，全家人既高兴又忙碌。12 月 26 日上午 8 点，待 174 医院门口的公用电话亭开门后，我便给母亲打了电话，随后又到岳母家报告这一喜讯，岳母家离医院很近。我在岳母家拿了脸盆和毛巾，岳母烧好开水后赶到医院。接着我又回家煮红糖水和稀饭给春霞吃。当天下午姐姐领着母亲和父亲来看小孙子了。12 月 26 日晚由岳母照顾春霞，我回家睡觉。兴奋忙碌了一天，一闭上眼睛脑子里就会浮现儿子那细小可爱的脸庞。12 月 27 日上午我骑车把母亲载到医院，赶回学校上完第 3、4 节课后又到 174 医院，晚上我陪春霞在医院睡觉，12 月 28 日上午春霞母子出院回家。

儿子取名泽浩。我在床边安放了一张旧木凳，上置三块木板，作为他的小床。由于儿子晚上时常哭闹影响我休息，5 月 13 日开始便让他和我母亲一起睡，把两张旧沙发并在一起作为他的床。5 月 28 日，我上街给他买了一张新的弹簧床。有母亲料理家务和带孩子，我们不仅不会手忙脚乱，甚至比过去都轻松了许多。母亲不仅给我们带孩子，还要做饭、洗衣服，一天忙到晚。父亲来厦门后，闲着无事，便在宿舍楼左边的空地和山上挖了几畦菜地，种上青菜、萝卜等。1995 年春节前，他又到公路边跟一位吉林来的师傅学补鞋。买了一架补鞋机之后，他便每天挑着补鞋担到海滨校门口给学生和来往的客人补鞋。有个事情做，不会闲得发慌，且每天也有几十元的收入。父亲有些生活习惯和我们不太一样，我们在让他养成一些好的生活习惯的同时，都尽量尊重他。

从南开大学毕业到厦门大学任教，不知不觉中十年时间过去了。人生匆匆，有几个十年？为纪念毕业十周年，在大家的倡议下，1996 年 5 月社会学系 84 级研究生班的同学回到南开园举行了一次聚会。我在 5 月 30 日下午乘厦航班机飞往天津，待我赶到南开大学谊园时，已是晚上 8 点钟。在谊园服务台，我见到了张文宏，他领我到靠近天津大学的一家餐厅。等我们到了那里，关信平、钟元俊和邓子强正吃完饭往回走，见我来了，又跟我一起进去点了几个菜、要了啤酒，大家坐下喝酒叙旧。老同学见面分外高兴。前一年在第六届亚洲社会学大会上见过关信平同学，我回校答辩时见过钟元俊，而邓子强已是十年没见面。接着刘祖云和罗教讲也来了，他们从武汉飞往北京后坐车到天津，大家谈到很晚才回宾馆休息，5 月 31 日上午，我和刘祖云、罗教讲三人在关信平的陪同下专门去看望了苏驼老师。在北京工作的同学也陆续来了。在谊园餐厅吃午饭时，我见到了方宏进、王奋宇、张静、景跃进。下午大家在谊园会议室座谈，每个人都谈了自己十年来的工作和家庭情况。我们似乎又回到了十年前的情景。十年的岁月流逝了，虽然大家都老了些，但也变得更加成熟了。应该说十年来大家都取得了很好的成绩，刘祖云、周晓虹和我已晋升为教授，我们的研究成果在中国社会学界产生了较大影响；方宏进到中央电视台的"东方时空"栏目担任主持人；张静在香港取得博士学位后到了北京大学；严立贤从社会学转到近代史研究，成为中国社会科学院近代史所的学术带头人。晚上全体回校同学聚餐，场面异常热烈。大家珍惜这相聚的分分秒秒，久久不肯散去。6 月 1 日上午是自由活动时间，我和谢志强一起在校园转了一圈，来到新开湖畔，我们又站在了图书馆门前。在我们住了整整两年的九宿舍门口，我举起相机拍下了两张相片。1 日下午，在系办公室，老师和同学们见面。同学们介绍了自己的情况，苏驼老师、孔令智老师先后讲了话。当天晚上老师和同学们一起聚餐。这一天是苏老师最高兴的日子。6月2日上午同学们陆续回家，我在6月3日飞回厦门。

图7.2　1996年回母校南开大学与苏驼老师在一起

　　为了进一步充实提高自己，1995年我决定申请去香港攻读博士学位。1995年初，我分别从香港大学、香港中文大学和香港城市大学要到了申请材料。香港大学需要托福成绩，我1990年的托福成绩已不能用，所以我不能申请港大。我填写好申请香港中文大学和香港城市大学的申请材料，接着又请王康和袁方教授写推荐信。6月7日晚，我给王康教授打了电话，6月12日晚又给袁方教授去电。城市大学的120元申请费请关锐煊代交，中文大学的320元申请费请吴水丽代交。9月份香港中文大学来信，对我的申请作了较高评价，认为我很适合到他们那里攻读博士学位，但需寄去代表作和详细的研究计划才可最后决定。因忙于参加11月在北京召开的第六届亚洲社会学大会，我等到11月底才回信。11月从北京开完会回校后，我收到了香港城市大学的录取通知书。因当时正在申报教授职位，我暂未动手办理手续。我写信与陈永泰主任联系，想改以访问学者的身份前往攻读学位，梁君国教授给我回了电话，说待他们来厦门访问时再进一步商量如何办理手续。1996年1月18日至1月21日陈永泰等来厦，他说无法以访问学者的身份去攻读博士学位。送走香港客人后，我随即向学校递交了申请到香港学习的报告。3月7日我给国家教委港澳办寄去了申请到香港学习的材料。经过近三个月的等待，5月底收到了国家教委与国务院港澳事务办公室的批件。在匆忙填完各种表格后，我在5月29日将有关材料交给校外办，由他们代为办理通行证件。两个多月的时间过去了，仍未拿到，担心哪一个环节出了问题，我在8月8日电话联系香港相关部门，8月14日又给在港的同学高丽琴发传真，托她询问有关情况。8月15日下午，校外办来电话，说我的通行证件已到。8月16日下午，我终于拿到了等待多时的赴港学习通行证件。

# ○八　赴港读博

我是 1996 年 9 月 5 日从厦门到香港的。从厦门到香港可以乘飞机，也可以乘长途大巴，但我是乘轮船去的。9 月 5 日姐姐桂秀、弟弟家东、家东的女友李端辉、外甥缪少斌、小舅子黄光海来家里给我送行。吃过午饭，中午 1 点钟从家里出发去和平码头乘船，春霞、浩浩、姐姐、家东、少斌以及岳母将我送上船。因为是赴港，需要过海关。船在下午 3 点整起航，我与家人挥手告别。

这是一艘很大的轮船，可以乘坐好几百人，里面有餐厅、歌厅等设施。我原来买的是二等舱，上船后广播通知可以调整舱位，我到询问处补了 45 块钱，调至 B 层 213 房 1 号床。这是头等舱，有窗户可以看到大海。船舱虽小，但里面设备齐全，有独立的卫生间。初次乘坐这样的船，感到很新鲜。将行李放好之后，我拿起相机，拍下了视线中渐渐远去的鼓浪屿和厦门大学。

9 月 6 日早上 9 点半，轮船抵达香港。原来在电视中见过的香港现在如此真切地呈现在我眼前。办完入境手续，已经是上午 10 点，我随即叫了一辆计程车来到位于九龙塘的香港城市大学。香港的大学有香港大学、香港中文大学、香港理工大学、香港科技大学、香港城市大学和香港浸会大学等。香港城市大学原为 1984 年在九龙旺角建立的香港城市理工学院，1995 年获政府授予自我评审资格，并更名为香港城市大学，1997 年在原威灵顿中学旧址设立九龙湾分校。现在的香港城市大学就建在九龙塘火车站边上，学校是一座占地面积很大的楼，类似现在的城市综合体，依山就势而建。虽然楼高只有七层，但里面的面积很大，不同区域用颜色区分，有黄区、红区、紫区、蓝区等。根据学校入口处的标识，我来到黄区第九号电梯。在那里我遇到了城大应用社会科学系的关锐煊教授，他告诉我应用社会科学系在七楼。到了七楼，先到办公室报到，而后工作人员带我到研究生的办公室。虽然城大空间不大，但每位教师都有一间办公室，每个研究生都有一个工作位，并每人配有一台电脑。在研究生的办公室，我见了王彤和 Mag 同学。王彤在北京大学国际政治学系获得硕士学位，也是梁君国的学生，前几天刚来报到。Mag 是个小女孩，香港本地人，在读心理学硕士。见过导师梁君国之后，王彤领我到学校行政楼的研究生院报到，而后又到校内银行办了卡，先存了 60 港元。

图 8.1　1996 年初到香港城市大学

中午与王彤、Mag 一起到教工餐厅吃饭。下午 2 点，王彤带我到红磡黄埔街 15 号五楼，见到了城大电子工程系的研究生张军。我暂时在张军房间住下，先交了 500 元房租。

到港后的第一件事就是要找个住处。香港城市大学（以下简称"城市大学"）当时没有给研究生提供宿舍，我们只好在校外租房子。香港是个人口密度很高的地方，听说很普通的一套公寓房也要五六百万港元。房子贵，房租自然也不便宜，一套房子月租也要两三万港元。在香港，政府不仅给大学教授很高的工资，而且各高校的研究生也能享受很高的奖学金。城市大学给我的奖学金是每月一万一千多港元，而我在厦门大学当教授的月薪还不到一千元人民币。与其他学校不同，香港城市大学还给研究生发放租房津贴，只要月房租不超过六千元港元，学校可以给房租金额一半的补贴。只有五六千元港币才可以租到像样一点的一间房子。但说实在的，原来自己的工资一千元还不到，花那么多钱租房子，有点心疼。我在红磡附近找中介看了几处房子，这里离学校近，到九龙塘只需坐两站火车。9 月 9 日我先到位于尖沙咀的帝国中心人民入境事务处照相和办理身份证，回到红磡后在中介的带领下我看了两处房子。一处装修不错，也比较宽敞，月租从 2400 港元降至 2000 港元，但我还是觉得贵。另一处安静，但比较小，月租也要 1800 港元。考虑再三，我决定把张军房东的另一间房子租下。这间房也就像家里的地下室那么大，租金却高达 1700 港元。

初来乍到，还有许多东西不适应。首先是这里的计算机软件系统。这里用的是台湾版的软件，全是繁体字，而我习惯的是五笔字型输入法和简化汉字的 Windows 系统。我带来的一些磁盘中的文档调出后全都变成了乱码。我只好求助于内地来港学习的同学。9 月 13 日从张军那里拷到中文之星的软盘，但试了几回都没有装上。9 月 13 日晚上又请电子工程系的李影辉同学来帮助安装。他通过网络从他自己机子上把 Windows 3.1 软件装到我的机子上，但因为不知道中文之星的序列号，还是无法安装。9 月 17 日，内地来的方林同学帮我安装了中文之星，可以用中文输入了，但还是不能排版。家人托到厦门大学上课的城大梁丽清教授给我带了 SPSS 及 Word 软件软盘，9 月 23 日晚上我请方林同学帮助安装，但忙了一个晚上也没有装上。9 月 24 日学校电脑中心来人，将办公室的一台电脑搬到我的桌子上供我专用。在城大应用社会科学系麦海华老师的帮助下，我装上了 Windows 95。这里的电脑系统普遍比较老旧，我们早就用上了 Windows 95，这里还在用 Windows 3.1，因为这些正版系统都是花钱买的，所以更新没我们快。虽然我在 Windows 95 下载了中文之星，但总不如家里的中文 Word 好用。在输入中文时，删掉前面的一个字符，后面的文字就会变成乱码而无法辨认。

如果说经过一个月的调试，我不断地试着给我的电脑装上各种中文简体软件，已经能够开展工作的话，那给我自己的大脑装入另一套"软件"的任务则更为艰巨。香港的官方语言是英语，一般人则讲广东话。系里安排我作为 Tutor（助教）辅导本科生的"调查方法课"，9 月 10 日上午我和该课的主讲老师马勤一起到图书馆借了几本有关方法的书。原来我给本科生上的辅导课有两次，9 月 20 日梁君国老师通知我，让我担任系研究生代表，参加校行政会议，星期四的辅导课改由其他人上，我只需上星期一的一节辅导课。

到了一个新地方，自然要找熟悉的人。南开大学同学邓子强也在香港做生意，是我第一个找的人。刚好南开大学的乐国安老师来港，9 月 11 日下午 6 点我与邓子强、乐国安老师一起乘车到太平山顶看港岛夜景，晚上三人一起在港岛吃饭。9 月 14 日下午在彭玉生的带领下，与邓子强、乐国安老师一起逛了中文大学依山而建的美丽校园。我在宁德师范专科学校的同学高丽琴移居香港多年，9月14日她在红磡渔村请我喝早茶，然后陪我逛了几家商场。9月22日晚上参加城市大学内地学生和学者聚会，发现城市大学居然有200多名从内地来的学生在这里读学位或做研究。10月11日，同办公室的香港同学李树培还带我去香港大学走了一趟，并拜访了社会学系的黄伟邦讲师。香港的南开大学校友经常举行活动，11月9日，我和在中文大学访问的南开大学校友成伯清一起参加在城市大学9楼餐厅举行的南开大学校友会聚会。11月19日到树仁学院看望从北京过来讲学的张琢教授，中午请他吃饭。11月21日，在城市大学会计系任教的苏锡嘉请我在学校的中餐厅吃饭。他曾在厦大读本科和硕士，从加拿大获得博士学位后来城市大学任教。11月22日还到香港中文大学社会学系听边燕杰教授的讲座。边燕杰原来是南开大学的老师，后到纽约州立大学奥本尼分校学习，当时在美国明尼苏达大学任教。后来边燕杰也到香港科技大学教了几年书。

图 8.2　1998 年在香港城市大学的马会宿舍

香港离厦门不远，可以经常回家。刚开始我乘坐轮船回家。在厦门和香港之间定期航行的有"闽南号"和"集美号"客轮。客轮可以乘坐一千多人，但通常只有两三百的乘客。后来我又乘坐长途大巴回家。第一次回家的时间是 1996 年的 10 月 15 日至 10 月 26 日，10 月 15 日下午 2 点出发乘坐客轮，10 月 16 日上午抵达厦门。这次回来还到厦门大学派出所取消户口，补办了离校手续。我还用从香港买回来的摄像机给儿子录像，这是我 9 月 28 日在香港太子的一家百老汇电器店购买的，花了我第一月的助学金 6000 多港元。

香港各大学的博士生培养方式有英制和美制两种。老牌的香港大学、城市大学实行的是英制，学生不用修太多课程，也没有综合考试，主要是做毕业论文；而像香港中文大学、香港科技大学等则实行美制，学生需要先修读很多课程，通过考试后才开始做论文。我的主导师是梁君国教授，陈永泰教授和赵钊卿教授是导师组成员。由于城市大学实行英制，导师早早就让我考虑学位论文的题目。1996 年11 月 6 日下午 3 点，我和赵钊卿教授谈我的论文选题。原想写农民工问题，但这个题目写的人比较多，一时找不到合适的角度。想写国营企业领导阶层，并将他们与私营企业主阶层对比。在中国，国营企业主是一个特殊的阶层，他们以全民所有的名义"占用"国家的生产资料，但是这个题目资料不好收集。11 月 13 日与梁君国老师商量后，我决定写中国内地的村委会选举。中国自 20 世纪 80 年代实行联产承包责任制以来，农村的权力结构发生了很大改变。村委会选举在福建搞得如火如荼，是一个不同于其他只流于形式的选举。从 11 月14 日开始，系里的研究生每周举行一次 seminar，每个人介绍自己的论文写作进展情况。11 月 28 日上午，梁君国、陈永泰、赵钊卿三位导师和我一起讨论我的论文选题。我向他们汇报了来港三个月的学习情况、选择村委会选举这个题目的原因以及研究思路。他们各自提了一些看法。

　　研究论文通常需要有一个研究框架，同样的对象，研究框架不同，分析的角度也就大相径庭。1997年是福建省每三年一次的村委会换届选举年，在我选定理论框架之前，福建省的村委会换届选举就开始了。如果错过这次选举，那就要等三年之后了。于是我在理论框架还没有确定的情况下便决定先回福建收集资料。我在1996年12月23日乘客轮回到厦门，1997年1月2日上午到厦门市民政局找基层政权建设处的林荣辉处长了解厦门的村委会选举情况。林处长热情地给我介绍了厦门湖里区禾山镇后埔村试点选举的一些新做法，并给了我几份材料。1月3日我和厦门民政局基层政权建设处的林荣辉处长和孙京江一起到后埔村看村民小组长的选举。我们在10点半抵达后埔村，由于是上班时间，投票站前来投票的人并不多。这里村民小组长的选举竞争激烈，投票率高达99%。听说前一天有些村民小组花钱买选票没有当选，有些情绪，还有工作人员被打。我们在第九组投票站看完以后，一位村委会委员又带着我们看了其他几个小组的投票站。有人建议，下一次选举应该让组长候选人发表演说，介绍自己的政纲。现在的制度安排有给村主任候选人提供介绍自己观点、纲领的机会，但还没有给村民小组长提供这种机会，因此他们只好自己在选民家里串门，让选民认识自己。在路上，林处长多次和我谈到，厦门岛内的村委会选举分多次进行，以使村里的干部都能被选进村委会，因为通常村主任的候选人都是村中能力较强者，不像其他经济不发达地区，他们不易转行从事其他工作。在投票站，我认识了湖里区民政局的江根云副局长以及中共湖里区委组织部正副部长。中午和林处长在附近的一个酒家吃饭。禾山镇其他村的干部也来观摩后埔村的选举。

　　1月8日去了一趟集美区民政局。在与民政局陈副局长、宣传部曹部长等人的交谈中，了解到村委会选举中有不少问题。与市民政局林荣辉的态度大相径庭，他们认为现在的选举脱离农村的实际，"超前"了，组织的意图难以得到贯彻实施。他们谈到的问题包括：第一，宗族势力很强。据小苏讲，每个村都有部分很有影响力的"老家长"，这些人年纪较大，通常负责村中与宗教迷信相关的事务，虽然他们自己不参与竞选，但他们的子女可能很强。遇到一个由多个自然村组成的行政村，往往是较大的自然村推出的候选人当选。如果一个村是由多个姓氏组成，当选者肯定是大姓的候选人。第二，缺乏监督机制。村委会成员一旦当选以后，拥有很大的权力，村民难以监督。有些村的"两委"成员由于经济问题被"一窝端"。村民代表并不能起到监督作用，而近年来由于开发区的建设，不少"征地村"拥有大量的村财，少则数百万，多则达上千万，这也是村委、村民小组长竞争激烈的原因之一。第三，一些"大款"参加竞选，想进入村委会。有些富起来的"大款"在村里的影响力逐渐扩大，他们答应用自己的钱为村里办事，于是投票给他们的村民很多。曹部长谈到一个村的例子，一个大款参选后，选举指导组利用计划生育政策一票否决了他。第四，有些帮派势力，包括地痞，也介入了选举。

在对厦门的村委会选举进行观察和调查的同时，我也想回寿宁调查村委会选举情况，因为我对家乡的情况更熟悉。我打电话问寿宁县民政局，得到的答复是，那里的村委会换届选举只有两个试点乡已经完成，其他乡的选举将在春节后进行。我让他们给我寄一些选举的材料，同时也向省民政厅要了一些材料。

在完成第一阶段的资料收集之后，我在1月25日离开厦门，1月26日抵达香港。1月29日搬到大埔墟彭财华那里暂住几日。办公室增加了新成员，来自加拿大的Richard Burns在2月初来城市大

永不懈怠：一位社会学家的学术志

学学习，是陈国康教授的博士生。

转眼春节到了。1997 年的春节我一个人在香港度过。看着来自内地的同学一个个返家，我也真有点想家了。这是第二次在外面过春节。学校的食堂 2 月 6 日至 2 月 9 日关门，街上的许多店铺也都关门了。我在初一去了趟深圳，先乘车到上水，然后又从上水到罗湖。初一从香港去深圳的人真多，罗湖口岸人山人海，过关差不多花了一个小时。

在香港读书，不能每天陪伴儿子，常常在想他。儿子两岁了，开始学说话，讲得越来越好，常常是"语出惊人"。我们平常在交谈中说的一些话，无意中也被他学会了，在相应的场景中脱口而出，说出的不是一两个字，而是完整的一个单词或句子，而且表达的意思也很到位，常常让我们大吃一惊。春霞告诉我这样一件事：春节前，她在家里擦窗户，浩浩对她说："妈妈小心！"而且连说两遍。我在家里的一天晚上，他坐在床上连续大声说："晚上好！"我们听了很惊讶，从来没教他这样说，他是什么时候学会的？想了半天，我们才记起前几

图 8.3　在香港读博期间回厦门看望儿子胡泽浩

天春霞在家里练习"完美事业"的演讲，几次讲过"朋友们晚上好"的话。临走前一天晚上，我拿出高丽琴托我买的华珍饮品，将包装盒拿掉，他看着一堆的东西，便大声说"很多"。返港那一天，春霞和母亲带着他一起送我，走到海军码头，看到大幅的海军画像大声说："警察！"

应关锐煊教授的邀请，我在1997年3月1日到湾仔社会服务联会参加"社会工作综合服务——经验与展望研讨会"，我在大会上做了演讲，介绍内地方面的经验。1997年3月10日我又回到厦门，开始第二次村委会选举调查。3月14日到集美灌口镇，找到了顶许村的陈加强书记，与他交谈了半天，下午与他到顶许村走了一趟。3月18日上午到湖里区政府旁听村财务审计情况汇报会，接着去了一趟后坑村，下午到禾山镇政府旁听村委会换届选举动员大会。3月19日到灌口镇顶许村观看村委会候选人的预选大会。3月23日到集美顶许村观看换届选举，访问了几户村民，3月24日又去了一次顶许村。3月25日到后坑村，了解该村的基本情况，3月28日去后坑村旁听村民代表会议。4月4日又到后坑村观看村委会换届选举大会。4月8日、4月9日、4月10日这三天后坑村委会选举投票，我每天都往后坑村跑。4月15日去后坑村，上午访问了村干部林碧珍和林国华两人，下午旁听村民代表会议。4月18日上午在后坑村访问村干部叶独鹏，下午旁听村干部会议。4月19日到后坑村下湖投票站观看第七、第八村民小组长的选举，下午采访村民郭苏明和吴粉梅。4月26日到后坑村，先后采访了前坑的陈根文、第十三组的两位村民，还有林亚狮、陈龙木和何育德等人，晚上9点才回家。

厦门的调查暂告一段落，4月30日我回寿宁调查。当时寿宁还没有高速公路，从厦门到寿宁需要一天多的时间才能抵达。我在4月30日上午9点40分从厦门出发，至5月1日凌晨2点才到达翁坑村。

先在姐姐家住了一个晚上，5月1日到犀溪乡政府，下午驻村干部龚纯平把我带到犀溪村党支部书记叶在平的家，叶在平是我中学时候的同学。晚上和村干部叶于达等一起吃饭，并由村委会安排在胡青菊开的客栈住下。5月2日上午回库坑村看望哥哥，5月3日回到犀溪。5月5日上午采访叶在平，下午采访叶祖文，傍晚到西浦村查看村委会会议记录。据了解，西浦村修建两座桥梁、修公路都是退休干部缪兰邦牵头做的，村委会发挥的作用不大。5月6日上午搭乘犀溪派出所的车，与胡红辉等一起到际坑村和武溪村，借了两个村委会的会议记录到泰顺县城复印，因为犀溪离泰顺县城特别近，开车只需要15分钟，而开车到寿宁县城则需要40分钟。中午在泰顺的堂弟胡家旺请我们吃饭。

听说犀溪乡的山后村选举竞争激烈，而且当天晚上预选主任候选人，我便跟着黄而峰到了山后村。山后村紧挨着泰顺县城，移居泰顺的村民有70多人。在选举中山后的村民分成了两派，一派支持原主任黄吉龙，另一派支持现在泰顺做生意的黄吉健。黄吉龙为首的原村委坚持要由两委成员、村民代表参加预选投票，反对由全村户代表参加预选。当犀溪乡下派山后村挂职党支部书记的叶润江在广播中通知户代表开会时，村民兵营长上前把扩音器关掉，润江怒而将其推出门外。晚上8点会议开始，他们几个人在争吵。结果，支持黄吉龙的人都退出了会场，乡党委副书记叶于斌作了讲话。原安排几个主任候选人作治村方案演讲，结果只有黄吉健上去讲了几句。接着是户代表投票，参加投票的只有71人，会议在10点多结束。等回到犀溪，已经是凌晨1点多了。

5月9日上午走访了犀溪村锦山片的叶信权、叶其松几位村民，下午乘车到寿宁县城，晚上住在缪兰馥家。5月10日上午在兰馥的陪同下，走访了县民政局基层政权建设科科长。晚上在兰馥家与叶振平、叶兴荣、缪仕栋、缪启春等在城关工作的中学同学聚会。5 月 11 日上午，在县城开参茸补品店的胡于旺骑着摩托车载我从城关回犀溪，路上走访了南阳镇党委缪书记、花岭村村主任叶主任以及先峰村村主任候选人阿权。南阳镇党委缪书记讲道，在选举竞争不激烈的村，他们采用比较简单的旧办法，村民可以委托投票；在选举竞争激烈的村，如果候选人比较好说话，双方能够达成协议，那还是采用旧办法，可以委托投票；如果选举竞争激烈，双方又不能达成协议，那就要严格按新的程序进行，严格实行一人一票。

　　5 月 11 日晚上我全程旁听了犀溪村委会候选人的预选大会。犀溪村的候选人是叶于达、叶其松、叶兴明和叶信权四个人。第一位演讲的是现任村主任叶于达，他做事有魄力，在任上也为村里做了几件事。他在演讲中讲了准备在下一任要做的几件事：把正在兴建中的中学建完，建一座通往中学的大桥，修犁头板的护坝，修溪坪荡的护坝，加宽锦山的机耕路，修通库坑自然村的机耕路。第二位主任候选人叶兴明演讲，他表示自己能力有限，要退出竞选。第三位是叶其松，他把村委会的工作归纳为"讲民主、奉廉洁""找门路、办公益""勤村务、挖潜力""人致富，进小康"几个方面。叶其松针对上一届村委会工作中存在的问题，极力强调在村委会工作中应该提倡民主作风，反对个人专横独断的做法。同时他也谈到他当选后要办的几件实事。第四位发言的候选人是叶信权，他的发言也谈到上任后要办的几件实事，但不像叶其松的演讲一样充满火药味。5 月 12 日上午我到际坑村，走访了张世才，下午张光安用摩托车载我到山后村，走访了黄吉龙、孙晓聪、黄阿华等人。5 月 12 日在青菊客栈采访了山后村的孙晓聪和先峰村的主任候选人。晚上在缪其华的陪同下，采访了西浦村的缪德廷、缪兰邦、缪立信等人。5 月 14 日上午采访犀溪乡党委龚书记，晚上到犀溪村委会查阅调解档案，后到乡政府民政办查阅 5 月 12 日几个村的选举结果。

　　我在 5 月 16 日下午 1 点乘坐从泰顺开往厦门的长途大巴，于 5 月 17 日凌晨 3 点回到厦门。在家待了两天，5 月 22 日回到香港。回港后先在港岛城市花园青连斌同学那里借住了几天。青连斌在中央党校工作，当时在香港从事一项课题研究。我在 6 月 1 日搬到大围云叠花园住。这套房子共有 4 间，房东自己一间，他们常住汕头，只是偶尔过来住一下。一间租给一位内地新移民过来的记者，另一间住着一对夫妇和他们的小女儿。刚去的那天晚上，这对夫妇找房东抗议，因为房东说好不把房子租给单身男人的，怎么让我住进来了。房东跟他们说我是他的亲戚，第二天早上还请我吃早餐，装得更像亲戚一点。回香港后接着就开始整理回寿宁调查收集的访问录音。整理录音很费时间，访谈一个小时，整理需要花三四个小时。梁君国老师告诉我，我和张志东的论文报告要提前上交，时间定在 7 月 24 日。我赶紧把整理录音的事放在一边，先准备报告。我还在为用什么理论分析村委会选举继续纠结着。先看了阿伦·考森（Alan Cawson）的 *Corporatism and Political Theory*（1986），没看出有多大启发。接着看彼得·J. 威廉姆森（Peter J.Williamson）的 *Varieties of Corporatism*（1985），觉得可以用合作主义分析村委会。原来试图从国家与社会关系角度研究村委会，先是对合作主义感兴趣，接着又发现"State-in-society"的观点很新。7 月 21 日去找了赵钊卿老师，她指出这些理论"大而无当"，用于研究村委会选举没有多大帮助。

　　1997 年的重大事件是香港回归，我们有幸在香港见证了这一难忘的历史时刻。6 月 28 日晚饭后我和张军以及科技大学的几个学生一起到旺角中心，我买了一台尼康 F70 的相机，并和他们一起到尖沙咀。每次到尖沙咀都会被港岛的高楼大厦所震撼。现在为了迎接香港回归，对面的大楼上挂满了灯饰，流光溢彩。6 月 29 日上午和关信平、邓子强去了一趟深圳，与陈晓虹、卢朝峰、周达等南开大学的同学在莲花大厦相聚，当天晚上返港。6月30日我和张军等背着相机到港岛总督府对面的山上，我们等着彭定康从总督府出来的那一刻。总督府周围挤满了人，有记者，也有市民。在这重大的历史时刻，香港吸引着全世界的目光。天空下起了小雨，我们还是执着地在山上等着。终于，英国的米字旗在总督府缓缓降落，它宣告了一个旧时代的结束和新时代的开始，彭定康的车慢慢驶离了总督府。晚上在学校的研究生活动室看了一会儿电视，9点多回到住处，在屏幕前观看政权交接仪式，直到凌晨2点多。7月1日晚上与邓子强等一起在伊丽莎白大厦看维多利亚港上空的焰火，11点多回学校。

香港回归对港人的生活似乎没有太大的影响。走在大街上，唯一的变化是原来红色的邮筒都漆成绿色了。对于到香港学习的内地学生来说，从1998年1月1日开始改用通行证了。

7月24日下午5点半至6点半，我在系会议室的讲习会（seminar）上介绍自己的论文计划及研究进展情况。报告结束后，梁君国老师在城市大学的中餐厅请我们几个学生一起吃饭。梁老师说我研究计划的理论框架部分比较弱，要进一步修改。8月1日我把修改后的研究计划给他看，他说在理论框架和研究问题之间还要加一些东西，以使过渡自然。8月2日把再次修改后的研究计划送给梁老师，他说可以了。8月4日又把研究计划送给陈永泰和赵钘卿两位老师。8月6日到香港科技大学社科拜会戴慕珍（Jean Oi）教授。她原来是哈佛大学副教授，当时在香港科技大学任教，下个月又要到斯坦福大学任教。她对中国农村政治颇有研究，我和她谈了我的研究情况。她强调指出，选举过程和选举结果是两回事。既然我从多元主义出发，那么我所说的"多元"是什么意思？选举产生的村委会在重大事务的决策方面与不是选举产生的村委会有何不同？10月4日上午到中文大学社会学系拜会王淑英教授，就我的论文情况和她进行了交流。

8月7日至8月24日回厦门待了几天。9月1日搬回城市大学的马会宿舍，住301房间。南开大学同学罗教讲从美国访学回来，路过香港，8月31日我到机场接他，并陪他在香港逛了几天，9月3日把他送到深圳。9月21日晚上在港学习的一千多学生、学者在尖沙咀海洋中心海鲜皇宫大酒店聚会，新华社的张俊生副社长和教科部的翁心桥部长也出席了会议。在正式的文艺演出之后，我上台唱了一首《北国之春》。

11月13日收到城市大学研究生院的信，通知我这次未能申请到学校的Tuition Scholarship。香港城市大学每年的学费是4万港元，有一部分的研究生可以获得Tuition Scholarship，免交学费。我第一年获得了Tuition Scholarship。但第二年没有给我学费奖学金让我有点意外，因为我是在读博士生中发表文章最多的学生，学校应该给我学费奖学金，于是我在11月14日去找了社科学院的陶院长和中文系的徐列炯教授反映情况。11月26日收到陶院长给我的信，她已经查过这次学院讨论学费奖学金的情况，发现程序有问题。为了消除这一失误造成的影响，学院决定用院长的专门经费给我补发学费奖学金。

1998年1月9日离港回厦一趟。为了查阅1997年福建省村委会换届选举的有关数据，我在1月21日去了一趟福州。从厦门到泉州的高速公路已经在1997年11月开通，从厦门到福州的时间因此缩短了一个小时。到福州我住进了冶金招待所，那儿离省民政厅比较近。11月22日上午在省民政厅要了一些1994年福建省村委会换届选举的数据，但未拿到有关1997年换届选举的材料。

在家过完春节，1998年2月2日（正月初六）与春霞一起乘集美号客轮到香港。游玩几天后，春霞在2月14日从深圳乘飞机回厦门。系里研究生的位置紧张，因此允许我们住校的学生在宿舍学习，1998 年 2 月 25 日学校派人在我们的宿舍里安装了电脑。

香港城市大学不仅给予每一个研究生丰厚的奖学金，还资助每个博士研究生到海外参加一次学术会议。我打算参加 1998 年 5 月在奥本尼召开的纽约州政治学会年会，在获得城市大学的资助后，我在 3 月份就着手准备赴美手续。3 月 27 日一早赶到位于中环的美国领事馆办理签证手续，8 点 40 分抵达那里，已经有不少人了，有的填表，有的在排队。我要了两份表格，填写完毕，也跟着人群去排队。看到排在队伍前面的两位女士手上拿着相片和收据，我便问她们签证是否需要照片。她们说需要照片，而我却不知道这一点，只带了护照和邀请函过来。我在包里四处翻找，幸好找到了两张照片，接着到 EPS 柜台付了 360 港元。等了一会儿，拿到另一张表格，填完之后连同照片交给签证官员。在等了很长一段时间之后，我的名字被叫到，我到 1 号窗口办理业务，领事馆工作人员给我一张支付 10 美元的单子。在另一窗口付了钱之后，我继续等待。当再次叫到我的名字的时候，我到窗口向签证官出示我的邀请函。她告诉我可以在下一周带学校的介绍信来取签证。

3 月 30 日我到美国领事馆取回签证，而后请来自加拿大的留学生 Richard Burns 帮我润色一下我的英文文章，并将文章发给参加纽约会议同一论坛的其他参会者。4 月 21 日我到位于旺角的假期旅行社订好去美国的机票，往返是 7331 港元。美国还没去过，我想借此次开会多走几个地方，机票的行程是这样安排的：5 月 7 日香港飞奥本尼；5 月 10 日从奥本尼飞华盛顿；5 月 12 日从华盛顿飞纽约；5 月 14 日从纽约飞檀香山；5 月 16 日从檀香山飞东京；5 月 19 日从东京飞香港。4 月 29 日给奥本尼的会议组委会发传真预订宾馆，但他们提供的宾馆已经住满了。我从边燕杰教授那里要到原南开社会学系边馥琴老师的邮箱和电话，她在奥本尼工作。5月1日给边馥琴老师发邮件，她帮我订好了宾馆。

5月2日，城市大学副校长黄玉山邀请内地在城市大学学习的学生和访问学者参加午餐会。我作为学生代表在会上讲话。我讲道："感谢主持人给我这个机会说几句话。首先，我要感谢我的导师。我到城市大学学习差不多两年了，我学到了很多东西。大家知道，在研究方法上内地与香港还是有很大差异的。我在来港学习之前已经发表了一系列文章和著作，但我的影响仅限于中国大陆的学术圈。来港学习新的知识和方法，我有信心能够做得更好，能够逐步扩大学术影响到海外。因此我要感谢城市大学给我提供的学习机会，感谢我的导师。其次，希望城市大学为我们组织更多的活动。例如，我们可以给本科生开设一系列的讲座，而不仅仅是当助教。最后，我希望在毕业后城市大学能够与我们保持密切的联系，我们可以经常回来看看，做学术演讲，或者查阅资料。"

我的美国之行在5月7日开始。5月7日早上5点半起床，6点出发，乘出租车到九龙机场。头一次乘坐747飞机，感觉飞机很大。为了争取较多的时间休息，以适应到美后的时差反应，我吃完服务员送的早点后就准备睡觉了。虽然不能睡得很好，但迷糊一阵之后精神好多了。大概是香港时间下午5点半，我从舷窗往外看，见到一轮将满的明月挂在天上，飞机在云海之上穿行。几个小时之后，我再次打开舷窗遮光板时，一束强光照进机舱，外面已是白天，而此时香港是黑夜。航班当地时间5月7日9点29分抵达芝加哥。因为外面下着大雨，我在机场内等了几个小时，在下午2点乘坐飞往奥本尼的航班，下午4点多抵达奥本尼机场。南开大学边馥琴老师开车来接我，并把我送到 Capital Lodge 住下，然后又带我到她的办公室。我用她的电话给在奥本尼工作的南开大学同学周登科打了电话，又用她的电脑给家里发了邮件，同时还给从厦门大学过来在奥本尼读博的向阳发了邮件。

5月8日上午向阳来到我住的酒店，带我到奥本尼市中心走了一趟，然后在麦当劳吃了点东西，一起到会议地点塞奇学院（Sage College）报到。在参加完几个专题讨论组（Panel）后，我试图找到第二天和我同一组的印度学者 Praveen，但是没找到。回到住处后，晚上和在美国访学的厦门大学会计系教师刘峰通了电话。

5月9日上午7点多起床，赶到塞奇学院已经快9点了。我们的专题讨论组在9点开始，我第一个发言，我发言的题目是"Village Committees in Rural China: Independent or Dependent Organization"。接着是 Kellee 和 Praveen 发言。几位听众对中国的问题特别感兴趣，向我和 Kellee 提了几个问题，Kellee 是研究温州民营企业的。接着我和 Praveen 一起吃了点东西，和他谈到荷兰会议的论文。他将在6月去荷兰召开的亚洲学者国际会议上主持一个 Panel，前面有来信邀请我参加。中午和 Kellee 几个人一起吃饭。下

图 8.4    1997 年在美国奥本尼参加纽约州政治学会年会

午 2 点多回到宾馆，通过旁边的华美达酒店（Ramada Inn）预订了华盛顿特区的宾馆。晚上到向阳家里吃饭，8 点多回到宾馆，又和刘峰、江山河通了电话。

5 月 10 日上午，周登科同学来到我住的宾馆，坐了一会儿之后，他开车带我到一个商场逛了一下，中午一起在一家中国餐馆吃自助餐。周登科送我至奥本尼机场，我乘下午 2 点半的航班去华盛顿特区。这是一架很小的飞机，只能坐 30 多人，而且没有坐满。乘务员为了让飞机保持平衡，让我坐到机舱尾部去。下午 4 点飞机抵达华盛顿的 Dullex 机场，然后乘坐一种叫 Super Shuttle 的车到宾馆，花了45 美元。抵达宾馆已经是下午 7 点，放好行李后我到旁边一家中餐馆买了一份面条回来吃。老板是台湾人，告诉我这里是黑人居住区，晚上不要出来。我在宾馆的大堂看到有华盛顿特区一日游的广告，便告诉服务员，让她帮我预订第二天的一日游。

5 月 11 日游华盛顿特区。早上起来我就在酒店大堂等，等到11 点半，才有人开车来接我。开车的是个黑人，名叫 Andrew，他先把我送到国会山，下午 1 点钟来接我。接着我又参观游览了杰弗逊纪念馆、林肯纪念馆、越战纪念碑，并到白宫外围和航空航天博物馆转了一下。下午 5 点参观完，不到 6 点就回到了宾馆。晚上又到台湾人开的店里，和老板娘聊了一会儿，她说我一个人敢到美国来玩，真大胆。她告诉我五年前这里出过事，她现在店铺的前一个老板娘就是在这里被黑人开枪射杀的。店的柜台前装了厚厚的防弹玻璃，只开一个小窗户，买东西时货从小窗户递出来，钱也是从这里递进去。

5 月 12 日从华盛顿特区去纽约。原来约 Andrew 早上 8 点送到Dullex 机场，但他当天有几个一日游的客人，所以 7 点钟就来了。他把我送到附近的巴士站，我再换乘巴士到机场。由于下雨，车开得慢，从旅馆到机场花了两个多小时，在 9 点多抵达。飞机在上午

11点起飞,约12点抵达新泽西的纽瓦克机场。我在机场打电话预订了Travel Lodge(Union)的房间。等到下午1点半旅馆才开车来接我,到了之后发现这里很偏僻,去市区很不方便,加上旅途累了,下午我待在旅馆里。

5月13日游览纽约市区。上午7点从旅馆出发,乘旅馆的车先到汽车站,然后再乘公共汽车到纽约曼哈顿区的第42街,再乘地铁到Canal站下车,找到位于唐人街孔子大厦对面的一家旅行社,参加纽约市区一日游。参加一日游的大多是中国人,一个来自武汉,两个来自天津,三个来自台湾,还有一个是美国的。一个华人小伙子开着一辆面包车带着我们在市区里转,先后游览了华尔街、世贸中心、自由女神像、联合国总部以及洛克菲勒大厦。游玩结束,下午6点我回到42街的汽车总站,在那里等了一个多小时才坐上开往新泽西的汽车。我在Union Center下了车,然后打电话给旅馆,让他们的车把我接回旅馆。

5月14日从纽约去夏威夷。早上8点30分乘坐旅馆的班车,离开新泽西的Union,9点多抵达纽瓦克机场,大约11点半飞机起飞。与我同坐一排的一对来自新泽西的美国夫妇和我聊了很多。飞机往西南方向飞行,天气晴好,可以清晰地看见地面的景物:山川、河流、雪山、沙漠,还有大峡谷。美国中部许多地方荒无人烟,一些不毛之地很像中国的黄土高原。飞机在当地时间下午2点半左右抵达洛杉矶国际机场。刚下飞机,我就匆忙赶往另一个登机口,登上飞往夏威夷的UA57航班,飞行5个小时后于当地时间下午抵达檀香山。在机场我用公用电话预订了Polynesian Hostel的房间,但到那里后发现房间并不是很好,于是我拖着行李在周围的街区转了几家宾馆,最后找到一家叫Waikiki Beachside的旅社住下。这里一晚只需要16美元,两人一间,还有做饭的地方。此时已是晚上9点多,放下行李后,我到街上买了两包方便面和两袋面包。

5月15日游览夏威夷。上午先乘车到 Ala Woana Center，然后再换乘环岛巴士，12点多抵达 Polynesian Culture Center，在门口转了一下又回到檀香山。接着乘车到珍珠港，看完电影后再乘船登上亚利桑那号战舰纪念馆（Arizona Memorial）。听说东南角的海滩十分漂亮，我又乘坐开往那里的2路车。但天色已晚，我只是坐在车上到那里转了一下，并未下车去看。夏威夷确实是一个好地方，这里的滨海浴场波平浪静，海水清澈见底，如同山涧的流水。在飞机降落和起飞的时候，都可以看到海底。岛上有许多高尔夫球场，只可惜时间仓促，没有好好玩一下。

5月16日早上6点起床，7点多在巴士站等了一会，不见开往机场的19路车来，怕来不及，便叫了一辆的士到机场，但原定8点50分起飞的航班延迟至10点半才起飞。飞机在当地时间5月17日下午2点到达日本东京成田机场。日本可以落地签证，我在机场入境事务处等了一个小时才获得临时签证入境。我先乘京成线到日暮里，再换乘山手线到巢鸭。中央大学的社会学教授园田茂人已经为我订好了宾馆。5月18日上午园田茂人带我与研究中国村委会选举的菱田雅晴教授见面，中午一起吃饭，下午园田茂人派他的学生柿原真美带我游东京塔和银座等地。5月19日上午9点半园田教授到宾馆，将我送至地铁站后，他自己先回校上课，让我自己去会见一桥大学的佐藤宏先生。园田已经帮我约好与佐藤宏见面的时间。我先从巢鸭乘车至新宿，再从新宿换中央线至国立，到一桥大学佐藤宏先生的办公室坐了一会儿，并从他那里拿了一些资料。中午他请我吃饭。下午2点从国立出发，先乘中央线至新宿，再换山手线至日暮里，然后乘京成线至成田国际机场，路上花了两个多小时。飞往香港的航班在下午6点多起飞，我在香港时间晚上10点抵达香港九龙机场。

　　1998 年度中国社会学会年会在福清召开，我 5 月 24 日到深圳乘长途大巴回厦门，5 月 25 日从厦门到福清参加会议。我乘车抵达福清宏路后，入住成龙大酒店。此次年会由福建省社会学会承办，当时福建省社会学会的会长是省体委退休领导何方生。5 月 26 日上午开幕式，与会代表 100 多人，下午大会发言，5 月 27 日上午小组讨论，我在第二组。5 月 28 日上午大会总结和发言，我在大会上作了发言。下午颁奖，我的参会论文《村民委员会的自治及其与乡镇政府的关系》获得大会优秀论文一等奖，后来这篇文章在香港的《二十一世纪》1998 年 12 月号发表。在这篇论文中，我试图用我的社会单位理论对村委会进行分析，从村委会的管理范围、村委会的选举过程以及村委会与乡镇政府的关系论证它是一种相对独立的次级社会单位。我在文中指出，当时村委会研究所存在的主要问题是：一方面，中国学者因缺乏理论的建构而使研究流于对现象的一般性描述；另一方面，西方学者则因不了解中国农村的状况以及收集资料的限制和困难，而使研究结论给人以隔靴搔痒之感。这是首次将自己的社会单位理论用于经验研究。参加完年会我又来到福州，到省民政厅要了一些 1997 年村委会换届选举的资料。

　　城市大学是香港大学中唯一给学生发放租房津贴的学校。不过，城市大学在 1998 年发出通知，学生的租房津贴政策有改变，租住学校宿舍的学生不再享受住房津贴，即每个月单间 2500 港元的房租需要全部由学生自己负担，只有住在校外的学生才可以得到学校一半房租的补助，但最高限额是每月 1800 港元。许多内地学生准备搬出学校，我 6 月 11 日到大埔墟准备找一间合适的房子租住。6 月 15 日再次到火炭、沙田和大围等地找房子。

　　因参加纽约政治学会年会认识了同一个组的 Praveen，他邀请我参加在荷兰莱登召开的亚洲研究国际研究所（International Institute of Asian Studies）的年会。我已经提交了会议文章，但城市大学一般只资助博士生出国参加一次学术会议，我不知道能否获得第二次资助。抱着试一试的想法，我提交了参加荷兰会议的申请，因为不能确定能否获得资助，所以没有着手准备出国签证手续。令我意外的是，6月19日上午接到研究生院的通知，城市大学居然再次资助我参加荷兰的会议！我立即跑到港岛的荷兰领事馆了解签证事宜，好像到荷兰的人不多，这里不需要排队，但领事馆的人告诉我需要至少两周的时间才能拿到签证，因为他们要把申请寄回荷兰。会议在6月27日召开，两周以后会议早就结束了！怎么办呢？我还是不想放弃这次去欧洲的机会，抱着试一试的想法，我在6月20日到荷兰领事馆递交了申请。回到城市大学，提起去荷兰开会一事，城市大学的老师建议我通过申请旅游签证先到法国，然后从巴黎去荷兰，法国的签证快。于是我在6月23日上午赶到位于港岛金钟的法国领事馆，打算申请赴法国旅游签证。与荷兰领事馆的冷清形成鲜明对比，法国领事馆人很多。我等了两个多小时才与签证官员面谈，她告诉我申请旅游签证需要事先买好机票，我便在当天下午2点去假期旅行社订好了到法国巴黎的来回机票，然后又回学校开了一张证明。6月24日8点半再赶到法国领事馆，发现已经有几个人在领事馆门口等候。领事馆9点开门，我第一个过去与签证官员谈话。在看了我提交的材料之后，签证官说我需要有一封荷兰领事馆的信，证明我前面提交到荷兰领事馆的申请已经取消。我赶紧又跑到荷兰领事馆，取消签证申请，并要了一封信交法国领事馆。在付了211港元的签证费之后，签证官说第二天就可以来取签证。

接下来着手去荷兰开会的准备工作。我在6月24日到香港石硖尾的香港青年旅社协会，递交了申请。加入青年旅社协会可以在欧洲旅行时住到比较便宜的青年旅社。6月25日到法国驻港领事馆领取

108

签证，当天下午6点钟离开学校，晚上8点在九龙机场搭乘泰航班机飞往巴黎。航班在泰国曼谷停留了一会儿，于次日凌晨抵达法国巴黎。我下机后就在机场购买了一张欧洲各国通用的火车票Europass，这种车票按天计费，我买的是8天的，一天之内可以乘无数次，也不限公里数，但只要乘坐过一次，就要扣除一天。我先乘火车到比利时的布鲁塞尔，再换车至荷兰的莱登，而后乘汽车到开会的地方。与国内会议的做法不同，国外的会议主办方通常不提供食宿，最多是帮助预订宾馆，只是组织会务，而且与会者都要缴纳会务费。在报到的地方，注册的工作人员告诉我参会一天和两天的会务费是不同的，我只缴纳了一天的会务费，因此只能参加一天的会议。报到之后，我准备去找个地方住下，刚好碰到了Praveen，他说我不需要再找宾馆了，可以到他租的地方一起住。随即他带我到附近的一个地方，是一座平房，看上去是农村。他和一家菲律宾人在附近合租了这套房子。他把我放下后，自己先回会场继续参加会议。我累得很，洗个澡后马上睡着了，从下午5点多睡到次日早上8点。

图8.5　1997年在荷兰参加亚洲国际研究所年会

6月27日与Praveen一起去开会，我们小组的发言在10点45分开始。中午在会场外看书展，有许多各国学者研究亚洲的著作，而且可以免费领取。我拿了一大堆免费的书。下午参加了一个关于地方市民社会的专题讨论组。Praveen在下午2点先回去，约好晚上8点到会场来接我。我从晚上8点就开始在会议酒店的大堂等他，但左等右等，始终不见他的踪影。他没有告诉我他租住的房子的具体地址，我打车过去也找不到，他身上又没带电话。发生了什么事呢？看来他当天晚上来不了了。一直等到凌晨，我准备在酒店大堂的沙发躺下休息时，他终于出现了！原来下午他去买回美国的机票，在回来的时候迷路了！等我们回到他的住处，已经是凌晨1点多。

6月28日与Praveen以及他的菲律宾朋友一起游巴黎。早上不到4点就起床了，我们先开车到阿姆斯特丹的车站，然后乘火车到布鲁塞尔，再换快车到巴黎。我买的Europass只能坐普通火车，坐快车还要另外再买票。我们游览了卢浮宫、埃菲尔铁塔等景点，等回到阿姆斯特丹已经是深夜12点。Praveen弄丢了停车交费卡，折腾了许久才取出车。在回莱登住处的路上又迷了路，直到凌晨3点多才回到住处。折腾了一天，既困又累，既渴又饿。

Praveen一行在6月29日回美国，接下来我一个人开始了欧洲游的旅程。我在6月29日早上8点多起床，先乘出租车到莱登火车站，接着乘火车到阿姆斯特丹。我把东西寄存到了火车站，在市中心游览了半天，参观了荷兰的皇宫。下午4点多乘火车离开阿姆斯特丹，于晚上7点抵达布鲁塞尔，在靠近火车站的地方找了一家青年旅社住下。6月30日游布鲁塞尔，在市中心转了几个地方。先是参观布鲁塞尔大广场，这座始建于13世纪的广场，虽然四周矗立着40多座哥特式、文艺复兴式、路易十四式等风格迥异的建筑，但没有一座是宗教建筑。除了市政厅和它对面的路易十四的行宫外，其他建筑物都是 17 世纪各行各业的会所办公楼。说是大广场，其实并不大。沿着青石板铺砌的小巷，来到了闻名于世的撒尿小童雕像前。雕像并不高，大约有 53 厘米，看的人很多，络绎不绝。

天空淅淅沥沥地下着小雨，有点冷。我决定先南下意大利看看，那里应该比较暖和。说走就走，我在 6 月 30 日下午 4 点 10 分踏上了从布鲁塞尔开往罗马的列车。经过 20 多个小时的时间，我在 7 月 1 日上午 10 点抵达罗马火车站。下车后我就近找到一家叫 Soggiorno Roma Inn 的旅馆住下。因为是青年旅馆，5 个人一间，每晚每人 20 美元。当天下午去参观了古罗马竞技场和罗马苑。7 月 2 日上午乘车去梵蒂冈，这个国中之国只有 0.44 平方公里的面积，实际上是由罗马的几个街区组成，据说只有 800 人。在梵蒂冈我参观了圣彼得大教堂和梵蒂冈博物馆。因为事先没有做功课，所以这些地方也只能是走马观花，走走看看。之后，又参观了台伯河畔的圣天使堡。

7 月 3 日上午 7 点乘火车离开罗马，当天中午 12 点抵达水城威尼斯。下车后我把行李寄存在火车站，从火车站步行到圣马可广场，一路上边走边看。下午返回火车站，5 点多乘火车离开威尼斯，准备前往米兰。因为我买的按天数算的火车票，只要上过一次车，就要扣一天，我必须仔细算算，希望在一天里能玩更多的地方。有时上了火车，还不知道下一站到哪里下比较合适。在火车上见到一位来自浙江青田的中国人，叫刘淑珍。她说她的亲戚在米兰市郊开了一家服装厂。想顺便看一看在意大利打工的中国人，下车后我便和她一起去了那家工厂。里面有 10 多个工人，有的来自浙江，有的来自福建。这些人大多是偷渡过来的，没有合法居留身份，大部分时间都待在厂里，吃住和上班都在同一个地方，很少外出。当晚我住在这家服装厂。

7 月 4 日上午在米兰市中心的米兰大广场（Duoso's Square）转

了一下，下午乘火车离开米兰，准备前往瑞士的日内瓦。火车在山谷中穿行，如诗如画的田园风光展现在眼前：山峰是皑皑白雪，山腰是整齐的庄稼和如茵的草场，间或有三两座房子。这里像仙境一般，令人陶醉。在欧洲走了这么多地方，给我留下深刻印象的不是城市，而是乡村。我喜欢趴在车窗上，静静地看飞掠过去的景色。整个欧洲给我的感觉就像一个巨大的高尔夫球场，到处都是绿色的草地和森林。铁路沿线间或能看到一两个村镇，一排排漂亮的民居，中间高高耸起的是一座教堂的尖顶。火车在晚上9点抵达日内瓦。欧洲的夏天太阳下山很迟，我走出车站时虽然已经是晚上9点多，但天空中依然挂着太阳。我到车站附近的一家青年旅社住下。7月4日一个人在日内瓦湖畔游玩。7月5日在日内瓦湖畔走了一圈，然后就赶到火车站。我准备离开日内瓦了，但下一站去哪里还没有想好。我给厦门大学在德国洪堡大学读书的吴碧霞打电话，她在柏林。对，下一站就去柏林。于是，我先乘列车到 Kassel，然后换乘到曼海姆，再从曼海姆到柏林。

当火车抵达柏林时已经是凌晨1点半。这么迟了，经过一阵犹豫之后，我还是给吴碧霞打了电话。她说她那里有空房间，马上过来接我过去。她住的地方离车站很远，晚上车又少，等到凌晨4点她才到车站，而等我们到她的住处，已经是早上6点钟了。太累了，吃了早点我先去睡觉。当天下午吴碧霞带我参观柏林市区，我们在柏林著名地标勃兰登堡门前留影。我试图找一段当年分割东西柏林的柏林墙拍照，可惜这道墙在1989年被推倒之后，就再也找不到完整的一段城墙了。如果能保留一小段的话，一定会吸引外地的游客前往参观。也许德国人再也不想看到这个能让他们想起昔日痛苦的东西，把柏林墙推得干干净净了，我只能在原址找到柏林墙的小碎块。7月7日吴碧霞陪我一起到柏林西郊的波茨坦游玩，先后观看了著名的波茨坦会议遗址和孔雀岛。波茨坦会议时间是 1945 年 7 月 17 日到 1945 年 8 月 2 日，美、英、苏三国首脑杜鲁门、丘吉尔（1945 年 7 月 28 日以后是新任首相艾德礼）和斯大林为解决战败后的德国及欧洲问题，在波茨坦举行战时第三次会晤，史称"波茨坦会议"，此次会议确定了战后的世界格局。

我在 7 月 7 日晚上 11 点 6 分乘火车离开柏林，于 7 月 8 日上午抵达科隆。当我被列车员叫醒时，我还在梦中与厦门大学教务处的工作人员谈房子的事情。时间还早，我下车后直奔著名的科隆大教堂。科隆大教堂位于科隆市中心，离火车站不远，它是欧洲北部最大的教堂。集宏伟与细腻于一身，它被誉为哥特式教堂建筑中最完美的典范。我在教堂前面拍了几张照片，就回到了火车站。原准备乘坐 10 点 9 分的火车到卢森堡，问了一下询问处，8 点 7 分有一班开往特里尔的车，可以从那里转车到卢森堡，所以我马上又踏上了开往特里尔的火车。

7 月 8 日上午 11 点半抵达卢森堡。把主要几件行李寄存在火车站，提着相机，出车站往左拐，沿着大街往前走，在卢森堡的主要景点转了两个多小时。卢森堡是一个内陆小国，地处德、法、比三国交界处，人口 50 多万，面积 2500 多平方公里，相当于福建省的一个县。卢森堡城市的主要特点是一条大峡谷把城市分成两半，几座大桥飞跨在峡谷之上，下面是茂密的森林，曲径盘旋而下。在开阔的峡谷地带，还错落有致地散落着一排排老式房子，形成了上城和下城的不同。在英文中 downtown 通常是指市中心，但在这里 downtown 不是市中心，是峡谷中的下城，可谓名副其实。下午 3 点多回到卢森堡火车站，4 点半离开卢森堡，于傍晚 8 点 13 分抵达巴黎。

在巴黎站下车后我乘坐了两站地铁，来到一家青年旅社，但旅社已经客满。等了半个多小时，这家旅社介绍我到另一家旅社去。我只好提着沉重的一箱书，跟着几个住客，到另一家旅社，累得够呛。

7月9日在巴黎整整走了一天。上午9点半吃完早餐，从旅社出发往左拐，而后沿着塞纳河畔的大街往前走。再从东往西，先经卢浮宫，后经著名的香榭丽舍大街，来到凯旋门下。最后又从凯旋门往回走，并且还在爱丽舍宫前转了一下，晚上10点半才回到旅社。

7月10日上午乘地铁到巴黎戴高乐机场，下午1点钟飞机起飞，于7月11日上午4点40分抵达泰国曼谷。本想在曼谷停留一天，但因没有签证，海关不给中国人发放落地签，只好乘上午8点的航班，于11点半抵达香港新机场，下午1点多回到城市大学。

# 〇九　学成回厦

　　欧洲回来之后在忙一些杂事。由于城市大学不再给居住在马会宿舍的学生房贴，我决定搬到校外住。8月1日我搬到大围的云迭花园5号楼25层K单元的一个单间。前一年我曾在这里租住过几个月。来自加拿大的留学生Richard Burns把一台电脑借给我用。在大围住了一小段时间之后，我和同住大围的戴庆厦教授一起搬到观塘的一套老房子。戴庆厦是中央民族大学的教授，在香港城市大学做访问学者。我们观塘住处的房东是城市大学图书馆的一名工作人员。

　　7月26日我和几位内地来的学生到Virgina Yip的家里吃饭。她是城市大学的一位青年教师，与我们交往比较多。8月2日到九龙塘车站接来城市大学访问一个月的厦门大学同事张友琴老师，带她到尖沙咀的黄埔花园住下。8月10日至8月15日，香港科技大学社科部举办"西方社会学的视角看中国改革以来的社会变迁"工作坊，内地的30多位社会学者参加了讨论。我前往听取了边燕杰和周雪光等人的演讲。8月13日中午，与会的南开大学校友聚餐。

　　接着准备再回内地调查。厦大数学系的卢琳璋教授到香港访学，要到我租住的地方同住，8月23日我在大围火车站把他接到住处后，随即赶到深圳罗湖火车站，坐 11 点的大巴，于当天晚上 8 点 15 分抵厦，开始新一轮的调查。海滨 48 号 302 的两房一厅的房子里摆满了东西，没有一处可以坐下来读书的地方。在家里待了几天之后，8 月 28 日我将卧室的一张大木床拆了放入地下室，把房间重新整理一下，总算有了一个可以坐下来读书的地方。8 月 29 日先乘大巴到福州，再换乘出租车至宁德，与在省政协工作的表叔陈幼光一起住进闽东大酒店。8 月 30 日中午与宁德地区民政局陈光鸿副局长见面，陈光鸿是我师专的同学，当天中午原来师专的同学焦宁华也来了。8 月 31 日上午到地区民政局访谈分管基层选举的彭副局长。在地区民政局复印了一些统计表之后，在地区政协见到了陈旺玉，她是厦门大学哲学系毕业的校友。下午乘车到寿宁城关，住进了寿宁宾馆。

9 月 1 日上午到寿宁县民政局复印了一些统计表，下午回到犀溪，住进了青菊客栈。9 月 2 日上午在客栈采访山后村主任孙晓聪，晚上采访乡里派驻山后村的村支部书记叶润江。9 月 3 日采访叶石良，下午采访胡树方，晚饭在胡子荣家吃。当天晚上还旁听了犀溪村建校小组的会议。9 月 4 日上午到缪其华家，中午在他家里吃饭，下午去缪柏章老师家，接着又去看了老校长缪锦梦，在西浦村民缪成钢家里坐了一会儿，晚上来到翁坑村姐姐家里。9 月 5 日到先锋村委会，和村支书叶树富谈了一会儿，后又到叶柏寿同学的家，看望了他父亲叶成华。下午回到翁坑姐姐家，4 点半回到犀溪客栈。9 月 6 日上午回到家乡库坑村，9 月 7 日来到际坑村，当天下午去山后村。在山后村采访了村干部和村民多人。9 月 9 日上午去泰顺，中午与堂弟胡家旺一家人一起吃饭，下午到际坑，晚上回到犀溪。我在 9 月 11 日中午 12 点半乘坐泰顺开往厦门的大巴到福州，在五一路的闽林大酒店住了一个晚上，9 月 12 日回到厦门。

回到厦门后，9 月 18 日去了一趟集美，先在民政局复印了一些统计表，当天下午与中共集美区委宣传部部长曹长凯交谈了很久。
9月21日又去了一趟灌口，走访了几位镇干部。9月22日到顶许村，
上午采访村干部蔡水漳，下午去采访村支部书记陈加强，正碰到信用
社的工作人员在催讨欠款。原来几年前顶许村办了一个机砖厂，由于
亏本，欠了信用社一笔钱还没有还。9月24日到岛内的后坑村，上午
与村干部叶独鹏交谈了几个小时。10月5日在厦门大学华侨之家二
楼给民盟厦门大学总支的盟员作了题为《香港回归一年来的政治经济
形势》的报告。

　　10月7日与卢琳璋一起乘坐大巴回香港。10月9日至10月10日
参加在香港中文大学召开的中国农村村民自治研讨会，这次会议由大
学服务中心主办。在会上见到了来自安徽社科院的辛秋水教授。

　　11月10日到香港中文大学社会学系与来港参加香港社会学会成
立大会的费孝通教授座谈。11月14日香港社会学会成立典礼在香港
理工大学举行，我和师妹谢文波前往参加成立大会。11月21日边燕
杰教授应邀到城市大学作有关社会网络的学术报告。

图9.1　1999年在香港与费孝通教授在一起

接下来继续在厦门做一些访谈。12月22日到湖里区委组织部，与吴金潭交谈了半个小时。12月23日到禾山镇后坑村，先后采访了后社的孙明月老人和陈根文。孙明月63岁，平常敢讲话，也挺关心村里的事情。问他去年的选举有没有参加投票。他说有参加，因为这与他自己的利益密切相关，好干部与不好的干部上任就是不一样。前社的两个小组之所以经济发展比较快，村民收入比较高，就是因为有陈石蛋、陈根文这样的好领导。他们有能力、有魄力。后社就缺这样的领导。问他按什么标准来选干部，他说主要是看他们是否有能力、有魄力，办事情是不是公正。他说去年的村委会选举和今年的人大代表选举，他投的都是陈石蛋的票，尽管与陈石蛋的关系不是很好，甚至两年前还打过架。但他认为陈石蛋不错，会办事，所以还是投了他的票。两年前打架的事情是这样的：两人都喝了酒，有点醉，因一点小事便借着酒醉发生了口角，开始相互推扯。论体力，陈石蛋比他强，他打不过陈石蛋，不过，陈石蛋还是让他了。自那件事以后，两个人的关系没过去密切了，见面还会打招呼，但有点不自然。尽管如此，他还是投了陈石蛋的票，这既是为了自己的利益，也是为了村子的利益。

12月28日从厦门回到香港。12月29日从住处到城市大学，取回了一些信件，收到了中文大学寄来的杂志《二十一世纪》，我的文章《村民委员会的自治及其与乡镇政府的关系》发表在这个杂志1998年12月号上。12月30日又去了一趟学校，下午3点半与梁君国老师见面。他基本同意了我的理论框架，但认为我现在的题目太大，而且这样改变幅度太大了一些，建议还是用原来的正标题，副标题可以改一下。

1999年1月8日至1月10日，"两岸三地选举制度与民主发展"学术研讨会在城市大学召开。参加会议的除了大陆、台湾、香港的学者，还有一些国外的学者。我提交了一篇关于村委会选举的论文，并

118

在 1 月 8 日上午第二节会议上作了专题发言。我的发言引起了与会者的兴趣，多人向我提问，产生较好的反响。当天中天电视台的记者柯慧娴找到我，让我参加电视台的节目。当天晚上，我和梁君国老师以及来自台湾的刘义钧博士一起到位于港岛柴湾的中天电视台录制《相对论》节目。

按城市大学的规定，博士生只给三年的奖学金。也就是说，到 1999 年 8 月底，学校将不再给我发放奖学金。根据研究进度，我要在 1999 年 8 月份之前完成论文并答辩有一定困难。在与导师梁君国商量之后，我向学校递交了延期毕业的报告，要求延期半年。

1 月 25 日到学校，把写好的论文大纲打印出来，传真一份给香港科技大学的何高潮博士，还给梁君国和赵钏卿老师各送去一份，让他们帮助提些意见。1 月 26 日下午 2 点与梁君国、赵钏卿老师见面，谈谈我的论文。接着我到图书馆复印了边燕杰教授的几篇论文，把赵钏卿老师的学位论文也复印下来。

2 月 1 日上午到香港科技大学，先去见了边燕杰教授。边燕杰教授在美国纽约州立大学奥本尼分校获得博士学位后就到明尼苏达大学任教了。他修改了格兰诺维特的弱关系假设，提出强关系假设，在社会学界产生了较大影响。这些年他到香港科技大学任教。边燕杰教授带我去见科大社科部的齐锡生教授。齐教授问了我厦门房地产及厦门市的一些情况，他打算退休后到厦门居住。

上午 11 点半去拜见何高潮教授。何高潮教授在芝加哥大学取得的博士学位，当时在香港科技大学社科部任教，他曾用博弈论分析过抗日战争时期的减租减息斗争。上星期与他约好见面，谈谈我的论文。他认为我不应过分强调理论，弄得本末倒置。他主张在收集资料时同时带两三个框架下去。他建议我多看这几个方面的文献：台湾基层选举、民主选举以及东欧制度演变。他还给我推荐了两本书。

图 9.2  1999 年在香港科技大学海边

1999 年春节将近，我向梁老师请了假，于 2 月 5 日上午离港，到深圳罗湖长途汽车站乘车回厦门。原以为春节期间人多，担心买不到票，但实际上乘车的人并不多，只是票价提高了。我在当天晚上 8 点多回到厦门。

春节后回香港继续论文的写作。3 月 1 日到科技大学图书馆还书，中午和边燕杰、何高潮、Michael 等人一起吃饭。下午边燕杰和我谈关于修改他准备在厦门做社会网调查的问卷。科技大学社科部 David Zweig 约我一起喝了咖啡。

3 月 10 日请在香港浸会大学访问的刘祖云教授到城市大学作了题为《社会转型与社会分层》的学术演讲。刘祖云是我在南开大学硕士研究生班的同学，当时他是华中师范大学社会学系的教授，在香港浸会大学访问一年。

3 月 15 日我把写完的论文第一章、第二章初稿交给梁君国老师，约好 18 日下午 2 点半见面谈论文。3 点半在咖啡厅见校长助理，谈办 Newsletter 的事。从 3 月 18 日与梁君国老师见面之后，就开始写论文的第三章、第四章、第五章和第六章。除了复活节前后回厦门待了 10 多天，大部分时间在写这几章。至此论文的初稿算是完成，总共十多万字。4 月 23 日到城市大学，把论文后面几章的初稿打印后交给梁君国和赵钊卿二位导师。接下来准备把在厦门的访问录音再听一遍，看是否还有可以补充的材料。

接着一直忙于修改论文，除了对章节做些小调整，还增加了不少分析的内容。6 月 7 日上午到学校，把论文的第二稿打印三份，先交一份给梁君国老师。6 月 14 日下午与梁君国老师谈论文的修改，他提了几点意见：第一，"结论"中讲到"村委会选举是一种真正有选择的选举"不妥，应改为"村委会选举是一种在一定范围内有选择的选举"。第二，标题中提到"村民自治架构下的村委会选举"，但文中对村民自治所谈并不多，拟在第三章中增加这方面的内容。第三，第四章中谈到村民"参与村务"，不是直接谈选举，应做调整，放在选举之后或其他地方。

因为要到新华社办理延期签证手续，7 月 6 日我到学校找梁君国老师，让他在申请表上签字，然后请城市大学研究生院出具证明。我问梁老师，我的论文什么时候可以安排答辩。他说要等赵钊卿、陈永泰看过我的论文后，再开会决定。他对我的论文评价是：基本可以，理论框架弱了些。有他这样的答复，我心里也踏实了一点。

7 月 13 日从观塘住处出发，先乘地铁到红磡，然后乘坐 113 隧道巴士到新华社。在新华社开了介绍信，然后又赶往位于湾仔的外交部特派员公署。通行证将在 11 月份到期，我便在那里照了相，申请换新证。

7 月 16 日下午到系里与陈永泰教授谈论文。这是陈永泰第一次与我谈论文。虽然前面写的东西我都给过他，但是他一直没有回音。陈永泰的意见是，各章描述性成分居多，分析不够，最后一章应做更多的归纳和分析。7月19日再去学校，把修改后的论文打印一份交给梁君国老师。

7月21日下午到湾仔外交部特派员公署取回通行证，接着去学校找梁老师。他说赵钊卿和陈永泰已经看过我的论文，认为还要进一步修改。7月28日到香港科技大学见David Zweig，与他谈论我的论文。他只读了我论文的一部分。

周晓虹在哈佛大学访问，他介绍裴宜理的博士生蔡晓莉来找我。蔡晓莉的博士学位论文打算研究中国农村的公共物品供给，她来找我就是想让我帮助她联系一些调查点。7月30日我坐大巴从香港回厦门，蔡晓莉也和我一起来到厦门。8月2日还带她到厦门岛内禾山镇和海沧的鳌冠村做了一些访谈。8月6日宋永燊和Sharif一家从香港来厦门游玩。Sharif是香港城市大学公共政策系的博士研究生，来自孟加拉国。我在8月7日陪他们在市内各处景点逛了一圈，并在家里请他们吃饭。8月9日他们离厦去广州。

8月回到香港，8月18日到中文大学社会学系王淑英老师那里，和她谈论我的论文。她读了我的论文初稿，提出了几点意见：第一，选定福建的个案进行研究，还要做些说明，如福建在全国选举中的代表性，它的经济发展在全国的位置。第二，对个案法要再做一些说明。第三，理论部分，她说我对理性选择理论及新制度学派的说明都不够深入。她认为我说的制度实施实际上就是新制度学派讲的制度化过程。当一项制度被大多数人承认，就legitimated了，就是真实的了。她复印了一大堆文章让我看。她叫我重点看卡尔·威克（Karl Weick）的Loose Coupling Theory（松散耦合理论）和约翰·迈耶（John Meyer）的文章。8月27日城市大学公共行政系的李芝兰老师谈了她对我论文的一些看法。

图 9.3　在香港城市大学参加学术研讨会

8 月 21 日去了一趟广州。9 点半从观塘出发，下午 2 点才抵达
广州。与宋永燊一起吃完午饭，到他家里坐了一下。接着我们又一起
去中山大学，先到王宁家里。王宁是厦门大学校友，留学英国，回
国后在中山大学社会学系任教。晚上与王宁、万向东、刘林平等聚
餐。8 月 22 日广州下大雨，我乘坐出租车走到环四路附近，因路上
积水太深，车子走不动了，我只好脱了皮鞋，卷起裤管，在齐膝深的
水中艰难前行。等到了小宋家里时，我的裤子全湿透了。上午 10 点
多，小宋叫了一辆车，我们一起去江门市。小宋为了解公务员制度改
革的情况，约了江门市委副书记赵善祥访问。赵善祥又介绍我们去找
人事局。因人事局的杨科长没时间接待，我们只好在江门市待了一个
晚上，8 月 23 日早上再去见人事局的杨科长。访谈完杨科长，我们
赶回广州，下午 2 点多才到一家"北方人"饭馆吃饭，乘坐下午 3 点
45 分的火车经深圳返港。

在连续读了几天的书之后，有点累了，10 月 17 日和同租住在观
塘的室友去了一趟南丫岛。南丫岛位于港岛西南，面积为 13.5 平方

公里，是香港第三大岛。室友曾恩培和陈玉泉都是上海交通大学的教师，10月初来香港访问。那天天气很好，阳光清澈，不热不燥，我们先乘坐地铁到中环，然后由中环乘船前往索罟湾。船到南丫岛的索罟湾已是中午，我们先在一个海鲜酒家吃了午饭，然后沿着一条小径来到芦须城泳滩。这里的海水很干净，我们下海游了两个多小时。为了防鲨鱼，泳滩外还有一道防鲨网，岸边有救生员守护的瞭望台。在我们游泳时，岸边的三五个救生员突然像箭一样跳入水中去救一个女孩，可能是这个女孩遇到了什么事情。香港对游泳海滩的管理制度之完善让人敬佩。接着我们又从芦须城湾走到榕树湾，从那里乘船回到中环。

10月22日到香港中文大学亚太研究所旁听第二届华人社会分层研讨会，晚上与边燕杰等人一起吃饭。

11月23日梁君国老师来电告诉我和他见面的时间推迟到11月26日，11月24日又来电通知我要提前到11月25日，我在星期四去了一趟学校。经过几轮的修改，论文基本上可以送审了。做事认真的梁老师还是建议我要注意一些细节问题，他建议把访问的引用部分都放到附录中去。接下来不停往学校跑，11月29日到学校打印修改好的论文，11月30日到学校填写申请答辩的表格。12月1日待在观塘住处，把论文再细读一遍，发现参考文献有些错误，12月2日跑到研究生院把论文取回来修改。本想在12月3日把修改后的论文送到研究生院，但研究生院坚持要收到申请表格之后再提交，我就先把论文送到印刷厂装订。12月7日接到研究生院的电话，说他们已经收到我的申请表格了，叫我把论文的提要交上去。我在下午赶写了论文的中英文提要，12月8日送到学校上交论文提要。12月10日去学校，填写了表格，把5份装订好的学位论文提交给城市大学的研究生院。

　　12 月 17 日时任香港特首董建华先生到城市大学视察，我作为应用社会科学系的学生代表参加了会见。下午 4 点半我们在城市大学的 LT9 集合，然后由校办工作人员把我们带至二楼的创意媒体学院等候。5 点 15 分董建华先生在张信刚校长的陪同下抵达城市大学。举手要求提问的学生很多，我连续举了好几次手，都没有抢到提问的机会。

　　被葡萄牙占领达 446 年之久的澳门即将回归祖国，我和几位内地在港读书的同学，城市大学的谢文波、邱红艳、姜琴、潘霞平以及中文大学的吴松，利用周末的时间到与香港仅有一水之隔的澳门走了一趟。

　　12 月 18 日，我在城市大学应用社会科学系的会议室做论文报告。我的三位导师梁君国、赵钊卿和陈永泰都来了。他们提出了很好的意见。陈永泰建议，根据题目，我的论文如何用一句话来概括，即村民自治架构下的村委选举是如何进行的。赵钊卿认为，作为定性的研究，在最后一章应加上"有待进一步研究的问题"，因为不可能所有的问题都在此次研究中解决了。梁君国的意见是：第一，答辩时介绍的时间只有 20 分钟，而此次 presentation 我用了 30 分钟。有些问题可以忽略不提。不要说"时间不够"的话，应选最精彩的、没有漏洞的部分讲。第二，有些地方不够熟悉，如 Winnie 问我理性选择制度学派的基本假设是什么，我应该做到脱口而出，不能到处找。第三，对提问的问题不能回避，而应该直接回答。如一个在职的学生问我的理论框架与我的结论之间的关系，而我只谈我的贡献，应指出这些结论就是根据框架的分析得出的。

　　1999 年 12 月 23 日回厦门一趟，2000 年 1 月 4 日返港。1 月 5 日去了一趟学校，询问研究生院的 Alexandra，我的论文答辩安排在什么时间，她说因为一位答辩委员没空，要延迟到 3 月初。1 月

12日到学校，中午梁君国、赵钊卿、陈永泰、Glen Drover 以及系里的其他老师一起请我吃饭，算是为我送行。在城市大学学习三年多以来，梁君国老师经常请我到学校九楼的中餐厅吃饭。

在回厦之前我还应邀为一次国际学术会议做同声传译。这次会议是亚洲社会保障的研讨会，由城市大学应用社会科学系主办。除了香港本地的学者，参会的还有来自内地其他省市、其他国家和地区的学者。颜文雄老师在会前找到我，让我作为志愿者担任会议的同声传译，同时还要我找了内地在港读书的两个学生，一个是城市大学的朱蕾，另一个是香港科技大学的王晶。香港英语好的人才一大把，找我们几个当同声传译，主要是考虑参会者中相当一部分人是内地学者，需要会讲普通话的同传。虽然过去也当过翻译，但一般是讲座或会谈的翻译，讲一句译一句，难度不大。而这一次是同声传译，我第一次做这个工作，能否做好，心里真没把握。既然城市大学老师找到我，我不好拒绝，只好硬着头皮答应下来。会议在1月24日至1月26日召开。1月24日上午会议开始，我们轮流交替同传。同传难度很大，为了准确表达演讲者的意思，注意力要高度集中。开始的时候想逐句翻译，发现这样根本应付不过来，译了讲演者前面的一句话，讲演者的后面一句就没办法听全。怎么办呢？我换了一种方式，用概括的语言把讲演者讲的意思表达出来，要紧跟他的思路，甚至在讲演者下一段话还没有讲出来的时候，就要大概知道他想讲什么了。这样就可以变被动为主动，既能传达讲演者的意思，又使听者听起来比较连贯顺畅。虽然这次担任会议同声传译很辛苦，但也学到了不少东西。

1月26日上午会议结束，当天下午3点到香港中文大学亚太研究所拜见刘兆佳教授，和他交谈了约40分钟。刘教授认为，学者应多一些对现实问题的研究，而不能只躲在象牙塔中研究一些纯理论的、纯学术的东西。不然，学者研究的东西会日益脱离现实，变成一个小圈子的学术游戏。他的这番话对我触动很大，因为来香港之后所受的训练就是要如何以规范的方式做学术研究，以区别于以往那种与现实结合得较密切的研究。看来回去之后，我还是要两方面兼顾，既要遵守学术的规则写一些高水准的文章，以便在国际社会学界能有自己的一席之地，也要多一些现实的关怀，研究一些现实的问题，以对社会有直接的影响和贡献。

我的论文答辩于 2000 年 3 月 8 日在城市大学举行。我在 3 月 5 日从厦门乘大巴到深圳，然后在罗湖桥过海关乘火车到九龙塘下车。本想去城市大学桃源楼住宋永燊的宿舍，但一时找不到与小宋同住的小朱。听上海交通大学的郑恩培说，原来一同租住在观塘的小赵还没有走，所以我又跑到观塘原来的住处，在港答辩期间都住在小赵那里。3 月 6 日和 3 月 7 日两天我忙着根据校外评委的评审意见准备答辩。我的论文答辩于 3 月 8 日上午 9 点 30 分在香港城市大学研究生院的一间小会议室里举行。只有我一个人答辩，答辩委员会主席为徐列炯教授，委员分别为香港中文大学的刘创楚教授、香港浸会大学的丁伟教授、香港城市大学公共行政学系的张炳良教授以及我的导师梁君国教授。整个答辩持续了一个小时十分钟，答辩还算顺利，论文算是通过了。几年的努力终于有了结果，我可以舒一口气了。

答辩后的当天中午，梁君国老师请我和他的几个学生一起吃饭。3 月 9 日中午藏小伟请我吃饭，下午我拿到了城市大学研究生院的答辩结果报告，3 月 10 日上午到中联办开留学证明，晚上邓子强请我吃饭。3 月 11 日离港回厦。

香港城市大学 2000 年的毕业典礼在 11 月 22 日举行，我专程从厦门赶往香港参加毕业典礼。我在 11 月 21 日乘坐巴士经深圳到香港，当晚住大埔道陈建勇租的房子里。22日下午参加毕业典礼。22日、23日晚上住在城市大学刘蔚蔚朋友的住处。11月22日中午香港城市大学应用社会科学系请我吃饭，11月23日上午穿上学位服在香港城大校园内拍了一些照片，下午到香港浸会大学政治学系会见南开大学校友李连江，晚上梁君国老师请我和几个师妹一起吃饭。11月24日中午到香港科技大学，边燕杰请我和蔡禾、丘海雄一起吃饭，晚上我们听取了林南教授的讲座，11月25日返厦。

图 9.4　2000 年参加香港城市大学毕业典礼

# 十〇　参与建系

在香港的学习还没有结束之前，我就开始为回校做打算。1999 年
5 月 1 日回了厦门一趟，5 月 7 日去找了陈传鸿校长，与他谈及在厦
门大学建立社会学系的事。我说国内与厦大差不多的综合性大学都已
经建立了社会学系，而且这个专业的社会需求也很大，但是他说目前
学校还没有这个打算。香港城市大学只给了我 3 年的奖学金，到 9 月份
就没有资助了。我打算先回厦门大学复职，在 5 月 7 日向厦门大学人事
处提交了复职报告。6 月 15 日又离港返厦，在家里待了 10 天时间，
6 月 25 日回港。这次回去办理了复职手续。6 月 27 日到香港科技大
学参加华人社会调查研究方法国际研讨会，当晚住在科大访客服务中
心，6 月 28 日回到香港观塘的住处。

1999 年秋季学期开始，厦门大学哲学系给我排了一门课，给 96
级社工专业的学生开设"社会分层"课程。因为香港城市大学的学业
还没有完全结束，我向城市大学请假 40 天，于 8 月 28 日返厦，给
学生上课。为了上好这门新课，我在香港就已备好课，打印了 20 多
页的材料。为了提高学生的英语听力，我尝试用英语教学，但大部
分学生的英语不太好，所以我只好同时用英语和中文教学。每周 6

节课，星期二下午3节，星期四下午3节。本来这门课要上7周，10月中旬结束，为了及时回香港城市大学修改论文，我把第七周的两次课提前到第六周上完。10月11日回港。

即将要结束在港的学习，我就利用回厦门的机会陆续往家里搬东西。1月27日先把一大纸箱的书和一箱衣服送到深圳。搬运行李是件很麻烦的事，我把一大箱的书从观塘住处往楼下送时已经是下午5点多。我叫楼下看门的老太太帮我看住一个先提下去的箱子，因为她急着上班，我在匆忙中要把一大箱书往楼下搬，十分吃力，弄得满头大汗，拖车的柄也弄弯了。第二天早上郑恩培送我到九龙塘火车站，接着宋永燊和我一起回深圳。提着大包小包，有个人帮忙好多了。

厦门大学正进行院系调整，哲学系、中文系和新闻系合在一起成立人文学院，也许这是成立社会学系的好机会，应该继续向学校争取。厦门大学2000年的春季学期于2月21日开始，这学期我要上4门课：星期一晚上"政治社会学"，星期二下午"社会政策"，星期三上午"专业外语"，星期三晚上"社会学概论"。每周9节，而且3门都是新课，所以忙得很。2月23日的一天是这样安排的：早上1~2节上专业外语，下午系里开会，5点半到校招待所与法律系曾华群教授以及印尼的访问学者林怀玉一起吃饭，晚上7点又给政治学系的学生上"社会学概论"。没空去接在幼儿园上学的儿子浩浩，只好叫邻居小孙带到她家里。

功夫不负有心人，终于从学校传来好消息。经过多年的努力，厦门大学终于决定要成立社会学系了。新成立的社会学系隶属于人文学院，当时只有一个社会工作本科专业，教师也不多，只有我和张友琴、戴小力、张文霞、童敏和欧阳马田等几个老师，朱冬亮和魏爱棠在第二年才进来。我是唯一的教授，自然成了学科带头人。厦门大学党委组织部于 2000 年 4 月中旬派人来考核系主任人选，我和同事们推荐张友琴出任系主任。

　　1999 年，在香港科技大学任教的边燕杰教授找到我，想与我合作在厦门做 600 份的问卷调查，有调查经费，并可以使用这些数据进行分析研究，我便爽快地应允了。在去香港读书之前，我负责实施厦门社会发展研究会与厦门日报合作的"公众调查"项目，曾就公众关心的热点问题做过一系列的问卷调查。那些调查不具有太多的学术性，数据的分析虽然也用到 SPSS，但都是一些描述性的统计分析。一直以来都没有做过学术性的问卷调查，通过做边燕杰的这次调查应该可以学点东西，所以我认真地承担了这次调查任务。1999 年 3 月 25 日我去了一趟科技大学，他给了我问卷数据录入的软件。3 月 26 日离港回家，安排问卷调查的事。3 月 28 日晚上召集了几位管理系的学生开会，给他们讲了问卷的具体要求。3 月 29 日开始往各个居委会跑，严格按照边燕杰教授的要求抽样，要抽 50 多个居委会，够我忙的了。4 月 1 日晚又召集所有参加调查的学生开会。4 月 7 日晚上总算把抽到的所有入户调查名单发给各组学生。安排妥当，我回香港去了，厦门的调查由学生进行。4 月中旬接到厦门大学的通知，说是不能进行问卷调查，我感觉一头雾水。等我在厦门大学复职之后，我在 1999 年 9 月底向张友琴提出调查一事，打算由哲学系毕业班的学生来承担调查任务，数据可以让毕业班的学生写论文。在得到哲学系的许可之后，我才从管理系把调查问卷取回，让哲学系的学生开始调查。

　　回校后住海滨 48 号楼 302，这是一套只有 50 平方米的两房一厅公寓。想调换一个大一点的房子，我在 4 月 6 日直接给陈传鸿校长递交了一份申请调整住房的报告，但没有结果。我又在 5 月底再次写了申请调整住房的报告，这次由学院、人事处上报校长。6 月

5 日接到通知，学校给我安排了白城 27 号楼 101 三房一厅的房子，算是有了结果。7 月中旬开始安排装修。由于房子空着没人住，门窗都被人为损坏或偷走了。我请弟弟胡枫帮助安装水电，防盗网由陈海洋师傅制作，泥水工程由惠安的陈玉堂师傅负责。泥水工程于 7 月 15 日开始，到 8 月 5 日结束。请了木工师傅来做了些家具，包括门、书橱、桌子、茶几等。油漆是张文霞的亲戚做。装修在 9 月底基本结束。10 月 28 日搬家，请搬家公司搬大件的东西，其他东西陆续自己搬过来。

　　梁君国老师带了两个师妹谢文波和邱红艳于 2000 年 7 月 8 日来厦门，我陪他们游览了厦门的一些景点。费孝通教授于 7 月 17 日到厦门参加由厦门大学人类学系承办的 "21 世纪人类生存与发展国际人类学学术研讨会"，我和民盟厦门市委的领导一起去他下榻的厦门宾馆拜访他。7 月 18 日，大会在厦门宾馆召开，费孝通教授在会上作《百年中国社会变迁与全球化过程中的文化自觉》的报告。台湾 "中研院" 的好友陈志柔和徐斯俭于 8 月 10 日到厦门，我在 8 月 11 日带他们去禾山镇后坑村走了一趟，8 月 12 日去灌口顶许村，8 月 13 日去海沧鳌冠村。陈志柔和徐斯俭在 10 月 19 日再次来厦，10 月 21 日陪他们到海沧锦里村观看村委会投票选举，10 月 22 日在海沧鳌冠村观看选举，10 月 23 日前往灌口镇顶许村采访村干部蔡水漳。哈佛大学的博士生蔡晓莉则在 10 月 25 日来厦，她也想看一看厦门的村委会选举。她在接下来的一段时间也跟着我到厦门的农村做调查。我要带学生下去实习调查，蔡晓莉也跟着我一起到村里了解情况：10 月 29 日到禾山镇的后坑和高林两个村了解选举基本情况，10 月 30 日上午我们到后坑观看预选，10 月 30 日下午到蔡塘观看预选，10 月 31 日上午来到高林村，10 月 21 日下午到达江头村委会和江头居委会。通常居委会选举竞争不激烈，但江头居委会的情况不一样，这个居委会拥有上千万元的资产，所以选举异常激烈。11 月 11 日上午又带蔡晓莉到后坑村采访了村干部叶福伟。

回校工作，参加学术会议越来越频繁了。2000 年 9 月份参加了两次会议。9 月 16 日至 9 月 17 日在福州参加在省体育中心召开的福建省社会学会年会，在会上还见到毕业多年的原厦门大学政治学系的学生周玉。当时的会长是何方生，一位已经退休的省体委领导。9 月 22 日至 9 月 24 日参加在南京华东饭店召开的中国社会学会年会。我在 9 月 21 日乘列车从厦门出发，至 9 月 22 日下午才抵宁。9 月 23 日上午我在大会上作了发言，我提交会议的论文《村民委员会选举中村民的自主式参与》获得了此次年会优秀论文一等奖。我也在这次会议上当选为中国社会学会理事。9 月 23 日下午安排参观，9 月 24 日晚乘飞机返厦。

图 10.1　参加南京大学召开的学术会议后留念

　　10 月份前往武汉参加了由华中师范大学中国农村问题研究中心召开的"中国农村村民委员会选举研讨会"。我乘飞机于 10 月 13 日下午 3 点 50 分抵达武汉天河机场，华中师范大学派陈涛到机场来接我，入住武汉东湖的碧波宾馆。会议在 10 月 14 日开始，有 40 多人参加会议，美国学者戴慕珍和澳大利亚学者何包刚也来了。我被安排在第一个发言。在这次会议上认识了贺雪峰等一大批研究村委会的年轻学者。会议讨论很热烈，记得在白天会议结束后，晚上大家还聚在会议室里继续讨论。10 月 15 日下午安排游览，我们先到省博物馆参观曾侯乙墓出土的文物，接着游磨山。10 月 16 日上午华中师范大学社会学系的万仁德来接我，与刘祖云一起游华中师范大学和武汉大学的校园。中午他们请客，在武汉大学社会学系任教的罗教讲同学也来了。我搭乘中午 1 点 15 分的航班返厦。

　　2001 年 3 月 15 日前往香港，参加 15 日至 18 日香港中文大学第二届村级组织建设研讨会。参加会议的除了国内的学者，还有来自美国、欧洲等地的一些学者。香港浸会大学的李连江教授是会议的策划人，中山大学的郭正林、荆门职业技术学院的贺雪峰、江西省委政策研究室的肖唐镖、农业部农村经济研究中心的方炎、国务院发展研究中心的赵树凯都参加了会议。与会者还有美国斯坦福大学的戴慕珍、加州柏克立大学的欧博文、杜克大学的牛铭实等。

　　2001 年，厦门大学社会学系邀请郑杭生教授来厦参加厦门大学 80 周年校庆。郑杭生夫妇于 4 月 3 日抵厦，我和张友琴专程到机场迎接。4 月 5 日上午 10 点郑杭生教授在学校克立楼报告厅作《关于中国社会转型的几个问题》的报告。4 月 7 日请郑杭生教授在嘉庚楼为社会学系师生作《关于社会学对象争论》的报告。

2001年4月10日至18日省社科联组织了一个叫作"百名专家老区行"的活动,我借此机会到三明地区走一趟。4月10日上午在厦门大学西校门集中,与参加此次活动的厦大教师乘车到福州,住新闻大厦。10日晚开动员大会,我被分在三明团,这个团由厦大经济学院的李文溥教授担任团长,省社科联秘书长谢孝荣担任副团长。一个团大概有十多人。我们11日从福州出发,下午抵达三明,晚上住三元饭店。12日上午参观了三元区的两个村,下午到宁化,住客家宾馆。13日先到宁化石壁参观客家祖地,接着看望了两位"五老"人员。下午走访曹坊乡的根竹村。4月14日到建宁,上午10点40分与县主要领导座谈。下午先后参观了毛泽东、周恩来的故居,3点到金溪乡圳头村调研。14日晚与组织部、民政局以及两个乡镇的领导召开座谈会。4月15日从建宁到泰宁,途经大田乡,在听取乡领导介绍后到大田村调研,并在村民家里吃派饭。午饭后回到泰宁城关,在金岁宾馆住下,接着到上清溪漂流,时间达三个小时之久。16日上午与泰宁县主要领导座谈,接着到将乐县,下午到将乐的南口乡小拔村。17日到沙县,上午看了西山村和经济开发区,下午座谈。晚上找到厦门大学毕业在沙县工作的学生乐荣光,在他的陪同下去街上逛了一圈。4月18日先乘车到福州,下午在闽江饭店乘车返厦。

5月16日接到社科院社会学所陆学艺老师的电话,他邀请我参加"百村调查"的协调会。我临时决定去北京,18日下午2点10分从厦门飞北京,在晚上7点多才赶到开会地点——社科院后面的赵家楼饭店。19日开会,上午介绍已经完成的行仁庄调查的经验,下午讨论,晚上去见郑杭生老师。20日上午与一同参加会

议的罗教讲同学去逛王府井书店，21 日下午回厦门。我在 7 月 12
日上午飞往北京参加南开大学同学的聚会。

2001 年 7 月底我到兰州参加全国社会学系主任联席会议。会议
结束后，到周边走了一下。7 月 30 日从兰州到甘南桑科草原，7 月
31 日到拉卜楞寺。接着又从甘南返回兰州，乘火车到敦煌。8 月 2 日
游敦煌莫高窟和鸣沙山月牙泉，8 月 3 日游雅丹魔鬼城和玉门关遗址，
8 月 4 日到嘉峪关。同行的有南开大学同学关信平、周晓虹和冯钢等，
还有社科院的张志敏。

边燕杰教授委托我在厦门完成的 600 份问卷数据我也可以使用，
我在琢磨着从什么角度来写一篇有新意的文章。通常有关社会网的
研究都把它当作自变量，看社会网络是如何影响就业过程或其他变量
的。我则打算将其作为因变量，看个人的社会经济地位是如何影响
社会网络的。在 2001 年 11 月台湾访问的时候，我就借助"中研院"
的有利条件，复印了相关的英文文献带回仔细阅读。第一次写定量文
章，写得很慢，相关文章读了一遍又一遍。由于香港城市大学是按英
国的制度培养博士的，并没有系统地教授定量方法，对于定量研究我
知之甚少。现在只能从头开始，我靠着琢磨同行的定量文章自学。文
章中用到了多元回归分析方法，但当时还不会使用因子分析。文章完
稿后交给了《社会学研究》，在 2003 年第 5 期发表。上一年暑假在
兰州开会时交给《社会学研究》杂志编辑张志敏的文章《理性行动者
的行动抉择与村民委员会选举制度的实施》，这篇文章长达 3 万多字，
是在博士论文的基础上写成的。《社会学研究》在 2002 年第 2 期刊
出。博士论文中文简体版交上海远东出版社出版，样书于 2002 年
1 月底收到。

图 10.2 在给厦门大学社会学系本科生讲授定量方法课

　　我在 2003 年上半年访问美国伊利诺伊大学厄巴纳－香槟分校 3 个月。在访学期间，除了听课和外出参观，不用讲课，不用开会，可以更专心地做自己的事情。在此期间，我完成了一篇定量研究论文《经济发展与竞争性村委会选举》，这篇文章是用 2001 年寿宁和厦门问卷调查的数据写的，也是我自己比较满意的一篇文章，重点讨论了村级经济的好坏与村委会选举制度实施的关系。以往的一些学者，如戴慕珍、史天健等人，认为经济发展不一定能够促进村委会选举，往往是村级经济发展中等水平的村庄选举做得好。我发现他们的研究结论是建立在全国范围的抽样调查的第二手数据之上的，但由于中国不同省份村委会选举的推进速度是不一样的，不同省份的选举制度之间缺乏可比性。而在同一省份内，村委会选举的制度文本都是一致的，在一个省的范围内选取不同的村庄进行研究更具有可比性。因此，我的调查只在福建省内进行，分别在厦门和寿宁两地各选取 5 个乡镇进行问卷调查。由于用的是第二手数据，史天

健的研究没有村一级的经济指标，只好用县的人均 GDP 这一指标
代替村一级的经济指标。要知道，在中国同一省份内不同县域有巨
大差异，而同一县域内不同的乡镇和村庄也是天差地别。用一个县
的人均 GDP 代表某个村的经济发展水平，一定会造成巨大的偏差。
为了避免他们研究中存在的错误，我设计了三个指标来测量村级经
济发展情况：一是村庄人均集体收入，二是人均家庭收入，三是村
民对村庄经济发展水平的整体评价。对于村委会选举的测量我更是
用了多达 15 个指标，包括初步候选人的提名、正式候选人的产生
以及投票选举的方式等。这篇文章得到了美国学者欧博文的高度肯
定，他在评论这篇文章时写道："这是一篇很有说服力的论文，应
该发表。作者介入了一场关于成功实施村委会选举的因素的长期争
论，提供了新的数据，并为如何解决一些棘手的方法问题提供了新
的视角。至于调查结果，它们很有趣。对于那些认为中国农村的经
济发展与民主发展负相关，或者认为这些变量之间没有关系的人，
作者提出了一个严峻的挑战。……作者用来测量选举质量的指标也
是迄今为止我所见过的最完备的。"

这篇文章在 2003 年全国范围的"村级选举与自治机制"有奖征
文比赛中获得一等奖，这次征文比赛由中国农村村民自治网、人民网
和中国农村研究网等几家机构联合举办，民政部协调。文章是在访美
期间修改完成的，回国之后不久就接到了文章获奖的通知。2003 年
9 月 8 日在北京中民大厦召开的颁奖典礼上，我代表获奖者上台讲
话，美国前总统卡特先生出席了颁奖仪式并给各位获奖者颁奖。这篇
文章我还改写了一个英文版，投到了美国《当代中国研究》(*Journal
of Contemporary China*)。2004 年 3 月 10 日收到了编辑赵穗生的来
信，说我的文章被该刊接受了，虽然还要做进一步修改，但确实是个
好消息。

图 10.3　2003 年在北京代表获奖者在"村民选举与自治机制"有奖征文大赛颁奖大会上发言

# 十一　短期出访

2001 年 11 月至 2003 年上半年，我先后三次出访。第一次是 2001 年 11 月对台湾"中研院"社会学所访问一个月；第二次是 2002 年 9 月到日本静冈大学参加学术研讨会；第三次是 2003 年上半年对美国伊利诺伊大学厄巴纳－香槟分校 3 个月的学术访问。

应台湾"中研院"社会学所陈志柔的邀请，我在 2001 年 11 月对台湾进行了一个月的学术访问和考察。虽然两岸来往频繁，但办理入台的手续却颇费周折，需要分别在台湾和大陆两边申请办理相关手续。11 月 16 日上午 8 点我从家里出发到机场，在准备取登机牌时，工作人员见我没有携带台湾方面签发的赴台通行证复印件，不让办理登机手续。我赶紧叫春霞给陈志柔打电话，把中华旅行社的通行证传真到厦门机场。9 点半机场收到了台湾发过来的传真件后才让我办理登机手续，飞机 10 点起飞，11 点抵达香港。在机场下飞机后直奔位于港岛中环力宝大厦的中华旅行社。取到通行证后我又乘巴士到马鞍山找到在浸会大学任教的李连江。下午 5 点半从马鞍山出发，乘大巴到大屿山机场，飞机在晚上 8 点半起飞，10 点抵达台北中正机场。上海大学的董国礼和南京大学的谢燕清乘坐另一航班也同时抵达，陈志柔开车接我们到他所在的"中研院"的宿舍住下。

来台的活动安排得相当紧凑。11月17日我们到政治大学选举研究中心参加研讨会。当天陈志柔的朋友在政大聚会，我们几个人也与他们一起共进晚餐，张家铭谈到了他到苏州做研究的心得。11月18日陈志柔的研究助理李启华领我们三人在市内参观。先到行天宫，后又到"总统府"附近走了走，中午与徐斯俭一起吃饭，下午参观二二八纪念馆，晚上在老松小学的操场旁听陈水扁助选团的造势晚会。

11月19日上午我们到政治大学国关中心讨论我们来台活动的议程。下午到政治大学东亚研究所为研究生讲中国农村的村民自治。晚上政大社会学系的刘雅灵教授请我们吃饭，她的先生黄树仁也来了。黄先生是做土地制度研究的，他认为我国台湾地区的土地政策是失败的，日本、韩国也不例外。现在台湾农业占GDP的比例已经非常小，而且政府每年花大量的农业补贴。政策使得农地很难改作他用，因此使得城市住宅用地价格高昂，城市发展受到限制，台北许多地价高昂的地段看上去像贫民窟。

11月20日待在"中研院"，陈志柔带我们先后去拜见了社会学所的章英华、余安邦、柯志敏等人。社会学所送给我们每人一套新出的书。上午参观了他们的图书馆，所里还为我们安排了一个看书的位置，下午继续待在"中研院"，晚上陈志柔带我们到市中心吃饭，饭后去观看施明德和陈文茜的选举造势晚会。与陈水扁助选团的造势会不同，这个造势会显得平静、理性，没有旗帜，没有喇叭，只有平静的政见说明和介绍。因为前天晚上已经看过一场造势会，我们只待了一会儿就走了。

在选举期间，许多东西都被用来拉选票。11月18日在街上看到民进党"立委"候选人打出的标语是追讨国民党的党产。11 月 18 日晚上陈水扁在造势会上又说国民党用特权贷款 400 亿新台币。11 月19 日国民党反击说,陈水扁用基金护盘不当亏损 2000 亿新台币,而在护盘中获利的是陈水扁的顾问团。11 月 19 日的电视就这个问题展开了辩论。因为入世使得米酒价格上扬,许多商店门口排起了购买米酒的长龙,有人借此指责陈水扁当局主政无能。11 月 20 日的电视上还看到这样一则消息:新党"立委"候选人到台联党李登辉的造势会闹场,被李登辉的支持者打得鼻青脸肿。陈志柔后来这样评论这件事,这是候选人通过这种方法出名,只有这样做,这些人才能引起媒体的关注。

11 月 21 日上午我们到达"中研院",午饭后陈志柔开车送我们到离台北有 80 公里的新竹,下午 2 点给台湾清华大学社会学系的学生和老师们讲大陆的村委会选举。晚上在台湾清华大学吴介民的带领下,我们几个去新竹高科技园区访问了一位选举中的"桩脚"。这位"桩脚"叫范玉平,在四川的九寨沟做生意,他帮助候选人选举拉票已经有几十年的经验了,自称擅长选务。他一直都是民进党的桩脚,但在今年的选举中却转而支持国民党的市长候选人,因为他原来支持的民进党市长没有帮助他所在的社区做承诺过的事,不过"立委"选举他依旧支持民进党的候选人。作为"桩脚",范玉平可以公开支持某个候选人,而对于未能获得像范玉平这类"桩脚"支持的其他候选人来说,他们只能通过里长下去拜票。里是台湾基层的一个组织层次,通常下面有两千至三千选民,里下面再分若干邻。里长通常不会公开表明自己支持哪个候选人,不同的候选人来他们都会带他们下去。范先生还谈道,十几年前,他第一次为候选人拉票,候选人给了他三四十万的钱,他不敢拿去发,结果开票出来只有五六张票投那个人。看来花钱买票还是很普遍的。不过,他说今年因为抓得紧,所以不敢发钱，只有请吃饭。通过"桩脚"拉票，在农村基层选区相当普遍，而在城市选区则没有这种情况。

11月22日上午我们去了"中研院"，下午在社会所参加了一场讨论会，晚上去看了一下宋楚瑜亲民党"立委"候选人的造势会。

11月24日至11月25日我们到台中访问。我、陈志柔、徐斯俭、董国礼和谢燕清于11月24日上午9点半从台北出发，由志柔开车，沿高速公路南下。由于周末返乡车流较多，一度出现塞车情况。我们在中午12点才抵达台中陈志柔父母的家。在陈志柔父母家吃过午饭，稍事休息，我们便前往台中市长候选人蔡明宪的竞选总部参观，与蔡明宪的竞选总部公关主任蔡平雄交谈了半个小时。然后我们又到另一位市长候选人胡志强的竞选总部转了一下。接着我们又开车到位于台中县上原市的台中县长候选人廖永来的竞选总部，在那里见到了徐斯俭的同学许传盛，他是台中县社会局局长。我们还和竞选总部的刘锦祥交谈了半个小时。晚上在许传盛的带领下，我们前去参观了廖永来的募款餐会。来的人不少，据说有800多桌，每位就餐者需要付1000新台币，募得的款项用于选举。我们在那里蹭了一顿饭，饭后许局长和我们一起喝咖啡。

11月25日我们从陈志柔父母家出发，再次前往丰原市，与东势高级工业职业学校的总务处主任罗职钦见面。他原来也作为"桩脚"为他人助选过，但今年并未参与。谈到今年选举形势，他说贿选查得很严，所以原来靠买票当选的人这次都不敢动。警察部门采取这样的措施：查到贿选案可以升等，而如果自己未能查获本辖区内的贿选案而又被他人举报，则要处分。中午吃完饭在丰原的慈济宫还看到一场精彩的迎神活动。下午我们回到台北。

11月26日我从陈志柔的宿舍搬到了"中研院"内的学人招待所，11月27日中国人民大学的李路路教授来台，与我同住其中的一套公寓。因为陈志柔要去东海大学参加一位博士生的论文答辩，11 月 29 日他便带我们去了一趟东海大学和南投县。我和李路路在 6 点半就起床了，大家会合后于 7 点 15 分从中研院出发，经过两个多小时的行驶，抵达东海大学。陈志柔先去参加论文答辩，我们则在东海大学社会学系赵岗的陪同下，参观了东海大学的校园。东海大学校园面积达 1339531 平方米，是台湾中部规模最大的学府。清新幽静的校园景色搭配古朴雅致的唐代风格校舍，让东海大学成为台湾最美丽的大学，吸引了海内外众多电影人在此拍摄取景。由著名华人建筑大师贝聿铭设计的台中市地标路思义教堂就坐落在东海大学第一校区。中午东海大学社会学系主任陈介玄请我们吃饭，饭后陈志柔又带我们前往南投县农会参观。与我们座谈的有农会总干事、理事长、几位理事以及陈志柔的舅舅。作为一个非营利性的组织，农会在台湾农村发挥着非常重要的作用。农会不仅推广农业技术，向农民供应化肥、农药，还负责收购农产品，有的甚至在地方的选举中发挥着相当重要的作用。总干事谈到一件很有意思的事情：在台湾，选举是一个"产业"。在过去，因为可以贿选，地方的黑势力在选举中可以得到不少好处，社会治安反而比较好。今年贿选抓得严，因此地方的黑势力无法从选举中捞到油水，再加上各警局的警员都去抓贿选，那些无事可做的黑势力便到处滋事，地方治安问题多多。

接着我们又开车来到陈志柔舅舅家，在陈志柔表哥的陪同下参观茶园。他舅舅一家六人，三个孙辈孩子在南投县读书。家里种有 3 公顷的茶园，同时还办有茶叶加工厂，年生产茶叶 2 万多斤，每斤卖三四百新台币，全家年收入在 600 万新台币以上。家里有三辆车，一辆小车、一辆卡车和一辆面包车。农忙季节还要请人帮忙。家里的茶叶生产设备需要 100 万新台币。

图 11.1　2001 年访问台湾，与陈志柔、李路路、谢燕清等在一起

　　在陈志柔舅舅家吃完晚饭，我们又开车赶往台北。路上大家说说笑笑，陈志柔谈到，阿扁与李登辉不同，李登辉有基督徒的信仰，有思想，而阿扁则没有思想，一切都是为了选票。谈到选举中的"黑金"和派系，我想这很可能与蒋介石时代没有开放媒体又进行县、市级的选举有关：在媒体没有开放的情况下，选民很难了解候选人的情况，这给"黑金"政治和帮派动员留下了很大的空间。

　　11 月 30 日陈志柔带我们到台北板桥观看了几个造势的会场。12 月1 日是投票选举日，上午我到"中研院"附近的两个投票站观看投票。台湾"立法院"和县市长选举结果已经揭晓：民进党取得重大胜利，成为第一大党；国民党大幅挫败，从原来的 110 席到这次只剩 68 席；亲民党表现不错，台联党也有 10 席，而新党则完全泡沫化了。

　　12 月 3 日我们前往台北"故宫博物院"进行参观。蒋介石来台湾时从北京的故宫博物院带了许多宝贝。下午陈志柔带我们参观，先游览了台北士林官邸。士林官邸位于台北市士林区福林路，早期属日本占领时代总督府园艺所用地，后来成为蒋介石在台湾的住处，也是台北市第一座生态公园，接着我们上了阳明山。阳明山位于台北市大屯火山区，阳明山旧称草山，据台湾府志记载："草山以多生茅草，故名。"蒋介石在 1950 年将此更名为阳明山，以纪念明朝学者王阳明。阳明山温泉位于阳明山风景区内，分前山温泉和后山温泉两部分，周遭尽是美丽的风景。阳明山温泉泉质分白磺泉、青磺泉两种，但主要以白磺泉为主，各区域的温泉因火山地热运动频繁，所夹带的矿物成分不同，造成每个温泉区域泉质、水温、疗效都各不相同。

接着我们从东北海岸返回台北。晚上"中研院"社会学所章英华和张茂桂请我们吃饭。席间谈到台湾目前各政党的现状，张茂桂做了这样一个比喻：国民党像《红楼梦》，大势已去；民进党是《水浒传》，个个都是英雄好汉，但谁也不服谁；亲民党是《西游记》，宋楚瑜就是孙悟空，全靠他一个人；新党是《聊斋》，鬼话连篇。

12 月 4 日上午陈志柔带我们去拜访台湾大学社会学系陈东升等人，晚上"中研院"萧新煌教授请我们吃饭。12 月 8 日晚上和李路路一起到台湾大学叶启政教授家里吃饭。12 月 11 日和陈志柔、徐斯俭一起在台北市内吃饭。

在台湾待了近一个月，12 月 12 日上午陈志柔送我到中正机场，我乘坐 12 点 50 分的班机从台北飞香港。在香港机场，我先把两件行李寄存了，而后乘大巴到蓝田，再从蓝田乘车到香港科技大学。从机场到科技大学路上花了一个多小时，于下午 5 点多抵达香港科技大学。在边燕杰的学生唐咏的帮助下，我找到了 Tower 2，在那里住下。晚上边燕杰开车带我到九龙塘的又一城吃饭。12 月 13 日从科技大学到城市大学，见了梁君国老师等人，中午与邓子强一起吃饭，然后他开车送我到机场。我乘坐 4 点的航班飞回厦门。

第二次出访是 2002 年 9 月初到日本静冈参加的一次学术研讨会，只停留了短短几天。

在接到会议通知之后，我在 2002 年 7 月份就开始填写有关申请表格。申请出国的手续十分烦琐，先后经院长、院总支书记、科研处长等签字，还要报校领导审批。因为是暑假，有时找不到人，办事效率很低。我的政审批件需要校党委陈力文副书记签字，而 7 月底她刚好在外地出差开会。经过几番周折，我总算找到了她的手机号码，我给她发了短信。她同意授权让潘世墨副校长在上面签字。我的有关材料在 8 月初送到厦门市外办，但市外办在 8 月 12 日才将签证材料送到广州的日本领事馆。如果等广州的签证寄到厦门，将赶不上 8 月 30 日在日本召开的会议，所以我决定于 8 月 28 日上午乘飞机去广州取签证。

8 月 28 日到广州后，我先去取了签证，而后住进了中山大学的酒店培训中心。8 月 29 日早上 6 点从中山大学出发，与中山大学的郭正林一起抵达白云机场。我们搭乘的是南航 CZ385 航班，于上午 8 点起飞，经过 4 小时的飞行，于当地时间下午 1 点抵达东京成田机场。入境后，我们从成田机场乘列车到东京站，又乘高速列车从东京站到静冈。在东京站转车的时候，郭正林迟了一步，没能坐上我乘的那班车，我一个人先行抵达会议地点。我们住在紧挨着火车站的 Hotel-Associate，宾馆的房间不是很大，但条件不错。会议在静冈大学召开，参加会议的除了日本研究中国问题的学者外，还有来自我国台湾、香港，以及美国和其他一些国家和地区的研究村民自治的学者。美国的牛铭实，我国香港地区的李连江和台湾地区的林佳龙、徐斯俭等都参加了这次会议。我的发言被安排在第一天下午。9 月 1 日下午是会议总结，3 点会议结束。静冈离富士山很近，会后旅日学者余项科开车带我和徐斯俭、林佳龙和郭正林四人看富士山。9 月 2 日，我和郭正林、辛秋水一起乘慢车从静冈到东京，花了半天的时间，大约在中午时分抵达东京，而后我们转车至浅草田园町的一家名叫台东旅馆的民宿住下。这是一座已经有些年代的和式木结构老房子，周围都是高楼大厦。难得在东京大都市的黄金地段能够保留下来这样一座老房子。我们三人在楼下的一个房间住下，而后到附近的一家中餐馆吃饭。稍事休息后，我们三人又乘车到银座逛街。9月3日我们先到上野公园，而后又走到东京大学。在东大校园转了一圈后，我们又乘车去皇宫，在皇宫外的草坪拍了几张照。接着我们打算去明治神宫看看，可惜迟了一步，明治神宫已经关门了，我们只好在边上的代代木公园转了一圈。9月4日上午我们从旅馆出来便直奔成田机场，乘下午2点10分的南航班机于当天下午6点抵达广州白云机场，接着我又乘晚上8点半的厦航班机返厦。

图 11.2　2002 年参加日本静冈的学术会议后路过东京

第三次出访是 2003 年对美国伊利诺伊大学厄巴纳－香槟分校的访问，待的时间稍长一些，有 3 个多月。

2002 年底接到学校通知，让我办理手续作为弗里曼学者访问美国伊利诺伊大学厄巴纳－香槟分校。我马上开始办理手续，但是广州领事馆申请赴美签证的人实在太多，我没有预约到 12 月的时间，所以在 2003 年 1 月份才排上签证时间，因此赴美的时间也就推迟到 2 个多月之后了。在拿到签证之后，我托在香港中文大学读书的张文宏帮我买了从香港到芝加哥的来回机票，是大韩航空公司的，要经停汉城。记得大概是 2003 年 2 月底前往美国，先从厦门到香港。经过十几个小时的飞行，抵达芝加哥机场。当时天气很冷，下着雪，我从芝加哥乘坐一辆面包车到香槟。从芝加哥到香槟有 230 多公里的路程，走了 3 个多小时，等我到香槟的时候，天色已经暗下来了，外面下着雨和雪。去美之前我了解到中山大学社会学系的王宁早在半年前就已经到 UIUC 访问，下车后我给王宁打电话，他不在宿舍，交代一位中国留学生在宿舍等我的电话，他们的住处是在学校一个叫 Orchard Town 的地方，但在电话中我把 Orchard Town 听成了 H Town，所以在乘坐公交车的时候，司机也弄不清楚 H Town 在哪里。费了很大周折，总算找到了王宁的住处。

因为我的宿舍没有事先找好，只能先在王宁的住处暂住几天。王宁和来自复旦的汪洪章一起租住一套两房一厅的公寓，我晚上就睡在他们的客厅，拿一个床垫铺在地上，因陋就简，先凑合几天。第二天到中心报到，弗里曼奖学金项目协调人艾米丽·刘易斯（Emily Lewis）开车载着我在校园内办理银行卡、校园卡以及各种手续。艾米丽是一个很慈祥的老太太，她一直都住在香槟区，是伊利诺伊大学的校友，曾在香槟区第四单元学区担任教师，1999 年以来一直参与该项目。

弗里曼学者是从 11 所中国重点大学的申请者中挑选出来的，这些大学是弗里曼奖学金项目的合作大学。访问学者应定期参加专业活动，包括校园讲座、公开会议、校园活动以及东亚与太平洋研究中心

（CEAPS）举办的活动。2002—2003 年度的弗里曼学者共 14 人。中山大学的王宁、复旦大学的汪洪章、厦门大学的毛蕾、武汉大学的涂险峰等都是这一年的弗里曼学者。伊利诺伊大学厄巴纳－香槟分校（UIUC），创建于 1867 年，位于伊利诺伊州幽静的双子城厄巴纳－香槟市，是一所世界著名的公立研究型大学。该校是美国"十大联盟"（Big Ten）创始成员，美国大学协会（AAU）成员，被誉为"公立常春藤"，与加州大学伯克利分校及密歇根大学安娜堡分校并称"美国公立大学三巨头"。我比较关心这所学校的社会学系的情况，查看网页，发现大名鼎鼎的诺曼·邓净（Norman Denzin）就是伊大社会学系的荣休教授。在访问期间，有一位名叫 Joan Wheeler 的女教授给我们讲授美国历史，每周一次。此外，我们自己可以去 UIUC 相关的系听课。到社会学系听了几次 Zsuzsa Gille 讲授的定性研究方法课，还抽空去会见了政治学系的 Victoria Tin-bor Hui，与她谈及我正在做的关于经济发展与村委会选举的论文。

图 11.3　2003 年与弗里曼学者一起参观香槟的一所小学

　　我们在 UIUC 逗留期间经常集体外出参观考察，这是由项目统一组织的。项目协调人艾米丽和她的先生鲍勃各开一辆面包车载我们 14 人外出参观，有时 Wheeler 也和我们同去。我们去参观周边的博物馆、学校、法院，了解美国的风土人情。有时跑得远一点，记得我们在 3 月 9 日前往印第安纳波利斯参观博物馆。在 3 月底或 4 月初，参观爱米希社区。美国的爱米希运动是由 Jacob Amman 在欧洲创立的。爱米希人的信仰和实践是基于门诺教派的创始人门诺·西门斯（Menno Simons，1496—1561 年）的著作和 1632 年门诺教派《多德雷赫特信仰告白》。从门诺派分离出来的爱米希人通常居住在瑞士和莱茵河南部地区。17 世纪晚期，他们分裂了，因为他们认为门诺派缺乏纪律。18 世纪初，一些爱米希人移居到美国，他们最初在宾夕法尼亚州定居。该宗教团体试图保存 17 世纪晚期欧洲乡村文化的元素。他们不使用电灯、汽车、电器等现代的器具，试图与现代社会保持距离而保有自己原有的行为和习惯。

　　3 月 22 日，我们 14 人从香槟开车到芝加哥，先到博物馆参观。芝加哥是美国第三大都市，高楼林立。晚饭后我来到离酒店不远的芝加哥河畔，发现河岸上居然有成群的野鸭在悠闲地漫步。3 月 23 日大家一起参观著名的芝加哥大学校园。芝加哥大学是由石油大王洛克菲勒在 1890 年创办的，在美国众多老牌大学中这所大学的历史并不算长，但其影响力不可小觑。这里曾产生美国社会学中的芝加哥学派，斯莫尔、帕克、伯吉斯和托马斯等人对芝加哥城市的社会问题开展了一系列的实证研究，从而使这个学派总体上具有重视经验研究和以解决实际社会问题为主的应用研究的特征。傍晚时分，在芝加哥工作的寿宁老乡吴春璋开车来接我。他的家在芝加哥郊外的一个别墅区。他原来也在厦门大学任教，后留学加拿大，之后留在美国工作。当天晚上我住在吴春璋家里。3 月 24 日从芝加哥到波士顿，住在厦门大学来美国访学的化学系黄荣彬教授那里。3 月 25 日在波士顿游览参观。3 月 26 日从波士顿乘坐大巴到纽约，住在旅居美国的香港城市大学校友宋永燊家里。3 月 27 日在纽约参加了一个学术会议，当天中午还跑到哥伦比亚大学校园走了一圈，我曾经收到过这所大学攻读博士学位的录取通知书，可惜没有找到经济担保人，没申请到签证。3 月 29 日和 3 月 30 日待在纽约，和小宋夫妇一起去了纽约的市区和中央公园。

经过一个沉闷的冬季之后，迎来了春暖花开的日子。这个时候，UIUC 的校园变得非常漂亮，我带上新买的数码相机，在 4 月 20 日约了汪洪章在伊利诺伊大学厄巴纳－香槟分校校园里照相。接下来我们还去了几个地方。4 月 23 日参观香槟郡法院，旁听法官对一起谋杀案的审理。4 月 28 日参观一所小学。

图 11.4　2003 年，我作为弗里曼学者在美国伊利诺伊大学厄巴纳－香槟分校访学，图为在住所阅读文献

5 月 7 日晚上是我们这一届学员的结业典礼。这个项目的负责人

于子桥教授、项目捐资人弗里曼先生等在结业典礼上讲话。于子桥的英文名字是 Gorge，他是国民党元老于佑任先生的孙子，是 UIUC 东亚研究中心的教授。弗里曼先生出生在北京，他父母曾在中国清华大学任教。他设立弗里曼基金的目的是促进中美文化交流，增进这两个世界大国人民之间的理解。参加典礼的除了全体学员，还邀请了一些嘉宾到场。记得有一位来自印度的访问学者，与我同坐一桌吃饭，后来才知道他竟是圣雄甘地的孙子。

5 月 12 日，全体学员去参观一个学校的农场，离学校有很长的一段路程，开车要好几个小时。据说是一个校友捐给 UIUC 的，该校友做猪肉加工生意。中午在农场吃饭。

本来这个项目要到 7 月份才结束，但是厦门大学还有许多事情要做，我就提早回国了。我在 5 月 30 日乘坐韩国航空公司航班，经停汉城回厦门。记得那一年北京和广州等地非典肆虐，在厦门机场入境处还安装有红外线测体温的设备。

# 十二　学科建设

2001 年厦门大学社会学系增设了社会学硕士点，2002 年增设了社会学本科专业。魏爱棠、黄河、朱冬亮、周志家等也先后加盟社会学系。2003 年我从伊利诺伊大学厄巴纳－香槟分校访学回国后不久，学校任命我为社会学系副主任，分管系里的研究生、科研和创收工作。系里与厦门市民政局合作，给厦门的社区居委会干部进行社会工作方面的课程培训，我给他们上"社会调查方法"，从 2003 年 7 月 25 日开始，每个周末都在上课，一直上到 9 月中旬。当时还与晋江市委党校合作，在晋江办了一个社会工作专业自考的班。

2003 年秋季新学期开始，厦大新建的漳州校区启用，新生都到漳州校区上课。这一年社会学系招生大幅增加，社会学和社会工作2 个专业共招收 78 名新生。9 月 26 日我和张友琴前往漳州校区看望学生。

我在 9 月 14 日至 9 月 18 日带上宋律琴和连一民两个研究生前往宁德参加省社科联组织的百乡镇调查活动。

福建省社会学是国内成立比较早的省级社会学会，早在 1986 年就成立了。学会的第一任会长是福建省社会科学院社会学研究所的王步征，第二任会长则是福建省体育委员会的何方生。在我的提议下，2003 年福建省社会学会年会由厦门大学社会学系承办，于 10 月 20 日在主楼八层的会议室召开。参加这次会议的有福州大学的甘满堂、郁贝红，福建师大的苏振芳、王岗峰，省委党校的傅家栋、陈舍、刘大可、程丽香、周玉、肖文涛等，省委政策研究室的林永健，厦门大学参会的张友琴、叶文振、李明欢等，还有许多研究生也参加了此次会议。10 月 29 日我还到福州参加福建省民政理论研讨会，10 月 30 日返厦。

厦门大学社会学系 2000 年成立时隶属人文学院，是从哲学系分出来的。2003 年 11 月，由原法学院的政治学与行政学系、人文学院的社会学系和经济学院的人口研究所组建公共事务学院，并于 2004 年 4 月 1 日校庆日正式揭牌。有人建议在学院下面只设几个项目组，不再设系。好不容易成立的社会学系弄没了，我无论如何不能接受这一

图 12.1　2003 年在厦门大学参加福建省社会学年会

做法，并在 1 月 8 日给朱崇实校长发短信表达看法，那个不设系的建议最后没有付诸实践。新学院由陈振明担任院长，叶文振和张友琴担任副院长。我邀请了中国人民大学的郑杭生教授和中国社科院田雪原教授来参加新学院的成立典礼。

2004 年 4 月 20 日下午学校宣布我担任社会学系的系主任。担任系主任一职，深感责任重大，如何带领厦门大学社会学的老师做出自己的特色，是我常常考虑的问题。厦门大学社会学系创办较晚，规模也不大，无法与兄弟院校比体量，因此要在特色上下功夫，办出特色，办出成效。

从学校那边得到消息，新一轮的博士点申请工作即将启动，我马上动手做相关的准备工作。与兄弟院校相比，厦大社会学重建的历史不长，要想在竞争中脱颖而出，需要下一番功夫。学科要发展，引进人才是必不可少的。在面试求职者的时候，我更青睐国外回来的博士，这是因为在当时国外的训练比较规范。不过，人才的成长还需要时间，不是一时半刻就能见效的，眼前需要做的是提升厦门大学社会学的知名度，让学界认可厦门大学。我接着准备做三件事：一是编印厦门大学社会学系的宣传册；二是准备开一个系列讲座和系列沙龙，增进师生的交流，营造好的学术氛围；三是在下半年开一次高层次的学术会议。

厦门大学社会学系虽然教师规模不大，但海归博士不少。当时厦门大学社会学队伍中有从美国犹他大学获得博士学位的叶文振、从荷兰阿姆斯特丹大学获得博士学位的李明欢、从德国比勒费尔德大学回来的周志家、从日本回来的张云武、从美国纽约州立大学奥尔巴尼分校回来的欧阳马田，我也是从香港获得博士学位的教授。大半的教师都是从境外获得博士学位的人才，这在当时国内的高校是罕见的，因此一定要通过编印宣传册让学界都知道我们的师资队伍和实力。在每个老师提供的照片和个人简历的基础上，我按统一的体例编辑每个教师的介绍文字，并逐一译成英文。有的老师照片不够好，我从家里拿来相机，重新给老师们拍照。除了师资队伍，还有对外交流、学术成果以及学生活动等栏目。打印店设计的版式不满意，我也只好自己上阵，亲自操刀。经过一段时间的反复修改，厦门大学社会学系的宣传册终于印出来了。在后来召开的几次全国性的会议上，我都把宣传册带去分发，起到了很好的宣传效果。

2004 年 7 月 7 日我参加在北京召开的第 36 届亚洲社会学大会，提交了论文《经济发展与竞争性的村委会选举》，并在会上见到了日本东京大学的富永健一教授，当年他到南开大学给我们讲授"经济社会学"。2004 年 11 月教育部社会学专业教学指导委员会全体会议在浙江大学召开，我参加了这次会议，并在会议之后和其他与会代表一起到绍兴、奉化等地参观。

我张罗的另一件事是与中国人民大学社会学理论研究中心联合在武夷山召开了一次学术会议，主题是"现代化反思：理论与政策"。2004 年 10 月 8 日晚上 6 点，我和张友琴、周志家、徐延辉、李明欢和王筱辉 6 人从厦门站出发，经过 14 个小时的行驶，于次日上午8 点抵达武夷山站。9 点抵达我们预订的会议地点兰亭饭店。10 月10 日会议报到，我一趟又一趟往武夷山机场跑，亲自在到达厅迎接客人。除了我们厦门大学的 6 人，其他高校的与会代表有 12 人：来自人民大学的郑杭生、洪大用、刘少杰，中央党校的吴忠民，中央财经大学的杨敏，清华大学的孙立平，南开大学的关信平，南京大学的周晓虹，中山大学的蔡禾、王宁，中国社科院的景天魁，中央编译局的杨雪冬等。10 月 11 日开会，分四个单元发言，一天内结束会议。10 月 12 日安排与会代表登天游峰，下午乘竹排。大部分客人在 10 月13 日离会。当天我们带余下的几个与会者游龙川大瀑布，下午到下梅村参观古民居。系里其他老师在 13 日晚返厦，我和周志家在 10 月 14 日送走最后一批客人后于当天下午 2 点飞回厦门。2004 年 11 月 26 日，厦门大学社会学系还承办了华南片区的社会工作会议。

图 12.2　2004 年在武夷山召开 "现代化反思：理论与政策" 学术研讨会

　　国庆长假我又回了一趟寿宁。我在 2004 年 10 月 2 日下午 2 点多从厦门出发，自己开车走高速，一路风驰电掣，很快就到了福州。10 月 3 日我从福州到宁德，中午与宁德师专的老同学缪绍零、郭新、陈玲、刘淑贝、焦宁华、黄春富、黄神钢等见面。这些同学大部分在 1980 年毕业后就没有见过面，不觉一晃二十多年过去了。下午 2 点多我从宁德出发，先上高速到福安下白石，但从福安到寿宁的路上走错了路，拐到柘荣方向去，在快到上白石的地方才往回走。这次我在家待了两天，10 月 6 日返厦。

　　接下来的几个月我一直忙于填报申请社会学博士点的表格。从师资队伍到科研成果，每个人的课题、论文都由我一一填写。2005 年

5月中旬填报博士点的正式表格下来，新表有宏操作，有点麻烦。表格内容分为基本情况、学术队伍、科学研究以及教学与人才培养几个部分。根据厦门大学的师资队伍情况，我设置了6个方向：农村社会学、移民社会学、女性社会学、人口学、人类学和民俗学。农村社会学的学科带头人是我，学术骨干为张友琴教授和朱冬亮副教授；移民社会学的学术带头人是李明欢教授，学术骨干为陈衍德教授和曾玲副教授；女性社会学的带头人为叶文振教授，学术骨干为蒋月教授、林丹娅教授；人口学的学术带头人为李文溥教授，学术骨干为杨灿教授和王德文副教授；人类学的学术带头人为彭兆荣教授，学术骨干为吴春明教授和邓晓华教授；民俗学的学术带头人为石奕龙教授，学术骨干为郭志超教授和朱家骏副研究员。作为各个方向的带头人，不仅要有一定的学术成果，而且要在社会学界有知名度，能够被学界同人所熟悉。这就不仅要考虑列入梯队的成员的职称，还要看他们的年龄、是否有课题，以及发表的成果是否与申报的方向有联系。每个方向有一页篇幅的介绍文字，这也是需要仔细推敲的，既能体现该方向的特色，又能恰到好处地展示实力，甚至可以将表格中没有填写的亮点通过这里展示出来。具有代表性的论文限填30项，只能填写近5年的成果。既要选最好杂志的文章，又要适当照顾到不同方向都有一定数量的文章列入。总之，这是一项非常耗费时间和精力的事情。

忙完填表，我又和张友琴往各个学校跑，带上我精心编写的系宣传画册和博士点申请表格，通过拜访各个学校社会学科的带头人，宣传厦门大学社会学的学科建设情况，争取大家对厦门大学设立社会学博士点的支持。6月9日我和张友琴一起先到北京，入住人民大学贤进楼。当天下午去会见了郑杭生教授，晚上又去找了刘少杰和李培林。6月10日上午见李路路，接着又去找田雪原。中午到了清华，见到了孙立平和沈原。午饭后稍事休息，又在下午3点去见了李强教授。

晚上去会见了北大社会学系的马戎。6月11日中午约了北大的王思斌、张静、杨善华、谢立中一起吃饭。6月12日上午从北京到天津，晚上与南开大学社会学系的几位老师一起吃饭。6月13日晚上返厦。

图12.3　在北京天坛

从北京回来之后，回校处理完一些事情，6月18日晚上我又和友琴一起飞往广州，住中山大学酒店培训中心。6月19日中午我们与中大蔡禾、王宁等一起吃饭，晚上返厦。6月22日又从厦门飞上海，先到上海大学，在乐乎新楼住下，中午我们与上海大学社会学系的同人见面。饭后稍事休息便又赶到火车站，乘坐5点15分的火车去南京，于当晚9点多抵达南京，住进了南京大学附近的新纪元酒店。第二天上午先去公共管理学院见了童星教授，中午见了南京大学社会系的几位老师，下午3点去见宋林飞教授，晚上返厦。6月30日我一个人又去了一趟武汉，除了见徐勇教授，还参加了贺雪峰召开的学术会议。7 月 3 日返厦。

　　申请博士点一波三折。8 月 8 日接到厦门大学研究生院学位办小邱的电话，说有人举报我们的申请博士点材料，并提了几点意见，其中最重要的一条是用了徐延辉调入厦大之前的两篇科研成果。当天晚上我就开始准备回应举报问题的相关材料。8 月 24 日从学校获悉，厦门大学申请社会学博士点已经入围，但国务院学位办要求我们提供叶文振两项获奖成果的原件。

　　9 月 14 日和张友琴再次去北京，在机场遇到了厦门大学哲学系的徐梦秋、詹石窗。到北京后一起入住人民大学西校门的盛唐饭店。9 月 14 日下午前往北大拜访贾庆国，9 月 15 日上午和张友琴一起去看望郑杭生，下午去看望田雪原。9 月 16 日上午去见靳辉明，当天晚上在戴庆厦的引见下去找中央民院的杨圣敏。9 月 17 日到门头沟的龙泉宾馆参加会议。9 月 18 日中午通过谢志强的关系，去拜访了中央学校的李忠杰教授。9 月 18 日下午返厦。9 月 29 日我又去了一趟云南。我乘坐 9 月 29 日上午 9 点 55 分的航班从厦门飞往昆明。通过云南大学的钱宁，9 月 30 日上午在我下榻的宾馆见到了陈庆德，我向他汇报了厦门大学申报博士点的情况。随后忙里偷闲，在丽江等地游玩了几天。

　　10 月 9 日我又去了一趟武汉，见了华中师大的徐勇教授。10 月 10 日我从武汉乘大巴前往合肥参加 2005 年的中国社会学年会。此次会议的主题是"构建和谐社会"，参会论文多达 160 多篇。第一天上午是开幕式，李培林、宋林飞和郑杭生分别作了主旨发言，下午理事开会，选举产生会长和副会长，非理事则进行小组讨论。第二天分组讨论，第三天上午开大会，由我、朱力、文军等 3 人作大会发言，并宣布年会获奖论文。我提交的论文《社会资本与中国农村居民的地域性自主参与》获得优秀论文一等奖。这篇文章中我用帕特南的社会资本理论解释中国农村的村委会选举，首次将社会资本概念用于中国社会的经验研究。社会资本的概念最初是由法国学者布尔迪厄（Pierre Bourdieu）于 20 世纪 70 年代提出的。1988 年美国社会学家科尔曼（James S. Coleman）在《美国社会学学刊》发表了《作为人力资本发展条件的社会资本》一文，在美国社会学界第一次明确使用了社会资本概念，并对此进行了深入的论述。科尔曼认为社会资本具有两个特征：第一，它们由构成社会结构的各个要素所组成；第二，它们为结构内部的个人行动提供便利。美国学者帕特南（Robert Putnam）则把社会资本定义为"社会组织中诸如信任、规范以及网络等特点，它们可以通过促进合作的行动而提高社会的效率"。帕特南用社会资本的概念解释为什么意大利北部许多地方政府的表现都比南部城市好。他发现在社会资本建构比较好的北部城市，市民热衷参与社团和公益事务，社会充满了互信和合作的风气，使得地方政府在政府的稳定、财政预算的制定、法律改革、社会服务的推行、工农业改革和政府对民意的反应都较其他社会资本较低的地区要好。虽然国内学界也在用社会资本这一概念，但指的都是社会关系网络，并不是帕特南所说的社会资本。我第一次在中国农村的实证研究中运用帕特南的社会资本概念，需要通过操作化，选择合适的社会资本测量指标。为此，查阅了国外学者在美国、澳大利亚做的经验研究，在参考他们的指标的情况下，结合中国农村的实际，选择能够测量中国农村社会资本的指标。社团参与所形成的横向网络是社会资本的一个重要内容，但在中国农村，村民参与的社团很少。我在问卷中问受访者与亲戚、家族成员、同姓村民、同小组村民、同村村民以及村干部之间是否经常来往，以此测量他们的横向网络。

　　2005 年 10 月 18 日我得到了确切消息，厦门大学申请社会学博士点获得通过。辛苦的付出终于有了结果，这是件值得高兴的事。获得社会学专业博士学位授权，是厦门大学社会学学科建设中的一个标志性事件。在此之前，已经有北京大学（1986年）、中国社会科学院社会学研究所（1986年）、中国人民大学（1993年）、南京大学（1996年）、南开大学（1998年）、上海大学（2000年）、中山大学（2000年）、清华大学（2003年）、吉林大学（2003年）、华中师范大学（2003年）、武汉大学（2003年）等学校设立了社会学博士点。与我们同一批获得社会学博士授权的单位还有复旦大学、华东理工大学、华中科技大学和河海大学。在已经设立社会学博士点的这些学校中，厦门大学社会学系成立的时间是最短的，仅仅有5年时间。

2006年福建省社会学年会于5月27日至5月28日在厦门大学召开，此次会议由厦门大学社会学系承办。何方生、傅家栋、叶文振、苏振芳、黎昕、林永健等来自省内的50多位社会学界同仁和研究生参加了会议。我在换届选举中当选为新一届会长。作为新会长，我采取了一些新措施。一是尽量延揽从事社会学教学和研究的专业人士担任学会的理事和常务理事，既无专业背景又不热心学会事务的官员就不在考虑之列了。二是大会不设主题，只要是在过去一年中未发表的研究成果，都可以拿到年会上交流。大会承办单位可以按内容再进行分门别类，分小组讨论交流。这次会议共收到42篇论文，分6个专题进行讨论。三是给论文交流留出足够时间，使每位提交论文者都有上会发言交流的机会，并安排专人点评。为增进学生参加会议的积极性，还专门对参会的学生论文进行评奖。

为帮助系里的教师和学生熟悉和掌握定量研究方法，2006年暑期我们还邀请武汉大学的罗教讲教授来校开设"高级社会统计"课程。每周讲三个单位的课，整整讲了一个月，系里许多老师也都去听了罗教讲教授的课，大家受益匪浅。我也去旁听了这门课，把过去没完全弄懂的一些问题弄清楚了。

中国社会学会 2006 年会在山西太原召开，7 月 14 日我与张云武、徐延辉飞往山西太原。会议在山西饭店召开，本次年会提交的论文达 300 多篇，与会者更是多达 400 人，规模空前庞大。7 月 15 日是大会报告时间，请了几位与会者作报告。7 月 16 日开始为论坛发言时间，共分 11 个论坛。会后我与朱冬亮、张云武、徐延辉前往平遥古城参观，会议主办者还安排与会代表参观晋祠。7 月 17 日晚我回到厦门。

图 12.4　2004 年在厦门大学主持郑杭生教授与厦大社会学系师生的座谈会

2006 年 8 月 1 日我召集系务小组开会，确定系年终课时补贴和科研奖励方案。系务小组成员由我、张友琴、周志家等人组成。凡是系里的重大事项，比如进人、奖金发放等都要经过系务会讨论决定。我的习惯做法是，集体讨论决定的重要事项，整理打印后还要每个参会成员在上面签字，以便在执行的时候有案可查。虽然公共事务学院成立已经两三年时间了，但在收入分配问题上还是长期实行"一院两制",学院三个系和一个所的科研奖励还没有统一起来,以学院公共资源办班的收入只归政治学系和公共管理系所有,社会学系只能靠原有的自考培训收入给老师发点奖金。

2006年全国社会学系主任会议在辽宁沈阳师范大学召开,我和张友琴一起参加了这次会议。8月10日早上10点半我从家里出发,12点飞机起飞,在杭州停留了半个小时,飞机在沈阳机场降落已经是下午4点多。在机场出口碰到了前来接站的沈阳师范大学的学生,他们正在等从武汉坐飞机过来的老师,所以我们又等了半个小时,大概4点40分从机场出发,乘车到达辽宁大厦。从机场到会议住宿地点辽宁大厦走了整整一个小时,路上沈阳师范大学的一位老师和司机热情地为大家介绍沈阳的一些情况。机场位于沈阳市南郊,我们先走的是一段高速公路,进入市区后先走青年街,后又进入北京街。沈阳给我的初步印象不错,这里街道笔直而宽阔,有大城市的气派,街道也很干净。据说沈阳因地处浑河支流沈水的北面而得名,现在总人口达720万,市区人口506万。沈阳不仅是一座工业重镇,还是一座历史文化名城,素有"一朝发祥地,两代帝王城"之称。1625年,清太祖努尔哈赤建立的后金迁都于此,更名盛京。1636年,皇太极在此改国号为"清",建立清王朝。1644年,清军入关定都北京后,以盛京为陪都。

8月11日上午在沈阳师范大学图书馆开会。先是开幕式,沈阳师大校长和辽宁省的几位领导都来了,看来他们是很重视这次会议的。在开幕式上郑杭生受教育部委托给新一届的社会学学科教学指导委员会委员颁发聘书。之后是大会合影。接着是郑杭生、刘少杰、王思斌、关信平和李强等作了大会发言。下午分组讨论。我参加第一组的讨论,这一组讨论的专题是:社会学教学和社会学研究的中国化。我作了大会发言,认为中国目前的社会学研究队伍空前壮大,按照

"先有后好"的思路，接下来的工作是如何提升研究的质量。和其他社会科学一样，目前我们存在的问题是：学术研究浮躁，虽然学者每年发表的文章数量和著作不少，但简单的重复性的劳动比较多。我们现在不要急着搞什么中国化，或是急于与西方的理论和研究传统划清界限。西方的社会学发展比较成熟，有许多值得我们学习的东西。目前最需要的是扎扎实实地研究，既要有经验的研究，更要有自己的理论。上海大学李友梅教授听了我们几位的发言，当即与我们约稿，要我和中山大学的王宁、沈阳师范大学的刘平把发言的观点整理成文，在《社会》杂志上发表，并嘱《社会》杂志编辑路英浩落实此事。我以《坚持学术规范提升研究水平》为题完成了此文，与王宁、刘平和路英浩的文章一起发表在《社会》2006 年第 6 期上。我在文章中强调："在重建和发展中国社会学的过程中，有必要学习和借鉴西方的社会学理论，与西方社会学家的最新研究成果对话。而在学习和借鉴西方社会学的研究成果，与西方社会学家的研究进行对话时，就必须坚持学术规范。学术研究是有规范的，这就像开车必须遵守交通规则一样。这些学术规范是西方社会科学的不同学科在几百年的发展中逐渐形成的，被世界各国的研究者所共同遵守的。虽然这些规范有些束手束脚，使大家写出来的文章都是差不多的格式，不能充分发挥个人的想象力和创造性，但是有了这些规范，不同学者的研究才可以进行比较和交流，才有利于学术研究的逐步积累，才可以避免简单的重复劳动，才可以使不同国度的学者就大家共同关心的研究课题进行交流和对话。"在主张与西方社会学对话的同时，我也强调要让中国的社会学家对社会学理论有所贡献，我们还要提出自己的理论，形成中国的社会学流派。学习和了解西方社会学理论固然重要，但我们不能仅仅停留在对西方社会学理论的介绍和评判上，也不能只是运用西方社会学的理论解释中国的社会现实，或是运用中国的研究数据验证西方学者提出的一些理论概念，而应该提出中国学者的社会学理论。在这方面我们需要更多的人投入更多的精力进行研究。

图 12.5　2006 年受聘担任教育部社会学专业教学指导委员会委员

　　2006 年秋季学期马上开始了。这学期我有两门课，一门是本科的社会调查方法，在星期三下午；另一门是研究生的政治社会学，在星期四下午。原打算在 9 月 26 日下午召开本学期的第一次教师会议，讨论教学工作，于是发短信给朱冬亮叫他退掉周二下午的机票，早上赶回厦门。但与张友琴联系，发现她周二下午有事，要到市里开会，已经答应人家了，所以只好改为晚上 7 点开。会上我说了两件事：一是本学年的工作要点，二是对提高教学质量的看法。接着张友琴也上台发言，周志家谈了本科教学的一些设想，童敏谈了台湾之行的一些感想。这次会议开得很成功，全系的教师都来了。我不想开太多的会，但每次开会，希望大家都能到齐。

9月23日晚上进行推免生的面试，共有7人面试，本校5个，外校2个。在面试之后，陆续还有一些学校的学生来联系，准备再面试一批，时间初步定在10月8日晚。

2007年6月15日至6月17日我参加华中师大中国农村问题研究中心为纪念村委会组织法颁布实施二十周年召开的"村民自治与新农村建设"国际学术研讨会。会议定于15日报到，16日和17日两天开会。这次参加会议的人不少，有从事村民自治实践的政府官员，也有研究村民自治的专家学者，与会者多达140人。会议议程是这样安排的，上午有两个单元：第一单元是"开幕式"，分别由主办单位华中师大、襄樊学院和鲁东大学的领导以及民政部的詹成付司长致辞；第二单元是"村民自治的进程与回顾"，由参与村民自治实践的官员和学者发言。下午只有一个单元——"村民自治的实践与创新"，发言的还是来自村民自治一线的官员。真正的学术交流是第二天的内容，即来自海内外20位学者的学术报告。由于大会没有分组设置，这就使得学者提交会议的论文不少，但主办者只能安排一些有重要影响的学者发言。我提交的论文是《农村基层政权内卷化与农民上访》，被安排在17日上午第二个发言。除了见到中国农村问题研究中心的徐勇和项继权、安徽社科院的辛秋水、澳大利亚的何包钢、中国香港的李芝兰、卡特中心的刘亚伟、民政部的詹成付等老朋友，还认识了美国的谭青山、国内浙大的郎友兴、韩国的赵寿星等。一些文章的研究成果很值得关注，例如何包钢在浙江进行的协商民主的实验、台湾地区学者葛传宇有关中国农村土地制度的讨论等。每次遇到海内外同行，他们都会提到我过去的一些研究文章和著作，我的规范化和定量研究得到了他们的充分肯定，这是我值得欣慰的。

我在《社会学研究》2007年第3期上发表的《农民上访与政治信任的流失》是影响比较大的一篇文章。在世纪之交的十多年时间里，信访总量不断上升，并在 2003 年遭遇了信访洪峰。随着信访人数的增加，有关信访制度的作用和改革引起了许多学者的关注，但是已有的研究更多是一些基于观察的对策研究，没有定量的数据做支撑。我的文章是基于大量问卷调查完成的，这次调查共分两部分。第一部分于 2003 年 11 月在寿宁县和泰顺县入户调查。这一部分的样本完全按照随机原则抽取，先从各县各抽取 5 个乡镇，再从各乡镇随机抽取 4 个行政村，每个行政村再随机抽取 20 户左右村民。此行共成功访问村民 812 人，其中在过去十多年中有过上访经历的村民 45 人，占总数的 5.5%。第二部分采用同样的问卷调查访问曾经有上访经历的农民，分别在 2004 年 1 月、2004 年 8—9 月和 2005 年 1 月通过厦门大学学生假期返乡之便进行调查。这一部分无法按随机原则抽样，范围遍及全国沿海和内陆不同省份，共成功访问上访者 205 人。一方面，政治信任对于政府的顺利运作和稳定都具有重大意义，因为它是"政治支持"的重要组成部分，并构成政治制度合法性的基础。数据分析的结果表明，农民上访的直接结果是造成了各级政府在农村的信任流失。对于包括市、县和乡在内的基层党委和政府来说，其信任度不仅普遍偏低，而且农民上访的级别每上升一个层次，他们对政府的信任就减少一个档次，即农民上访走访过的政府层级越高，对基层政府的信任度越低。另一方面，虽然到了市级以下政府的上访没有对高层政府的信任产生直接影响，但随着上访层次的提高，上访也对高层政府的信任产生了显著的负面影响，到过省级政府和北京的上访者，对中央和省级政府的信任度明显降低。实际上，到北京上访次数越多、逗留时间越长、走访部门越多，对中央的信任度越低。截至 2024 年 8 月 30 日这篇文章的被引次数已经达到了 741 次。

利用到长沙参加 2007 全国社会学年会的机会，我和系里的几位老师一起去了一趟张家界。7 月 17 日和系里的老师张友琴、张云武、朱冬亮、唐美玲、徐延辉以及她的女儿一行7人乘坐厦航班机于下午3点多抵达长沙。湖南师范大学的陈成文派了一辆面包车到机场接我们。我们先到长沙市区，而后经过4个多小时的行驶才于晚上8点多抵达张家界市。社会学年会在7月20日开始，这一年参加会议的人数又打破了历史纪录，达400多人。第一天是大会，先是开幕式，中国社科院、中国社会学会和湖南省的领导都上台讲了话，接下来是大会发言。第二天是分论坛讨论。举办的论坛多达17个，厦门大学社会学系主办了"新农村建设与城乡和谐发展"论坛。该论坛分为四个单元：第一单元为"失地农民与社会保障"，由我主持；第二单元为"乡村治理与基层政权建设"，由王卓主持；第三单元为"新农村建设不同模式"，由朱冬亮主持；第四单元为"城市化与城乡关系"，由钟涨宝主持。第三天上午是大会，各个论坛派代表上台交流各组讨论情况。最后大会给获得优秀论文奖的作者颁奖。本次年会提交会议的论文达500多篇，共评出优秀论文32篇。我们厦门大学6位老师中有4位老师的论文获得了一、二等奖，是所有与会单位中获奖论文数最多的；我主持的论坛虽然只收录了24篇文章，但也有5篇文章获奖，获奖比例之高也位居各论坛之首。

我是第一次到湖南，也是第一次到长沙。从长沙去张家界的路上地势平缓，只有一些不高的小丘陵。高速公路两边的民居都是砖瓦结构，有一定的样式，依山而建，相互之间保持一定的距离，很有特色，不像福建农村地区的农舍一座紧挨一座。7月20日晚上与中南大学的老师一起去观看演出，一张票价高达180元，按长沙的收入水平，应该是较高收入者才能出入这样的场所。7月21日晚上与同事一起在湘江边上漫步，看到江边有不少人，有的弹琴，有的唱歌，也有的散步乘凉。白天路过的时候，看到湘江水还是比较干净的，不像一些大城市的江水浑浊不堪。湘江的水也相当平缓，无波无浪，看来当年毛泽东写的"浪遏飞舟"是有点夸张了。会议在 7 月 22 日上午闭幕，当天下午会议主办单位组织与会者参观湖南省博物馆和岳麓书院。很想到"红太阳"升起的地方——韶山看一看，但这一次来去匆忙，只有等下一次了。

年会结束后，我便马不停蹄地在 7 月 22 日晚乘 8 点 20 分的航班从长沙飞往北京参加中国人民大学举办的"集体行为与社会运动研究课程班"的学习。飞机在 10 点抵达北京机场，等到达位于人大南路的金皖宾馆住下时，已经是晚上 11 点多了。参加本次课程班的大部分都是社会学及相关专业的博士生，也有部分教师，如我所认识的肖唐镖、王春光、刘春荣、樊平等人。应该说在 60 多个学员中我的年纪属于较大的，但面对新的东西我和大家的地位是一样的，都必须学习，何况这样的机会很难得。这次课程班请到了美国研究社会运动的顶级专家，如扎尔德和麦卡锡是资源动员理论的创始人，斯诺则是框架理论的提出者，而赵鼎新、苏阳都是在社会运动方面很有研究的年轻学者。

课程班的学员有北京的，也有外地的。外地的学员都住人大南路的金皖酒店，与人大仅一墙之隔。从宾馆沿人大南路往东走，到了中关村大街往北走就是人大东门，从这里往西走，是一片杂乱肮脏的街市，有各式各样的大排档，以及卖水果和各种小吃的摊点，还有一两家复印店。地上到处是垃圾和污水，发出阵阵刺鼻的气味。每天到位于人大西门的明德楼听课，都要加快脚步穿过这片街市。虽然北京的大街宽阔气派，但这样肮脏的小巷并不止这一处。这样的环境与举办奥运会的要求还是有很大的差距的。

课程班在 7 月 23 日上午开始，7 月 23 日人民大学社会学系在友谊宾馆宴请讲学的几位教授，把我也请去了。为纪念扎尔德和麦卡锡关于资源动员理论的文章发表 30 周年和斯诺关于框架理论的文章发表 21 周年，人民大学社会学系 7 月 27 日晚上 7 点在燕山大酒店举办了餐会，我作为学员代表发言。

7月28日我们与扎尔德等三位教授一起前往定州农村参观。定州原名定县，20世纪三四十年代李景汉先生曾在此做过社会调查。1985年我在南开大学读研期间曾到过那里。由于路上花的时间太多，我们在翟城村并没有待太长时间，只是在村部坐了一下，和村支书简单交谈几句，便赶紧往回走了。虽然20多年的时间过去了，但这里的变化并不大。定州城的面积虽然扩大了，但市区的面貌还是老样子。在翟城村看到了新建的村委会和会场，街道也铺了水泥。我们在村委会门口看到了一群老人在地上下棋。像中国其他村庄一样，年轻人都到城里打工去了，留守农村的都是老人。

2008年2月26日下午5点院里开教师大会，校领导过来宣布任命新的院领导班子，由我担任公共事务学院副院长。2月28日上午开院务会议，由我负责学术交流、办公室以及研究生事务。新接手的行政事务也不少。办公室开过一次会，制定了规章制度。接下来还打算建立全院教师的完整数据档案，让办公室人员更多完成表格的填写和公文的起草工作。研究生复试工作即将在下星期进行，相关事宜都要做好安排。

图12.6　2004年厦门大学社会学系教师合影

　　根据院务会的决定，人口所的李明欢、陈茗和郑启伍等 3 位教师合并到社会学系，参与社会学系的教学科研活动。上一学期学校也把校心理咨询室归入社会学系。2008 年 3 月 29 日我组织了一次全系教师集体活动：登东坪山。下午 2 点半，住在校内的教师到芙蓉隧道口集合，先沿着隧道走到学生公寓，再穿过一片菜地至文曾路与等候在那里的另一部分老师会合。大家沿文曾路走到东坪山，先在梅海岭泡茶歇息片刻，再登上山顶，而后到一家名叫顺天岩的餐厅品味农家菜。在等候吃饭的工夫里，有的教师就在山顶的空地上踢起了毽子，有的则动手帮助主人切菜备料，还有的利用这个时间饱览山顶的田园风光。等吃完晚饭，天色已暗。大家踏着夜色，沿着宽敞的盘山公路，一路说说笑笑，步行回家。

　　2009 年 1 月第二轮学科评估结果揭晓，厦门大学社会学在全国名列第八。社会学一级学科在全国高校中具有"博士一级"授权的单位共 5 个，本次参评 5 个；具有"博士点"授权的单位共 15 个，本次参评 13 个。还有 1 个具有"硕士一级"授权和 11 个具有"硕士点"授权的单位也参加了本次评估。参评高校共 30 所。此次评估第一名是中国人民大学，第二名是北京大学，南开大学、南京大学和中山大学并列第三名，第六名是清华大学，第七名是复旦大学，第八名是厦门大学。紧排在厦门大学之后的依次是吉林大学、华东师范大学、河海大学、华东理工大学和华中科技大学。

# 十三  情系母校

　　我们南开大学毕业的同学在 1996 年曾回母校聚会过一次。5 年之后，在几位热心同学的张罗下，2001 年我们又举办了毕业 15 周年的聚会。这次聚会的地点是北京昌平。我 7 月 12 日上午飞往北京，当天下午 2 点抵京，住马甸桥附近的辽宁饭店。7 月 13 日乘车前往昌平的忘忧山庄俱乐部。在国内的 30 位同学都到了，南开大学的几位老师也来了。7 月 13 日下午聚会，同学们一一上台介绍自己的情况。7 月 14 日下午安排踢足球。我在 7 月 15 日回北京城内，住闽西宾馆，7 月 16 日下午返厦。

　　在香港城市大学毕业 6 年之后，应城市大学应用社科学系陈国康教授的邀请，我在 2006 年 10 月到港访问一个星期。已经有几年没到城市大学了，记得上一次是 2003 年初，当时我到美国访问，路过城市大学做了短暂停留，只在这里吃了一顿晚饭。我是在 10 月 2 日上午 7 点从厦门飞深圳，而后又从深圳过罗湖海关来城市大学的。到城市大学差不多是下午 2 点了，根据陈国康给我信件的说明，沿着学校往北走，找到了新建的学生宿舍楼。陈国康给我订的是一套一房一厅的住房，有厨房和卫生间，生活设施齐全。这里的大部分房间是学生宿舍，只有部分套房给教工和来访学者住。肚子已经饿坏了，我跑到城市大学学生食堂点了份快餐。由于前一天晚上没睡好，早上又起得很早，困得很，我便赶回住处休息了两个小时。待精神有所恢复之后，我先给陈国康打电话，他今天有家庭聚会，要晚上才有时间来看我。我又给我的导师梁君国打电话，他不在办公室，我给他留了言。一时又没什么事，也很想看一看久违的维多利亚港湾，便提着相机到尖沙咀欣赏夜景去了。

6年之后，城市大学还是老样子，变化不大。系里教师有些变动，有的退休了，有的调走了，还有些新招来的。因为10月3日上午我要到陈国康的课上给本科生讲中国内地社会工作的历史与现状，所以我一早就到了系办公室，先后见到了梁君国、颜文雄、关锐煊、庄明莲、陈永泰等。我的讲座10点半开始，陈国康先用15分钟的时间给学生介绍社会工作的概念。我分三个问题讲中国的社会工作：一是历史，二是中断，三是重建与发展。讲完后学生还提了不少问题。午饭和梁君国、伍锡洪、郭键勋一起吃。

图 13.1　2007 年重访香港城市大学

10月4日上午，我拿发票给城市大学应用社会科学系的秘书Connie报销。应用社会科学系还给我安排了一间办公室。晚上梁君国老师请我到又一城一家很好的餐厅吃饭，从6点半吃到将近9点。我们谈了很多，从当时的同学王彤谈到谢文波，从城市大学的变化谈到厦门大学的发展，从孩子的学习谈到妻子的工作，从房价的上涨谈到汽车旅行。城市大学应用社会科学系新设了一个应用社会学的硕士课程，着重培养应用型的人才，其中统计和方法的课程占有很大比重。梁老师还有一个设想，联合大陆、香港和台湾的力量，推动应用社会学的职业化。也就是说，让应用社会学像社会工作一样也能成为一种职业。

香港回归了，不过给我"两制"的感觉是更明显一些。不说别的，单是打电话就很不方便。与国内随处都可以找到打长途电话的地方不一样，在城市大学唯一可以打长途的地方是自动投币电话。10月3日下午投了十几元硬币下去，话没讲完钱便没了。晚上又给家里打了一次电话，春霞不在家，是岳母接的电话。晚上我又用梁君国老师的手机给春霞打电话，办公室没人接，然后打电话到家里把这里的号码告诉儿子。在香港另一个不方便的地方是内地电器的插头与这里的插座对不上号，所以家里带来的手提电脑、手机充电器都无法用。为了解决这个问题，只好跑到学校附近的南山村买了一个插座转换头，这样晚上才可以用上电脑。南山村那里有一片政府的廉租屋，原来在港学习时我经常跑到那里买菜。这次我特意在那里停留了一下，六年前我经常买鱼的鱼摊还在，那个熟悉的鱼贩还在忙碌呢！

10月5日上午我到香港中文大学政治学系见了李连江。他原在香港浸会大学，不久前到香港中文大学政治学系任教，也是做中国农村政治研究的，成果不少，已经晋升教授职务。他送我一本他与欧博文新出的《中国农村的依法抗争》。因为城市大学应用社会科学系的教师请我吃午饭,我在12点半之前赶回了城市大学。下午2点半我在城市大学应用社会科学系的会议室给系里的教师和研究生作题为"农民上访与政府信任的流失"的学术报告。报告结束后陈国康带我和内地来的几个研究生到学术交流大楼喝咖啡。晚上陈国康又在家里请我吃饭。因为他同时担任舍监的职务,所以他住在学校,以便随时处理住校学生的一些事务。

10月6日上午我到甘炳光办公室,和他探讨如何派学生来港参观机构事宜。我想能否让厦门大学社工专业的本科生在假期来香港参观社工机构一个星期,并请香港城市大学的老师讲一两次课,以弥补内地社工训练实务方面的不足。如果陈国康帮助联系城市大学学生宿舍,一个学生只付每晚100元左右的住宿费,伙食费以每天50元计,外加往返大巴车费400元,如果学生在港待一个星期,每个学生需要不到1500元的费用。这个费用不算太高,一般学生应该能够负担得起,但甘炳光认为单是看一看机构没什么用,要让内地的学生来听一听这边的社工老师怎么上课,看一看老师怎么督导学生实习的。社工上课的方式与社会学是不一样的,有大量的课堂互动。但内地的教师只是照本宣科地讲一些纲条,自身没有社工的经验和实务,写的教材没有社工的味道,上的课也找不到社工的感觉。因此,更为重要的是让社工的老师能够有一些训练,多一些社工实务方面的经验。甘炳光表示,如果能够让社工教师来港待一个学期,去听一两门课,同时参与到社工的实习中去,看香港的教师如何给学生上课,如何督导实习,就会学到很多东西。这是一个很好的建议,应该想办法去弄一些经费资助社工的老师,让每个人都能到港待一个学期。甘炳光还说,目前香港理工大学办的社工硕士班虽然培养了不少内地的社工师资,但还是理论和讲课偏多，实务偏少。

12点多我从办公室出来，碰到两个城市大学应用社科系的老师，他们刚好也要去吃午饭，我就跟他们走了。城市大学有两个吃饭的地方，位于康乐楼五层的是一个很大的学生食堂，到那里吃饭的大部分是学生。康乐楼八楼是一家名为"城轩"的酒楼，应用社会科学系的教师通常都在这里点菜吃饭，实行AA制。我和两位老师来到城轩酒楼，已经有好几位老师坐在那里了。大家点了几个菜，一边喝茶一边聊天吃饭，这样的好处是可以增进教师之间的交流，不好的地方是这样下来，一餐饭都要吃一个小时，还好这里的教师中午都没有休息的习惯。下午我参观了城市大学的优质评估研究中心。这个中心成立于2000年，梁君国老师是主任，每年承接政府及商业部门的项目进行电话调查。我还仔细看了他们用来进行电话访问的软件。据梁老师介绍，他们每年可以赚100万，但聘用三个全职工作人员就要花掉90多万。不管怎样，有这样一个研究中心，可以加强城市大学应用社科系与政府相关部门的联系，提升城大的影响，同时也为学生学习提供了机会。

10月6日是中秋，晚上我在城市大学学生食堂吃完饭便独自去逛又一城了。本来约好10月7日中午见邓子强，但因为他身体不适，见面临时取消。我在城市大学食堂吃完饭后，12点由陈国康将我送到九龙塘火车站。当天过海关的人不多，比较顺利，下午1点我就出了罗湖海关来到深圳。本来想看看南开大学的校友周达，我给他打了几次电话，都关机，大概出国了。接着我又给深圳检察院的吴先寿打电话。他在家，我便叫了一辆出租车到他居住的梅林一村，和他商谈社会学系办培训班的事。晚上乘坐9点25分的航班回到厦门。

南开大学毕业的同学有相当一部分在高校任教，因此每年见面的机会就特别多了。周晓虹、张文宏、关信平、张静这几个是经常能见到的,一年要见好几次。一次学术会议通常就是我们班学界同学的一次小聚会。不过,大家更期待的是全班同学的聚会。时间过得飞快,转眼我们毕业已经 20 周年了。2006 年初就向关信平建议,这一年应该请同学们回南开大学聚一下,但迟迟不见动静。在 11 月底去北京的路上与周晓虹通电话,他说关信平准备在 12 月 17 日和 12 月 18 日搞一次聚会。后面又收到关信平的邮件和短信,说定在 12 月 17 日聚会。虽然这一段时间手上的事情不少,但毕业 20 周年的聚会是要参加的。12 月 17 日我和陆开锦一起从厦门飞往天津参加毕业 20 周年聚会。我们抵达南开大学时已经是下午 1 点多了。我们与先来的几个同学在宾馆的房间聊了一会,3 点多我们顶着刺骨的寒风一起走到周恩来政府学院的会议室与老师们见面。来的同学还有 8 位:南开大学的关信平和汪新建,天津社科院的唐忠新,北京的于显洋、谢志强和庞鸣,上海大学的张文宏,中山大学的刘林平,武汉大学的罗教讲,云南的钟元俊。科技部的王奋宇在晚饭开始后才来,万向东在我们开始聚会时他还在火车上。来的同学不齐,但原来社会学系的老师却陆续都来了:原来的系主任苏驼教授,原系办公室主任苏永和,还有曹靖、刘珺珺、侯均生、白红光等。同学们先后介绍了自己这些年来的工作和生活情况,老师们也分别讲了话。南开大学是国内最早重建社会学系的大学,苏驼老师在当年条件简陋和困难重重的情况下办起了社会学系。这些学生毕业后大部分留在高校任教,成为中国社会学很有影响的一支力量,许多人成为国内社会学界的著名学者。有人数了一下,目前担任社会学系主任最多的就是这个班的毕业学生,分别有南开大学、南京大学、浙江大学、武汉大学、上海大学、厦门大学。也许以后再找出一个出了这么多系主任的班是很困难的了。聚会第二天就结束了,大家又回到各自的岗位上忙去了。

从南开大学回来后连续开了几场会。我在12月21日到福州，参加12月22日在省金融学院由叶文振主持的女性发展论坛。12月21日晚我给犀溪的同学陈柏生打了电话，他和叶在宗到宾馆来看我，并在12月22日中午约了犀溪在福州工作的10多个老乡和老同学在体育中心旁边的黄岐酒店吃饭。来参加聚会的除陈柏生和叶在宗外，还有张乃炎、叶树福、缪寿华、吴文成、缪达英、富仲兴、周大和、叶少敏。12月22日下午赶回厦门，12月23日参加在集美大学举办的社区建设论坛。12月24日上午在公共事务学院主持召开福建省社科界年会的分论坛——"农村发展"论坛，这个论坛由福建省社会学会承办。

2016年4月14日下午我乘飞机到北京参加在中国社科院社会学研究所召开的大百科全书社会学卷编委会议，4月15日开了一天的会议，下午6点55分从北京南站乘高铁至天津西，回南开大学。因为是周末，从北京到天津的人很多，火车很拥挤。我先乘地铁到吴家窑站，南开大学宣朝庆开车接我到南开校内的明珠楼住下。晚上与汪新建等南开大学老师吃饭。4月15日上午在宣朝庆、汪新建的陪同下逛南开校园。故地重游，甚是亲切。下午在白红光的陪同下前往探视88岁高龄的苏驼老师。之后宣朝庆、汪新建一起带我驱车前往津南的南开大学新校区。南开大学新校区位于天津市津南区海河之畔的海河教育园内，占地250公顷，校园以南北和东西向轴线为划分界限，共享建筑图书馆、本科生教学楼、实验楼依次坐落在南北轴线上。文科、理科、新兴学科组团错落分布在轴线四周。南开大学新校区整体以砖红色为主色调，自东向西的色彩也由浓郁转为轻快，建筑由复原古建筑逐渐过渡到时尚新颖的现代建筑。晚上7点在周恩来政府学院的"周恩来论坛"

上给学生们作了题为"媒介使用与中国城乡居民的政府信任"的演讲。

图 13.2　2016 年在南开大学"周恩来论坛"上发表演讲

　　现在好像都流行逢十举办同学聚会。有了微信，年久失联的同学也联系上了。不过，时间过得却是越来越快了。南开大学同学的20年聚会好像才过去没多久，马上又到了毕业30周年聚会的时间了。2016 年 9 月 16 日上午，我乘坐 7 点多的山东航空班机到天津参加同学聚会。台风莫兰迪前几天在厦门登陆，重创厦门，校园的许多大树都被吹倒了，我家里的地板也被倒灌进来的雨水浸泡了，厦门大部分区域都停电了。与我同行的有陈晓虹同学，她在深圳工作，但家安在厦门。中午我们抵达南开大学老校区的明珠园，下午与老师和同学们座谈，晚上一起吃饭。这次参加聚会的同学只有 15 位。其他同学打算在第二天上午继续参观新校区，因为前不久刚到过新校区，我就把

原定 9 月 17 日晚上的航班改签为当天上午 10 点 20 分的航班。下午
1 点多抵厦，泽浩这一段时间刚好在家，他开车去接我，我们一起去
了一趟集美。我当天下午把集美花园被风吹倒的树木扶起来。晚上回
上李，电力供应还没有恢复正常。

　　香港城市大学读博的同学不多，自然也就没有回校同学聚会
的活动了，但我总想找机会回城市大学看看。自 2006 年回到城市
大学之后，又过去 10 年时间了。在香港城市大学应用社会科学系李
紫媚教授的安排下，我于 2016 年 3 月 15 日访问香港。上午 10 点从
厦门乘飞机直达香港机场，李紫媚的助理到机场接我，而后一起乘
坐地铁到香港城市大学，入住马会楼的学术交流中心。我在香港学
习时住过的宿舍就在学术交流中心旁边。这是三室一厅的房子，我
住的房间内有两张单人床。厅里有沙发、电视、餐桌，还有一个厨
房，可以做饭。中午与李紫媚在城市大学八楼的教师餐厅吃饭，饭
后到应用社会科学系报到。系里给我安排了一个座位。晚上藏小伟
请我到尖沙咀吃饭。小伟是厦大历史系毕业的，在美国取得了社会
学博士学位，先后在中国香港地区、英国多地任教，现担任城市大
学社会科学院的院长。3 月 18 日上午我先到研究生院商谈城市大
学与厦门大学联合培养博士一事。城市大学为了扩大招生规模，想
和厦门大学联合培养博士研究生。接着我把一本《社会资本与地方
治理》送给城市大学图书馆。下午 2 点在城大应用社会科学系给师
生作演讲"政治效能感、政治参与和中国人对警察的信任"。演讲
开始之前由应用社会科学系廖淑珍教授给我颁发 2014 年度杰出校
友奖。晚上与李连江一起在又一城吃饭，并逛了商店。19 日上午在
香港的寿宁老乡郭颖送我到机场。下午 2 点多抵达厦门，去了一趟
集美。

图 13.3　2016 年获颁香港城市大学杰出校友奖

　　2015 年 7 月 9 日武汉大学召开大数据与社会治理研讨会，这次会议由武汉大学社会学系主办，具体筹办这次会议的是南开大学同学罗教讲。他借这次会议的机会，把南开大学的一些同学也邀请过来参加此次会议，算是我们班同学的一次小聚会。参加这次聚会的有卢朝峰、冯钢、于显洋、陈晓虹、张文宏、邓子强、关信平、方宏进、李文、刘林平等。7 月 8 日晚上我前往武汉，7 月 9 日参加会议，7 月 10 日上午回厦。

　　南开大学的同学因为多在高校工作，经常可以见面，但宁德师专的同学则很少见到。虽然这些同学多在本省，且大部分在宁德市工作，但因为相当一部分是在中学任教，平常出来开会的机会不多，自然也就不容易见面了。虽然我从厦门回寿宁也要路经宁德，但也没回宁德师专去看一看。2013 年 7 月 1 日，我带领 15 个学生到罗源县做问卷调查。7 月 3 日上午与林强一起先到飞竹乡看望调查第二组的同学，下午到畲族聚居的霍口乡看望第一组同学，吃完晚饭后回县城。宁德师专的同学尤宁建从连江过来看我，也一起到乡下走了一趟。这是毕业33年之后头一回见到他。当时我们读师专的时候，罗源县和连江县都属于宁德地区，所以我们班有好几个同学是来自罗源和连江的。后来由于行政区划的变动，这两个县划归福州了。7月4日下午我又从罗源开车到福安，准备与福安和霞浦的同学聚一下。福安的刘晓明、阮培生和陈文利来了，魏大清、王宇飞、康仲平、罗绍彪几位同学也专程从霞浦赶到福安。阮培生、陈文利两位同学毕业以后就没有见过面，转眼三十多年过去了，时间过得太快了。

2018年3月30日，厦门大学党校安排部分教师到宁德党校学习，同时参观寿宁下党和福鼎赤溪等地。我在当天和其他老师一起乘动车到宁德，下榻中共宁德市委党校，当天晚上到宁德师范学院为师生作了一场题为"我的求学与治学之路"的讲演，听课的是马克思主义学院的全体师生以及青马班第七期的全体学员。2010年宁德师专升为宁德师范学院，当初我们就读的政教科如今也变成了马克思主义学院。学校搬到了东侨新校区，占地面积达66.67公顷，校舍也建得美轮美奂。

应母校宁德师范学院的邀请，我在2018年7月回宁德参加该校60周年校庆。7月17日下午乘坐3点多的动车，5点多抵达宁德，我的学生林锦屏现在是宁德师范学院马克思主义学院的教师，接我到世鸿大酒店住下。在酒店遇到了陈健，晚饭后与陈健去散步，并去看望了参加校庆的陈增光副主席和省教育厅的叶灵处长。7月18日上午到宁德师范学院体育馆参加校庆大会，见到了福安市委叶其发书记。下午在马克思主义学院参加座谈会，并应聘该院兼职教授。下午5点17分乘动车回厦门。

在缪绍零等多位同学的倡议下，经过一段时间的筹备，原宁德师范专科学校78级政教班的同学终于在2019年5月在福州聚会了一次。原想回宁德聚会，但后来考虑到便利及其他因素，把聚会地点定在了福州。由我这位班上的小弟弟负责预订聚会宾馆和安排相关事宜。我在7月18日上午乘坐9点的动车到福州，入住山水大酒店。中午与缪绍零、刘可青以及霞浦的几位同学一起吃饭。下午4点，同学们陆续到来，我们在山水大酒店的316包厢聚会。此次参加聚会的同学有23位，有好几位毕业39年后才第一次相见。晚饭后大家继续聊天，部分同学一起游览附近的三坊七巷。7月19日早饭后大家一起步行到西湖公园，在那里游玩照相。中午回到山水大酒店用餐，饭后大家陆续离去。

# 十四　乡村调查

　　虽然我拥有社会学专业的硕士学位和博士学位，好像是科班出身，但实际上我的研究方法训练是欠缺的。在南开大学读书时社会学刚刚恢复重建，没有系统地上研究方法课。在香港读博的城市大学是按英国的模式进行的，也没有修读研究方法方面的课程。只是在回到厦门大学之后，帮边燕杰在厦门市收集了 600 份问卷数据，才在摸索中自学了统计分析方法，完成了第一篇定量研究的论文。不过，在第一篇定量研究的论文发表之后，我更多的是做定量的研究。而且因为我是来自农村，博士论文写的又是农村，之后的研究兴趣也多在农村，因此多次组织学生到农村调查，先是在福建的寿宁调查，后又扩展到浙江、江西，还到过江苏的太仓。

　　2001 年 4 月底获得消息，我申请的国家社科基金项目"村委会选举与农村社区的社会资本重建"中标了。这是值得庆贺的事！这是我第一次获得国家社科基金资助，当然不是我第一次递交课题申请。在当时，申请国家社科基金难度很大，对于单位没有评委的年轻学者来说更是如此。有了这个课题的资助，我打算在寿宁和厦门两个地方调查收集资料。为完成课题抽样，2001 年 8 月份回了一趟寿宁。我在 8 月 16 日离厦乘车先到福州，入住长途汽车站对面的尤溪酒店。
我下午先去省民政厅林跃强处长那里要了一份 2000 年村委会换届选
举的总结，但相关的统计资料没有拿到。晚上 7 点多到温泉大饭店
吃自助餐，老同学叶少敏请客。饭后到五一广场走了走。8 月 17 日
7 点多就起床了，但从南站开往寿宁的班车每天只有一班，已在 6 点
半开走了。我只好爬上了开往福安的中巴，于中午 12 点抵达福安。
在车站旁的小店吃了碗面条，我又踏上了开往寿宁的巴士。车已坐得
很满，只剩最后一排位置。虽有空调，但还是很热。车子在下午 3 点
抵达寿宁城关，我在寿宁宾馆住下，接着我就直奔县民政局。县民政
局位于寿宁宾馆大门的左侧，依山而建，一层是店面。从民政大楼旁
边的石阶上去，来到三楼民政局办公室。办公室的人听说我是厦门大
学来的，十分热情，马上打电话叫魏锦发局长过来。魏局长来了，他
带我到他办公室坐下，一边忙着擦去办公桌上厚厚的灰尘。我说明来
意，想要去年全县村委会换届选举的数据，他又帮我叫来了基层政权
建设科的王光玉。虽是上班时间，她已先回家了。王科长来后，把
去年选举的统计表给我，说数字不准确。我把表格拿到街上复印了一
份，然后回宾馆休息。晚上魏局长请我在民政局楼下的酒家吃饭。寿
宁有十多个乡镇，我要从中抽取 5 个乡镇调查，因此需要各乡镇经济
数据，以作为抽样的依据。晚饭后我给叶兴荣同学打了电话，他过来
后就帮我找各乡镇人均收入的数据。先问县统计局要，统计局局长说
这些数据只有经管站才有。于是兴荣又打电话找经管站的叶自华，他
是犀溪人。

　　8 月 18 日上午叶自华抱着一大堆统计表格过来了，我和叶兴荣
一起把这些资料拿到街上复印了一部分。本想当天就去大安乡，但一
直联系不到在那里担任乡书记的缪存万，他是我中学的同学。后来通
过中学同学胡友根找到了缪存万，原来他忙着帮缪益辉同学搬家。缪

存万带着他哥哥缪存根、叶恩须等人来见我。叶恩须的儿子刚考上厦门大学。下午本想到城关镇抄选民名单，但找不到人。兴荣和城关镇的一位干部领我去城关镇的鳌东村抄了选民名单。晚上缪存根请我吃饭，叶恩须、蓝玉夫妇也来了。晚饭后回到宾馆，缪存万叫来了叶振平、缪仕栋、缪启春、缪少华、缪仕惠等同学，在宾馆坐了一会儿。8月19日上午缪存万送我到大安乡，缪启春、缪仕栋同学也去了。中午我在大安乡政府吃饭，饭后回城关。下午在房间里抄了各乡和村的人均收入数据，而后抽空去看望住在城关的姨妈。晚上缪仕栋同学请客，几位在县城的老同学聚了一下，饭后大家又到叶树端同学家里坐了一会儿。

8月20日上午我先到城关镇抄了三个村的选民名单，中午乘车回到犀溪乡政府，在民政办抄了四个村的选民名单。晚饭在乡政府吃，饭后回库坑村。8月21日早上我从库坑到犀溪，11点多乘坐从泰顺开往福安的巴士于12点抵达竹管垅乡。竹管垅乡的朱冬洋、黄亦康、卓司平等几个领导已经在那里等候多时了。吃完午饭后他们到城关开会，我在办公室抄选民名单。抄完名单后他们用车送我到武曲镇，接着在武曲抄选民名单。晚上镇人大的胡仕长和民政办主任陪我一起在食堂吃饭。晚饭后镇政府秘书领我到街对面的招待所住下。这是一座三层高的砖木结构的楼房，据说原来是电影院，已有20多年的历史，一二层现改为老人活动场所，三层为招待所。从破旧的楼梯走上去，感到脚下在摇动。招待所没地方洗澡，只好到街上一家私人开的澡堂洗澡。武曲的天气很热，还好我房间有空调。

这次回寿宁，乡镇干部谈得最多的是乡镇财政问题。这些年香菇价格下滑，税源枯竭，许多乡镇长都为钱发愁。许多乡干部也谈到乡镇工作难做，现在不能像过去一样使用强制手段，"依法行政"还是有一定效果的。

188

图 14.1　2001 年带领学生在寿宁农村调查

　　8 月 22 日上午我从武曲到宁德，而后又从宁德乘车到古田。我的这次研究并没有打算选古田县为调查点，哈佛大学的蔡晓莉想到古田调查，我过来帮她了解一下基本情况。下午 3 点抵达古田县城后，我先在宾馆住下，接着去县民政局要了一些资料。晚上与宁德师专的同学林晓青、姚鸿峰一起吃饭。

　　完成寿宁的抽样任务之后，9 月开始厦门的抽样。9 月 24 日下午 4 点我到禾山镇民政办找到刘天赏，他说民政办没有各村选民的名单。我便到五楼找镇人大。人大主席不在，一位姓方的女同志在值班。我打电话让黄国彬与她打一声招呼，我抄了后埔、后坑、高林和蔡塘四个村的选民名单。

　　岛内只有一个镇，我还要再到同安选 4 个乡镇。9 月 25 日我去同安抽样。上午 7 点半乘出租车到同安城关，然后由同安党校的沈丽英和她先生一起带我到马巷镇，由镇党委组织委员根据我的要求安排 4 个人，在 4 个村的选民中进行抽样，抄下我需要的选民名单。然后我们驱车到大嶝镇，洪龙泉书记当场打电话叫派出所从 4 个村中各抽 30 户名单送过来。中午我们在马巷吃饭，饭后又赶到内厝镇，在那里抽了 4 个村的样本，然后又到西部的莲花镇，在这里也是通过派出所抽取选民名单。

在我完成了抽样任务之后，问卷也打印好了，接下来是先到寿宁进行问卷调查。10 月 14 日，我率领 19 个本科生和 2 个研究生，还有蔡晓莉和张文霞，一起乘坐大巴离厦去寿宁。由于乘坐的大巴在路上不时停车招客，车在晚上 9 点才抵达寿宁城关。19 个本科生全部住进稽征公寓，其他 5 人住兰天宾馆。10 月 15 日我先带 13 个学生到鳌阳镇，分 4 组由村干部带下去调查。随即我又在城关镇联系另外 4 个小组的下乡事宜：吕辉二人去大安，连一民二人去南阳，马荣去托溪，苏佩由去平溪。10 月 15 日晚上在中学同学孙时明家吃饭。10 月 16 日上午经叶恩须介绍，到县政府找叶允梅调研员，请她分别给下面的乡镇打招呼。10 月 17 日中午我与洪真裁等到他们所调查的村书记家里吃饭，下午带蔡晓莉去县民政局做访谈。村级调查的学生中，吕辉和李志鸿已在 10 月 16 日完成大安乡的调查任务，10 月 17 日前往武曲，蔡玉玲也刚好到达犀溪，连一民完成南阳院洋村的调查后到达犀溪。马荣那一组在完成托溪的调查之后到达城关，后又去了凤阳。平溪组在 10 月 16 日前往下党乡。

10 月 18 日我把 12 个学生安排到大安乡调查。方舟乐组从车站坐车到大安的后西溪村，洪真裁等 6 人由法院的吉普车载到洋洋和村头两个村，缪存万开车送李一君组到红场村，我也随车到红场。在吃完午饭后回到大安乡政府，晚上就住在乡政府。10 月 19 日方舟乐组完成了在大安乡后西溪村的调查，与我一同坐缪存万的车回到城关。李一君组在完成红场村的调查后也自己乘车到城关车站，而后我们一起乘车到犀溪。方舟乐组先在仙峰下车，我们接着乘车到犀溪村，在乡政府门前下车。因为是周末，虽然下班时间未到，但人都走光了。我们先在一家饭店吃了晚饭，而后与胡树方同学一起散步到西浦，先后在缪锦梦、缪存锦老师家里坐了一下。晚上两个女生住乡政府，我和颜志嘉住叶于邦家。10月20日上午先送李一君组到际坑村调查。洪真裁等6人在完成大安乡泮洋村的调查后于10月20日上午经城关到达犀溪。中午在乡政府吃过饭后，他们便分头下去调查。洪真裁组在犀溪村，甘琼芳组去西浦。10月20日晚洪真裁、林峰和甘琼芳住叶于斌家，另3位女生住乡政府。10月21日在乡政府访谈了西浦村的缪成岗，他反映该村的一些情况，并谈到以缪德庭为首的村民代表会议今年三次否决村委会的决定。10月21日下午仙峰和际坑组的同学先后返回犀溪，因乡政府未安排其他6位同学的晚饭，我便把他们叫到西浦用餐。晚上学生分别住叶于斌、叶俊森和缪其妙家里。这次调查中最大的问题是学生住宿的安排。县城里有宾馆和招待所，但乡镇和村庄就找不到招待所了，只好在农民家里借宿。农民对大学生的到来都很热情，许多受访者在访谈结束后要留学生吃饭。但是乡下的卫生条件比较差，调查的学生通常好几天都不能洗澡。让许多学生尴尬的是上厕所，村民家里一般都是旱厕，在一个大木桶上架几块板就是厕所。在完成了犀溪乡的问卷调查之后，我在10月22日上午9点多带着13个学生挤上了从泰顺开往福安的班车，上午10点多抵达竹管垅乡。吃完午饭后，在乡干部的配合下我将学生安排入村：洪真裁组去傍洋村，陈琼组去后洋村，方舟乐组去坑底林村，李一君组在竹管垅村。这里没有招待所，到了晚上，又要找各种方式安排住宿。10月22日晚我就住乡财政所魏麟家里，财政所一楼一个房间安排2个男生住下。二楼一个房间里有一张双人床和一张单人床，把这两张床拼在一起，住4个女生。10月23日下午洪真裁组和陈琼组回到竹管垅，晚上安排他们住在乡政府对面的一家客栈。

　　下一站是武曲镇。武曲镇位于寿宁县东南部，辖 12 个行政村。此次调查抽中的 4 个行政村是大韩村、西塘村、承天村和武曲村。曾经名闻全国的"红色少年"张高谦就是大韩村人。10 月 24 日上午包了一辆中巴从竹管垅乡开往武曲镇。李一君组调查大韩村，先在半路下车，陈琼组在西塘下车，方舟乐组调查承天村，洪真裁组调查武曲村。除李一君组外，其他组都要回到镇里住。在武曲的调查很顺利，到 10 月 25 日下午有些组的学生便陆续完成了调查任务返回。本想等10 月 26 日再走，但一些同学急着回校，我与福安车站联系之后，他们派来了两辆面包车，把学生从武曲载到福安车站。所有学生在当晚乘坐从福安开往厦门的大巴，于次日凌晨抵厦。我跟着这辆大巴先到福州住了一晚，10 月 26 日返厦。

　　厦门同安的调查于 10 月 29 日开始。我在 10 月 29 日带领 19 个参加调查的学生，先乘车到同安车站，然后把他们分成 4 组，每个组负责调查一个乡镇：李一君组前往大嶝，方舟乐组前往莲花，洪真裁组到马巷，陈琼组到内厝。大嶝组赶上当地村民过封建日，找不到人，进展十分缓慢。各组学生在 11 月 2 日陆续完成问卷调查返校。紧接着在 11 月 5 日开始岛内禾山镇的调查。李一君组到高林村，洪真裁组到后坑村，方舟乐组到蔡塘村，陈琼组到后埔村。除方舟乐组在村里过夜外，其他组都在当天顺利完成任务返校。

　　问卷的录入在 11 月 8 日开始。我在家里先用 EPI6 软件编好程序，但软件在系里的机子上不能用，所以只好改用 SPSS 软件录入。最初安排李一君、杨红梅、甘琼芳、蔡玉玲和洪真裁 5 人录入，每人 160份。但因为问卷长，一个人录入这么多问卷工作量大，所以又安排了5 位没有考研的学生加入数据录入的队伍。为了加快进度，最后把所有考研的学生也都叫来参加录入工作。

　　2003 年 11 月我又再次带领学生到寿宁和泰顺调查。11 月 11 日带领 16 个学生从厦门出发乘大巴去寿宁，下午 4 点抵达。在调查之前，我打电话给寿宁县的龚岩斌副县长，由他出面与调查的乡镇联系。在龚岩斌副县长的安排下，我们住进了五湖公寓。晚上龚副县长在寿宁宾馆宴请我们的大队人马，并同时请 5 个乡镇的副乡长与我们一起吃饭：鳌阳镇陈林福、大安乡刘新秀、竹管垅乡陈加文、武曲镇龚国光、犀溪乡黄阿云，他们所在的乡镇是我们打算前往调查的。与上一次调查把学生分派到各个乡镇的做法不同，这一次是所有的学生都集中在一个乡镇调查，待做完一个乡镇后再转移到下一个乡镇。11 月 12 日全部学生分 4 个组开始在鳌阳镇调查，连续调查了两天。在完成任务后，11 月 14 日上午又到大安乡调查。先乘坐公交车到乡政府，而后由乡政府派吉普车分两车送到 4 个行政村。在学生入村调查后，我就在乡政府与乡干部们聊天。

大安乡的调查 11 月 15 日结束，陈冬雪和肖岚岚带的两个小组先回到城关，下午把他们送到竹管垅乡。另外两个组较迟回到城关，先在蓝天宾馆住下，次日一早赶到竹管垅。虽然是星期日，但因乡里开党代会，所以还有人在。在竹管垅住了一个晚上，11 月 17 日上午先有 3 个小组去了武曲镇，下午我与另一个组一起去武曲。11 月 18 日下午我们分乘 3 辆小车到犀溪乡，住廊桥旅社。11 月 19 日学生分 4 组下村调查，我去山后村看选举，并带上王小强去访问黄吉荣。

完成了寿宁的问卷调查之后，11 月 20 日上午前往泰顺县城关，我和学生分乘 3 辆车，一辆由黄而峰从泰顺派过来，一辆是犀溪乡政府的车，还有一辆是犀溪乡派出所的车。学生们在泰顺的金都宾馆住下。下午黄顶玲带我到泰顺县政府联系学生入村调查事宜，县政府办开了一张证明，要求各乡镇配合调查，接着又去找罗阳镇政府。晚上泰顺县政府工作人员在泰顺宾馆请学生们吃饭。11 月 21 日学生们开始在罗阳镇的 4 个行政村调查。泰顺县电视台的陶云冰来采访，我们一起来到白溪的三条龙村。11 月 22 日学生们乘公交车到筱村镇，家旺开车送我下去，先去找徐岙村的主任，再由他联系其他 4 个村。筱村的调查于 11 月 23 日完成，吃完午饭即乘车到泗溪镇。我们先在福林饭店住下，而后带学生参观廊桥，晚上休息。11 月 24 日开始联系工作，因家旺熟悉的副书记不在乡里，所以只好找办公室。11 月 25 日起床后前往泰顺县的第 4 个乡镇：雅阳镇。我们先到镇政府，把东西放在会议室。在镇政府见到了龚百晓书记，他吩咐办公室与相关村干部联系。学生入户调查，我则四处找住的地方。中午学生回来吃饭，我便带学生到氡泉宾馆住下。11 月 26 日前往三魁镇，在镇政府遇到了分管农业的董谨双副镇长。他非常热情，对调查做了周密的安排，并带我们到一家旅馆住下。三魁镇的调查在一天完成，原想乘车从寿宁回厦，但董谨双建议从福鼎走，并叫他的朋友把我放在泰顺县城的问卷带到三魁。11 月 27 日上午 8 点我们从三魁出发，坐车到福鼎的秦屿，而后乘坐开往厦门的大巴，当天下午回校。

图 14.2 2006 年暑假在福建南平农村调查

在时隔四年之后，2007年我又一次组织学生进行四个县的大型问卷调查。这四个县是福建武平县和东山县、浙江的永嘉县和江西的上饶县。每个县抽取5个乡镇，每个乡镇调查4个行政村，每个村调查20户村民，总样本量1600份。此次问卷调查与本科生的毕业实习相结合，参与课题调查的本科生共30人，另有研究生2人参与，分成两个大组，每个大组16人。第一组的成员是：李公明、邓嘉、林丽莎、林天真、刘一鸣、沈虹、范北平、孙瑜、朱秀莲、薛光耀、张陈津、陈晓云、李静雅、舒洪、李健、姚少志。第二组的成员是：陈姗、李志鹏、熊颖、索朗达瓦、贾黎、孙抒彦、孙力军、汤晶晶、唐奕、黎泌文、项培培、叶娜、卢鹏宗、邹尚君、李静雅、包銮。把手上的事情稍作安排，3月11日便带领第一组的16个同学到武平调查了。前一天到湖滨南路汽车站为12个学生买了车票，他们3月11日早上8点20分出发，于下午1点多先行到达武平县城。我自己开车带着另外4个学生9点从厦门出发，到下午3点多才到达武平县城。来武平调查是与谢细忠县长联系好了的，他因为出差在福州，所以交代政府办公室的刘荣添主任和黄文明副主任接待我们。他们安排我们在邮政宾馆住下，晚上请我们在邮政宾馆三楼的餐厅吃饭。主人十分热情，当地的灵芝酒后劲很足，好几个学生都喝多了。晚上8点半我把学生们集中到我的房间开会，布置第二天的工作。16个学生分成4个小组：第一组沈虹、孙瑜、舒洪、薛光耀；第二组李静雅、陈晓云、邓嘉、林天真；第三组朱秀莲、刘一鸣、姚少志、范北平；第四组林丽莎、张陈津、李公明、李健。根据刘主任的建议，我们选了城厢、万安、东留、中赤和什方5个乡镇。按原来设想，每个乡调查4个行政村，16个学生都一起到每个乡，到乡之后再分4个小组进村，一个乡调查完之后再到另一个乡。但是，刘主任说16个学生一起到一个乡镇安排住宿有困难，所以还是分开下去比较好。既然这样，16 个学生第二天就一起先到城厢镇调查，而后再分 4 个小组分赴余下的 4 个乡镇，到时我再分别到这 4 个乡镇走一走。据刘主任说，这里农民的生活还可以，像其他地方一样，主要的问题是医疗和教育费用太贵。他原来是中学教师，他说如果继续待在学校的话，工资要比现在高。不过，作为政府官员，也有不少好处和资源，而且认识的人多，许多官员都有门路投资实业，实际收入并不低。

第一天的调查很顺利。3 月 12 日早上 8 点钟吃饭，饭后大家先到城厢镇政府，而后分头由包村干部带入村。我开车把张陈津一组送到村里后便返回邮政宾馆，中午城厢乡的乡长钟发贵请我吃饭，我便把王彪阳的姐夫林德昌叫过来作陪。下午林德昌领着我到东留镇桂坑村王彪阳家走了一趟，晚上我在林德昌家吃饭。在完成城厢乡的调查后，学生们陆续返回住处。晚上我把学生集中在一起，交流当天调查的情况和心得，第二天准备分 4 组下到乡里。

在完成城厢乡的调查任务之后，4 个小组的学生分赴万安乡、东留乡、中赤乡和什方镇。我跟随二组同学来到东留乡，并到农户家里走了走。13 日下午我在客栈里校对《农民上访与政府信任的流失》一文的参考文献，《社会学研究》拟在 2007 年第 3 期发表。3 月 14 日上午在东留乡一位乡干部的陪同下我把第二组学生送到大阳村，而后便开车到万安乡，准备看望另一组的学生。在与乡长和书记说话时，刚好谢县长打来电话，要来陪我吃午饭。午饭后去看了正在万安乡上镇村调查的学生，接着一路开车到中赤乡。中赤乡离县城较远，不宽的水泥路弯道很多，车一路开得很慢。在快到中赤乡时，我给这一组的学生发了短信，他们说在壮畲村调查，我在路边正好见到了这组的两位男生。他们比较早就出来了，调查进展顺利，已经完成了这个村的调查任务。我和 4 个学生一起到中赤乡政府坐了一会儿，并到他们住的地方看了看。学生们说在这里比在厦门做调查有意思多了，村民很热情，有的拿出家里的好东西招待他们，有的要留他们吃饭，有的说什么也不收我们给他们的误工费。乡里的秘书要我留下来吃晚饭，但考虑到回去的路弯道较多，晚上不好走，所以就趁天没黑回来了。中赤乡和什方镇在同一方向，顺路来到了什方镇，几个学生也调查回来了，晚上就住在什方镇政府的招待所。

图 14.3　2007 年带领学生在武平县调查

　　3 月 15 日上午我从什方镇返回县城，下午与林德昌一起看了东留乡的花圃。在农村调查，一个突出的问题是环境脏乱。即使是乡镇所在地也可以看到垃圾乱倒、东西随意摆放的现象。在东留乡，一条小河从大明村的中心流过，如果整理好一点，这里一定是一个美丽的山村，但我们在溪的两岸看到的是一堆堆随意乱倒的垃圾。由武平通往江西会昌的公路穿村而过，公路也就成了村中的主要街道，公路两旁商铺林立，但街道上却到处是污泥和随处摆放的货摊和杂物。什方镇是我们调查的 5 个乡镇中人口最多也是最为繁华的一个乡镇，晚饭后在街道上漫步，我们才发现这里的街道虽然都装有路灯，但年久失修而成了"聋子的耳朵"。与当地干部的交谈中了解到，现在乡一级政府都有招商引资的任务，他们的主要精力都在这上面。

3 月 16 日上午在林德昌的陪同下，沿着弯弯曲曲的山路，我开车到东留镇的龙溪村走了一趟。那里是林德昌的家乡，一个与江西交界的边远小山村。中午在村里吃饭，林德昌把村书记、主任和小学校长都叫来了，这些都是他的好朋友。回到东留乡的大明村已是下午 3 点多，我先给县政府办公室的黄文明副主任去电话，让他派车去把中赤乡的那一组学生接回来。待东留乡这一组的调查结束后，我把他们接回县城，安排在西苑旅社住下，并在对面为另外两组学生预订了 4 个房间，接着又赶到车站买了第二天上午 8 点 15 分回厦的车票。什方组的学生快到车站了，我又赶到车站去接他们，然后又分两次把在旅社的学生载到唐香楼，谢县长晚上在那里请全体学生吃饭。

在完成了第一站的调查之后，第二站浙江永嘉县的调查在 2007 年 4 月 5 日开始。2003 级学生汤晶晶的父亲是当地旅游局负责人，可以帮助我们联系调查的乡镇，这是确定这里为调查点的原因之一。晶晶春节回家后就一直在家里等我们过来，但因为从武平调查回来后一是参加市政协会议，二是忙于博士和硕士的复试，所以推迟至 4 月 5 日才带着 14 个学生过来。原定这一组的学生也是 16 人，但个别学生临阵退缩，最后只剩 15 人。从厦门过来的 14 位学生分两路走，10 人在早上 7 点 40 分到校门口乘坐大巴，到达温州后由晶晶带人过去接他们。另外 4 位学生坐我的车 8 点从学校出发，大概花了 7 个多小时，于下午 4 点抵达永嘉县城。这是我第一次开这么长时间的车。一路上下着淅淅沥沥的春雨，青山绿水在雨雾中犹如一幅幅多姿多彩的水墨画。我全神贯注开车，没有时间欣赏沿途的美景。一路上还算顺利，当车到达温州梅岙的出口时，汤局长派他的侄儿过来接我们。

图 14.4　2007 年带领学生到浙江永嘉农村调查

抵达永嘉县城后，我们在一家叫万事顺的宾馆住下。晚上汤局长在永嘉宾馆请全体学生吃饭，除晶晶妈妈外，她小学时的两位老师也过来一起吃饭。晚饭后我召集全体学生布置第二天的任务，第一小组成员为汤晶晶、黎泌文、项培培，到上塘镇调查；第二小组叶娜、孙抒燕、饶超平，去瓯北镇调查；第三小组尹可、索良达瓦、包鸾，到岩头镇调查；第四小组唐奕、陈姗、邹尚君，去渠口乡调查；第五小组张文瑞、李志鹏、卢鹏宗，去花坦乡调查。

温州是全国经济最为活跃的地区之一，这里的商人四处闯荡、闻名遐迩。我的家乡寿宁县离温州的泰顺县很近，从小就见过许多来自温州平阳等地做生意的客人，有的挑着货郎担走村串户，叫卖针线纽扣之类的小商品或是用他们自制的麦芽糖换取农家的鸡毛鸭毛等。有的平阳人则做木材生意，他们用壮实的肩膀把一根根木头从寿宁扛到温州卖。因为这种偷运木材的行为当时属投机倒把，在政府的打击之列，为了躲避公社民兵的追赶，他们只能在夜深人静时走在崎岖的山路上。记得我上中学时，在我读书的犀溪中学旁，一个平阳人就在一个晚上遇到民兵的追赶连人带木头掉到石板桥下摔死。因此这是非常危险的工作，但是在计划经济的年代，温州地少人多，这些人为谋生也只能铤而走险了。不过，在改革开放后，勤劳的温州人敢打敢拼，温州是全国最先富起来的地区之一。

4月6日上午各组学生乘班车分赴各个乡镇调查。由于到花坦乡没有直达的班车，我便开车送张文瑞这一组过去。天气很好，没下雨，正是春暖花开的时节，一路风景美不胜收。早就在电视上看过楠溪江，今天相见，果然名不虚传。这里的山大多属于喀斯特地貌，很有气势，江水没有被工业污染，清澈见底。农舍大部分是砖瓦结构，虽然不如古民居讲究，但还是有一定的样式。我们沿着楠溪江往东北方向行驶，在几个地方停下车来欣赏美景和拍照。等我们到达花坦乡时，已经是11点了。乡党委汤书记把我们叫到食堂吃饭，饭后他叫负责周末值班的乡长为这一组的学生联系调查的村庄。把这一组学生安排好之后，我又到岩头乡党委书记的办公室坐了一下。在和乡干部的交谈中了解到，虽然楠溪江两岸风光秀丽，但乡下的医疗、教育和卫生条件与城里还是有较大差距，文化生活也比较单一，因此与西方发达国家居民白天在城里上班晚上到郊区居住的情形正好相反，大部分乡政府的干部在乡下上班而家住在县城甚至是温州市区。看望完岩头乡调查的这一组学生，我顺便游览了位于公路边上的芙蓉村。这是一个占地达14公顷的古村落，始建于唐代末年，村落内遗留了一些明清时代的古建筑，有民居、宗祠、书院、路亭、池塘等。从沟渠的修建到道路的设置都是十分讲究的，有着深厚的文化积淀。过去的人能够做这么好的村庄规划，为什么现在的人做不到呢？村里现在还有村民居住，虽然多了一些生气，但也有些杂乱，中国农村普遍存在的脏乱差这里也不缺少，古民居中夹杂着一些钢筋水泥建筑显得有些刺眼。和岩头乡书记谈起古村落的保护，他认为在这方面政府和农民的要求很难一致，政府要保留旧房子，而农民则要建新房子。其实，我们在急促的现代化过程中失去的东西太多了。

4月7日我开车到温州市区走了一趟。20多年前参加一个台湾行政管理课题的研究，到北京查阅完资料，我从杭州乘火车到金华，而后又从金华乘汽车到泰顺，路过温州住了一个晚上。现在已经完全看不出当年温州的影子了。温州经济建设取得了很大成就，城区内高楼一座座拔地而起，街道整齐洁净。回上塘后我在城北宾馆住下。与温州的情况不同，永嘉县城上塘镇却显得有些杂乱。永嘉宾馆附近应该是最热闹的地方，路边停满了小车，载客的人力三轮车在人群中穿行，显得有些拥挤。街上摆摊设点的不少，显得杂乱无章。街中不时有一辆叫卖的车子经过，车上装着的喇叭不停播放着录制好的叫卖声或流行歌曲，显得十分刺耳。街边有许多小吃店，炒菜的油烟直接飘到街道上空，洗碗刷锅的脏水也直接倒在街边，使得原本就有许多垃圾的街道更显得肮脏。在偏僻一点的街道，时常可以见到有男士解开裤子对着墙角小便。更令人吃惊的是，在永嘉医院围墙外面的街道边上，每隔三五步就放着一个尿桶，以供过往男士方便。作为一个以旅游为支柱产业的县，永嘉县政府在治理脏乱差方面应该花更大的力气。

4月12日从永嘉到江西上饶。12个学生先从永嘉乘汽车到温州，而后坐9点的火车到上饶。另外3个学生乘我的小车，于早上8点半从上塘镇出发，到梅岙上高速公路，行驶 400 多公里，下午 3 点抵达江西上饶。上饶市委组织部的方舟乐到高速出口接我们，这次来上饶调查就是通过她联系的。她是我的学生，5 年前毕业，在上饶市委组织部工作，进步很快，不久前借调到上饶驻沪办工作。为了安排我们调研，她专程从上海赶回上饶。从高速公路下来后，我们直接来到上饶县农村工作部，见过农村工作部的徐部长。随后我们来到位于旭日大道的茗洋招待所，这也是他们帮助我们联系的。条件不是很好，但价格便宜。农村工作部对我们的调查做了周到的安排，汤晶晶组去煌固镇，张文瑞组去石狮乡，尹可组去皂头镇，叶娜组去枫岭头镇，唐奕组去茶亭镇。

4 月 13 日，我早上送张文瑞这一组到石狮乡，在路边被摩托车追撞损坏车灯。回来时我经过市区，沿江滨路回到住处。下午方舟乐又带我逛了一下市区，发现上饶的街道宽阔，马路干净，城市建设比较大气，是一座不错的城市。上饶的经济虽然不如浙江永嘉，但比起永嘉要干净和整齐多了。

4 月 14 日上午把永嘉调查的问卷整理了一下，下午又检查了一些问卷，晚上分别找各组学生把问卷中存在的一些问题讲了一下。4 月 15 日上午，厦门大学毕业的徐饶英过来看我，中午请我和方舟乐吃饭，她的姐夫和县财政局的郑副局长也来了。郑副局长答应第二天叫石狮乡财政所派车来接送这一组的学生。4 月 16 日先把枫岭头镇组的学生送到村里，确定第二天的活动。除汤晶晶组想当天走之外，其他组第二天离开。

历时半个月的第二组调查终于结束。由于 4 月 18 日火车提速，4 月 16 日去买票时发现所有 4 月 20 日之前的火车票已经卖完。上饶没有到厦门的直达大巴，只有到泉州或石狮的，中途转车很是不便。从鹰潭到厦门的车次多，我叫方舟乐找人到鹰潭车站问一问能否买到火车票，但发现只有站票。不能等下去了，汤晶晶组的 3 位学生在完成问卷后就于当天下午先走了。她们通过买站台票进站，上车后再补票。我们决定 4 月 17 日让学生们走，既然买不到座位票，那就买站票吧，希望上车后能找到座位。除汤晶晶组在 4 月 16 日下午就动身返厦外，其他 12 位学生则乘坐晚上 8 点 20 分从杭州开往厦门的列车。

4 月 17 日上午方舟乐带领大家前往上饶集中营纪念馆参观。天气忽变，从集中营纪念馆出来时下起了暴雨，我们赶忙躲进车里到市区中的一家餐馆就餐。午饭后，稍事休息，大约 3 点，我便开车从上饶县城出发，载着 3 位学生，踏上了回厦的旅途。天下着雨，我开着车一路飞驰，当车进入赣闽交界的地段时，汽车开始沿着山路爬行，弯道越来越多，雾越来越大。在能见度很差的情况下，我只好放慢车速。不过，当汽车进入福建境内时，道路又变得平坦和顺畅起来。车到建阳时天色已暗，本想在那里住下来，但想到第二天还要赶很长的路才能到厦门，还是要尽量多走一些路。于是我又继续前行，在大雨中又开了两个多小时的车，最后在建瓯市郊的一家宾馆住下。18 日上午吃过早餐后，大约 8 点，我们又上路了。从建瓯到南平，上了高速，中午 1 点多抵达仙游，吃过午餐休息了一会，当天赶回了厦门。

东山县的调查 4 月 25 日开始。通过中共东山县委宣传部部长何金峰的关系，我在 4 月 25 日下午把第一组学生带到东山来调查了。何金峰是厦门大学校友，20 世纪 70 年代厦门大学毕业的，曾先后担任过乡镇书记和县委办公室主任，当时是县委常委、宣传部部长。他非常热情好客，安排我们一行人在东山宾馆住下，晚上设宴招待学生们。晚饭后，何部长把 5 个乡镇的宣传委员叫到县委会议室开会，确定每个乡镇拟调查的 4 个村，并对相关事项做了交代和安排。

东山是个小县，常住人口只有 21 万，下辖 7 个乡镇。东山岛面积 220.18 多平方公里，比厦门岛大一些。东山地域不大，但闻名遐迩。历史上的名人有黄道周，新中国成立后出了个焦裕禄式的好干部谷文昌。谷文昌通过植树治沙，使得东山的生态环境有了很大改善。东山有丰富的旅游资源，如著名的风动石、关帝庙以及洁净的海滩。目前东山还是以农业为主，水产养殖业较为发达，农民收入不错，但由于外来投资办厂的比较少，政府财政收入不多，基础设施还不完善。县城所在地西埔镇的楼房只有三五层，难得见到一座高一点的建筑。虽然发展慢了一点，但如果能好好规划，充分发挥这里的旅游资源优势，东山还是可以得到很好的发展的。

2009 年 3 月我带学生又开始了新一轮的农村问卷调查。这次农村调查要去四个县，分别是江西的泰和与崇仁、福建的寿宁以及江苏的太仓。江西的这两个县并没有认识的政府官员或直接的关系，最后通过厦门市政协的杜亮分别给吉安市和抚州市政协发函联系落实了调查事宜。

调查的第一站是江西泰和。我们在 2009 年 3 月 18 日早上 9 点半从厦门出发，自己开车，途经龙岩、长汀和赣州等地。经过 8 个多小时的行驶，天黑时分，我们终于抵达了泰和县城。与我同行的是陈斯诗、张陈津、陈伟和李婧 4 人。在县政协大楼前，我们见到了在那里等候多时的县政协周副主席和黄秘书长。他们带我们在旁边的一个饭店用晚餐，并安排我们在白凤宾馆住下。

第二天上午我们赶往泰和长途汽车站，与从吉安下火车后换乘长途汽车过来的 11 位学生会合。在车站外面我们集合在一起，我讲了注意事项，把问卷分发到各组组长手上，陈斯诗、陈伟和温莹莹三组分别从车站乘坐公交车前往塘洲镇、沿溪乡和灌溪乡，我送赖晓飞这一组，因为他们要去的碧溪乡离县城 100 公里，是最远的一个调查点。因为张陈津这一组与我们同路，所以也顺便带上他们。我们先送张陈津等到距县城仅10公里之遥的螺溪乡政府，并在那里吃了午餐，而后又来到碧溪乡。赖主任在碧溪乡吃完晚饭后回县城了，我在碧溪乡待了一个晚上。碧溪乡就在井冈山脚下，3月20日上午我一个人开车到井冈山转了一下。因为景点分散，如果玩的话，需要一整天的时间，而且需要乘观光车进去，小车是不允许开进去的，我只能开车在外围转了一下。3月20日下午来到沿溪乡与陈伟这一组会面。

3月21日我在沿溪乡又一春的招待所里做了两件事：上午确定公共事务学院研究生复试细则，下午看《社会学概论》书稿。下午4点多我从沿溪出发，经过县城，到离县城40多公里的灌溪镇看望调查的学生。这一组调查的三位学生就住在镇政府的客房内，条件是比较差的。房间没有窗帘，虽然有冲水厕所，但都没水不能用。晚上学生们洗澡需要到厨房用水桶装水。镇干部为我单独开了一间房，据说通常是给县领导住的。除了和其他房间条件一样，屋顶还不停在往下滴水，好一个"水帘洞"。

经过几天的努力，5个组在泰和的调查任务圆满结束，3月22日陆续回到泰和县城，并在长途汽车站不远处的重义招待所住下。晚上泰和县政协请全体学生吃饭，除政协的几位主任外，县政府办公室的副主任也来了，学生们喝了一些酒。晚饭后我把5位组长集中在一起，交流了一下这几天的调查体会。

应该说这几天的调查总的来说是顺利的，但有的小组也遇到了一点小麻烦。灌溪这一组抽取的4个村中的坎下和古坪这两个村有村民上访，镇政府建议我们换两个村，他们开始说这两个村太远、路不好走，后来又说村干部被免职，没有村干部，没人带学生下去，给我们另外安排了两个村。我叫学生先调查我们选定的村庄。在调查的第二天，也就是 3 月 20 日，我到达灌溪乡，在 3 月 21 日早上把学生带到坎下村。在回到乡政府之后，我与民政办主任沟通了一下，让他放心，我们的调查并不会对他们造成任何不利。3 月 21 日我叫学生自己包车进入古坪村，袁主任用各种办法拖住学生，一会儿说会送他们进去，一会儿又说不能去。直到早上 10 点，三个学生才包了一辆摩托车进村。因为进村迟，调查做到晚上 7 点多还没结束。村里找不到车送学生回来，我只好开着车从县城到灌溪，冒着细雨，又从灌溪到古坪。晚上 8 点多才把学生接到乡镇所在地。在镇里的一家餐馆吃完饭后，我到镇政府与民政办的袁主任告别，他打电话叫来一位副书记，请我到二楼的一间会客室坐下。我再次向他保证，虽然古坪村有人上访，但我们的调查不会对他们有任何负面的影响。当晚我就把这几位学生接到县城的重义招待所住下，自己则赶回沿溪镇的又一春酒楼住，因为我的行李还放在那里。

　　第二站是江西的崇仁县。在泰和县城稍事休整，3 月 25 日全部人马来到了崇仁县。我们还是兵分两路，11 个学生在赖晓飞的带领下先乘车到吉安，而后又从吉安乘车到崇仁。我带 4 个研究生早上 9 点多从泰和出发，沿高速公路往南昌方向行驶。在抵达樟树附近时，接到抚州市政协办公室乐启文主任打来的电话，说市政协的副主席在等我们吃饭。为了不让他们等太久，我不断加快行车速度，在有些地段时速居然达到了 140 公里。我们于 12 点 50 分抵达抚州市，乐启文在高速路口把我们接到抚州宾馆吃饭，政协的一位副主席作陪。而后又由乐启文秘书长把我们送到崇仁县，在县政协办公室先后见过魏主席、张国英主席等人。等乘坐长途车的 11 个学生到达崇仁后，县政协又派车把各组学生送到乡镇，我自己则入住崇仁宾馆。晚上县政协在崇仁宾馆宴请我们，我喝了不少酒。饭后我一个人外出散步，走了大半个县城，途中路过一个广场，相当气派，面积达 1.7 万平方米，有不少市民在那里跳舞。

3月26日在县政协魏主席的陪同下，我到孙坊和白鹭两个镇看望调查的学生。早上10点从县城出发，沿着蜿蜒的乡间公路，行车大约一个小时，来到了白鹭乡。在镇党委郭书记的陪同下，我们前往一家果园参观。果园边上的林子里停着一排排的白鹭，我们走近时，它们就一群群地从树上飞起来。这大概就是白鹭乡地名的来历了。我们先在白鹭乡政府吃饭。虽然镇里很热情，住宿条件却不是很好，几个学生都住在乡干部的宿舍里，房间潮湿，没有独立的卫生设备，洗澡要自己烧水。吃完饭后到邻近的孙坊镇看望在这里调查的另一组学生。

3月27日上午在政协秘书长的陪同下，我到离县城不远的六家桥镇看望学生，六家桥镇离县城不远，大约12公里，旁边就是崇仁的工业园区。吃完午饭后到航埠镇看望另一组学生。航埠是个人多地少的地方，据说3万人中就有2万人常年外出。不过，由于遇上金融危机，回乡的人也多了一些。在航埠镇，乡镇干部和派出所的所长都谈到这里曾分别在1940年、1969年和1989年发生过大规模的宗族械斗。据说上一次的械斗就是因为龙舟赛事中船只碰撞这种小事引起的。晚上我住在镇书记的宿舍里，这是我在此次调查中在乡下住过的最好的地方了。最外面是办公室，中间是客厅，里间是卧室，还有一个阳台和独立卫生间，装修豪华气派，与其他副乡长、副书记的办公室有着天壤之别。

3月28日早上从航埠回来后，我到离县城不远的桃源乡，看望在那里调查的另一组学生。我到达桃源时，赖晓飞等人正在王沙塘村调查，中午我们在村里用餐。午饭后，我回到县城，在车站附近的佳寓宾馆住下。

3月29日上午我去了一趟抚州，给回厦门的学生买好了车票。利用这个机会，我开车转了一下抚州城，城市建设得还不错，我还拍了一些照片。晚上下乡的学生陆续回到了县城，都在佳寓宾馆住下了。

我们在3月30日上午离开崇仁回厦。除2位学生回家外，9位学生在赖晓飞的带领下到抚州乘坐9点40分的大巴返厦。我开车带4位学生先到抚州，再从抚州上高速回厦。因为张陈津同学的家在南平，我们在南平下车吃了午饭，而后走新开通的泉三线经三明返厦。到厦门已经是晚上9点了。

从江西调查回来，在学校忙了一些事情后，4月23日开始启动第二波的调查。这次调查的地点是寿宁和太仓，参与调查的学生兵分两路，一路由晓飞带队，7点钟在厦大南校门口集合，到松柏车站乘坐大巴到福州，由福州转宁德，又由宁德转福安，再到武曲。我8点开车到学生公寓接4个研究生，一路走高速公路，在宁德樟湾服务区吃午饭，下午2点20分抵武曲。晚上在武曲用餐，寿宁县的龚岩斌副县长专程赶来，大安、犀溪、竹管垅等乡镇也派人来接，雷仕庆县长也在武曲。晚上我住县城的聚得乐宾馆。

4月24日上午雷仕庆县长带领县政协主席、财政局局长、发改委主任等一行到平溪乡视察和现场办公。平溪是寿宁一个比较偏远的乡，路不好走，都是弯弯曲曲的山道，开车需要一个半小时。我还没去过平溪，所以就跟县长走了一趟。我们先参观了一家石板材加工厂。这个厂做了几个废水沉淀池，废水污染问题得到了很好的解决。接着参观盛辉养猪场和乡里的造福工程。最后在乡里听取乡党委书记和乡长的汇报，雷县长当场答应给乡里一二十万元的资助。吃完午饭后回县城。

图 14.5　带领学生到寿宁调查

　　寿宁的调查于 4 月 27 日结束，下午各队人马陆续从调查所在乡镇到县城集中。晚上龚岩斌副县长在寿宁宾馆宴请参加调查的学生们。席间雷仕庆县长和李海波书记过来给学生们敬酒。

　　4 月 28 日从寿宁出发去太仓，10 位学生由赖晓飞带队乘坐大巴到上海，而后又换乘面包车到太仓。我自己开车带 4 个研究生先到泰顺，过景宁，在云和县上高速，一路马不停蹄，于晚上 6 点多抵达江苏太仓。太仓的调查是通过苏州科技学院的唐利平老师联系的，她当天也赶到太仓，介绍我们与太仓农办的邹翔副主任认识。晚上邹主任请我们几个先行抵达的学生吃饭，其他大部队则在 9 点以后才抵达太仓。

　　根据事先安排，15 个学生分为 5 组，于 4 月 29 日兵分几路分别前往双凤、沙溪、浮桥和璜泾等乡镇。我开车送最远的一组到璜泾，其他各组乘公交车前往。璜泾镇以加弹闻名全国，是一个很富裕的乡镇。我们在镇政府见到了等候多时的镇经管站的王站长。吃过午饭,在宾馆稍事休息,下午王站长带我们去了最近的一个村庄。我先把王站长送回镇政府,自己回房间处理公文。晚上7点多又开车到村里把调查的3位学生接回。次日我开车到沙溪镇看望陈津和陈伟两组学生。中午先在松南村见到了经管站的站长,一起吃完饭后,我自己开车到镇里找学生们入住的沙头客栈。沙溪是个古镇,有第二周庄之称,但古建筑只有一小部分保存下来了,其繁华程度一点不比一些县城逊色。沙头客栈位于一条保存相对完整的古街,我来回走了好几趟才找到。晚上镇里的干部请我和学生吃饭,同时还请来了最后一天学生们要去的两个村的书记和主任。由于租车困难,5月1日上午我把陈伟组学生送到村里,下午又把他们接回来,接着又赶往浏家港镇去看望陈斯诗这一组,并和镇张副书记一起吃饭。晚饭后再赶回沙溪住。5月2日上午陈津和陈伟两组起床后先退房,把行李放到我的车上。我去把早已经完成调查的璜泾镇这一组接回到太仓市区,找了一家宾馆住下。中午时分,其他各组陆续回到太仓市。有一部分学生买了5月4日从上海飞厦门的机票,有一部分学生想在上海玩几天,还有几个学生要回家看看,我只带了斯诗等于5月3日开车返厦。我们于中午到达杭州,下高速进市区在西湖边上转了一圈,下午4点多又重新上路,于晚上8点抵达乐清县城住下。5月4日上午9点从乐清出发,中午到罗源见到了林强和阮碧英同学。午饭后继续上路,下午5点多抵厦。

# 十五　项目申报

　　高校教师不仅要教书上课，还要做科研、写论文。而申请重大项目和获得一些荣誉称号也是非常重要的，特别是一些人才称号的评选，都是经过严格的程序筛选的，获得这些称号不仅能够提高待遇，也标志着个人的学术成就得到了学界的认可。我在 2008 年首次成功申请立项国家社科基金重大项目，2008 年入选富布赖特访问学者项目，2015 年入选教育部"长江学者奖励计划"特聘教授。

　　先说重大项目的申请。重大项目包括教育部重大攻关招标项目和国家社科基金重大项目两类，这两类项目大概始于 2005 年。与过去教育部和国家社科基金只有数万元的研究经费相比，这些项目的研究经费多达 50 万元或 60 万元，因此竞争非常激烈。按原来的规定，申请者如果手上有教育部或社科基金一般项目还没有完成的话是没有申请资格的。2007 年教育部重大攻关招标项目有好几个是关于农村的，但因为手上还有在研项目，所以没有准备申报，暑假因此安排了参加年会和中国人民大学社会运动研讨班这些活动。在北京时接到厦大社科处冯文晖的短信，原来申报教育部重大攻关项目的条件放宽了，即使有在研的国家社科基金一般项目也可以申请，申请材料上交的时间也从原定的8月初推迟到8月底。离提交材料的时间还有20多天，因此我想试一试。2007年8月3日从北京返厦后就着手教育部重大攻关项目的课题论证，我在8月4日上午把系里教师找来开了一个会，让大家就我准备申报的选题"新农村建设中的社区建设研究"发表一些意见。时间很紧，我看了周晓虹、刘林平以及风笑天等人过去申报成功的标书，拟了"农村社区社会资本构建""农村社区公共物品供给研究""农村社区管理模式研究""农村社区公共服务研究""农村社区建设中的村镇规划研究""农村社区文化建设研究"以及"国外农村社区建设经验研究"7个子课题。唐美玲帮助整理了农村社区研究的相关文献，朱冬亮论证了社区文化建设的子课题，张义祯也写了村镇规划子课题的一些内容。实在找不到人帮忙，我让余章宝也帮忙写了几句关于社区管理的论证。整个课题的论证要写不少东西，从研究现状的综述、总体思路、研究意义到各个子课题的论证，还要准备课题组主要成员的成果复印件。经过20多天的努力，至8月27日总算把课题申请材料送去打印了，这项工作暂时可以告一段落了。

当时，教育部重大攻关招标项目和国家社科基金重大项目都要经过两轮的筛选，第一轮先是由同行专家进行通讯评审，通过通讯评审之后再到北京参加答辩，由同行专家根据现场答辩的情况决定是否立项。10月15日从武汉开会回厦后就得知我申请的教育部重大攻关项目已经通过第一轮通讯评审，接下来要到北京参加答辩。能够通过通讯评审参加答辩是一件不容易的事，但入围答辩还要淘汰一些申请者。回校后我就一直忙于准备教育部重大攻关项目的答辩。社科处在10月19日组织了一场预答辩，请了校内的翁君奕教授和郭志超教授帮助把关，他们提了一些改进意见。10月21日晚上在成智楼102我又演练了一次，并请了系里的张友琴、易林、朱冬亮来参加，帮忙提意见。经过几个回合的准备和修改，无论是内容还是 PPT 都有很大改进。10 月 23 日上午与社科处冯文晖乘机到京，入住距离永兴花园酒店不远的裕龙酒店。教育部攻关项目的答辩会设在永兴花园酒店，每人讲述时间为 20 分钟，回答问题的时间也是 20 分钟。10 月 22 日晚上 7 点半我们到永兴花园酒店抽签，我是第一个，要在 10 月 23 日早上 8 点到会场答辩。10 月 23 日早上我不到 6 点就起来了，吃过早餐早早赶到会场，社科处的小冯和武元也赶来助阵了。我准时进场陈述，小冯和武元都说我的表现很出色，声音洪亮、条理清楚、详略得当。但是，中午我获悉，课题被华中师大拿走了！第一次申请教育部重大项目功败垂成。

　　第一年的申请没有成功，只能等有机会再去申请。2008 年国家社科基金重大项目申报工作 10 月开始，公布的选题指南中有一个方向是"农村社会全面进步研究"。如果根据指南重新选题，重新论证，工作量太大了，让人望而却步。但是，与教育部重大招标项目的选题不能改动的规定不同，国家社科基金重大项目的申请可以在指南所列的方向下再定具体题目。我想在这个方向下做农村社区建设研究，这样原来的论证基本能用得上。虽然我的申报题目是小改动，但也费了不少时间。原本以"社会资本与农村社区建设"为题，在社科处组织的试答辩中听取专家建议，改为"全面促进农村社会进步中的社区建设研究"。

　　2009 年 1 月 19 日下午接到电话，说我申报国家社科基金重大项目已经获得初审通过，要在 1 月 21 日下午到北京京西宾馆参加答辩。我放下手上的工作，买了 1 月 20 日下午 5 点半的机票，与张云武一起赴京。我打印了一份申请材料和原来准备的 PPT，一路上熟悉材料。当天晚上入住梅地亚中心，1 月 21 日下午前往梅地亚中心对面的京西宾馆。改变中国历史的中共十一届三中全会就在这里召开，而

1979 年的社会学座谈会也是在这里召开的，当年胡乔木代表中央与社会学家召开座谈会标志着中国社会学重建的开始。这是我第一次来京西宾馆，门口由武警看守，院内停满了军牌车。我们的答辩在下午 3 点半开始，我先用 20 分钟的时间陈述申请课题的思路，而后 5 位评委各问一个问题。我陈述完之后，评委各问了一至两个问题，我一一回答了他们的问题，张云武做了一点补充。答辩规定的时间是一个小时，我们在不到一个小时的时间结束答辩。随后从规划办张正岩那里了解到，参加本方向答辩的还有浙江大学、南京大学和华中师大，华中师大是由校长带队的，看来竞争还是蛮激烈的。因为买了当天晚上 9 点的返程机票，从京西宾馆出来我们就乘地铁往机场赶。在去机场的路上，我便得到消息，申请已经中标了。我们在当晚 12 点多才回到家里。第二次申请终于成功，值得庆贺！

2009 年 1 月 22 日晚上，我在逸夫楼参加学校的团拜会，校人事处林培三说我申请闽江学者已经通过了，而我这次获得国家社科基金重大项目也是我申请闽江学者能够顺利通过的原因之一。说实在的，中标国家社科基金重大项目是一件值得高兴的事情，但同时也感到研究的压力。作为重大项目，与一般项目不同，更强调的是研究的政策意义，能否提出给政府相关部门的政策建议更为重要，但是作为课题，又不能舍弃学术的标准，而且到时候结项的评审者都是同行专家，需要有拿得出手并获得同行认可的东西。要处理好这二者的关系并不容易。

在中标国家社科基金重大项目的同一年，我有幸入选了具有很高荣誉的富布赖特项目。富布赖特项目创建于 1946 年，以发起人美国参议员富布赖特的名字命名。作为中美两国政府间重要的教育交流项目，它由中国教育部与美国驻华大使馆共同负责、平等磋商、合作管理，旨在通过教育和文化交流促进国家间的相互了解。自 1979 年开始执行以来，该项目在我国高等院校的人才培养、师资队伍和学科建设方面发挥了积极的作用。项目由美国专家来华讲学和中国学者赴美研修两部分组成，学科领域主要为人文、社科、管理和法律。

2006年10月10日，系里徐老师打电话告诉我，她星期二和星期三的课要调一下，因为她接到师资科的通知，要准备相关材料申请富布赖特项目。我前面也报过名，怎么没有收到通知呢？为此我打电话给人事处，接电话的是林蔚，学校认为我2003年出访美国已经使用过学术假，目前还没有学术假，所以不能申请富布赖特项目。我把2003年访问美国只待3个月而没有使用学术假的情况和她说了。当时我原计划是待半年，要用学术假，但因为晚去了1个月，后来又提早回了，只待了3个月的时间。按学校规定3个月之内可以不用学术假，因此我只比3个月多待了几天，回来之前我还专门给时任副校长朱崇实写了信，他回信说可以不用学术假。原来的经办人现在已经调走了，而电脑里面的记录我是用了学术假。我叫林蔚一定要更正过来，这一次去不成没关系，但不要因此而影响以后的出国机会。星期三上午，林蔚给我打来电话，说相关情况已经得到更正，而且有一个老师要弃权，所以如果来得及准备材料的话，我也可以报。我当即表示要争取这个机会。原定星期三（10月11日）下午交材料，她说可以宽限我至星期四上午交材料。本来星期三下午有本科生的课，我只好临时调了课。要准备的材料很多，一是三封推荐信，我分别请陈国康、陈炳辉和李明欢写；二是研究计划，还好有原来写好的计划书，只要稍作改动就行；三是个人简历，要在原有的基础上有针对性地加一些材料；四是申请表，要费一些时间填写。我放下手头的工作，全力以赴准备这些材料，但星期四上午还没法全部完成，我打电话给林蔚，问她是否可延迟到下午交材料，她说可以，我又把星期四下午研究生的课进行调换。一直忙到星期四（10月12日）下午5点多，我才把复印好的材料交到林蔚手上。

提交材料之后，几个月时间过去了。12 月接到通知，我通过了第一轮的筛选，接着要到北京面试。我在 12 月 3 日下午到北京，住呼家楼宾馆。12 月 4 日下午 3 点 50 分参加面试。我申报的项目是"Local Government Violence and Villagers' Struggle for Rights in Rural China"。面试的考官大部分是中国人，他们围绕我的研究项目提问，他们比较关注我的申报项目是否能够促进中美文化交流。在回答考官问题的过程中，我隐隐感觉到他们不喜欢我的选题，大概他们认为我做中国农村的研究，与美国没有多大关系，没有必要去美国做中国农村的研究。面试结束后我马上动身赶往机场，在当天晚上乘 7 点的航班返厦。厦门大学参加富布赖特项目面试的只有我和法学院的廖益新教授。12 月 14 日从网上查到富布赖特项目的结果已经揭晓，我未能入选。

有了 2006 年申请的前车之鉴之后，我在 2008 年第二次申请富布赖特项目的时候，就特别注意研究项目的选择。我在申请表中填写了这样一个题目："Local Governance in the United States and Its Implications for Political Reforms in China"。该项目打算以 4~5 个美国地方政府为例，考察其结构、与州政府的关系、决策过程、公共产品提供、公众参与地方政治及其对中国政治改革的启示，请易林、李连江和余章宝担任推荐人。这一次我的申请同样也获得入围，面试定在 12 月 1 日。我在 11 月 28 日飞往北京，先去参加 29 至 30 日在北京大学召开的"转型中的中国社会与中国社会学：纪念中国改革开放 30 周年"国际学术研讨会。会议结束后，12 月 1 日下午我到京广中心参加富布赖特项目的面试。

回校后不久，记得是 12 月 17 日上午，厦门大学师资科打来电话，告诉我富布赖特面试结果已经出来了，我榜上有名。我上网看了一下，我是 40 位被录取者之一，面试的人数大约是一百人。富布赖特项目需要做与美国有关的，上一轮申请没有成功，这一次我把申报的题目改成了中美基层治理比较研究，这样就与美国有关系了。

2009 年 6 月 29 日从厦门乘坐厦航飞北京参加申请社会工作专业硕士点的答辩，入住香山脚下的金源酒店。厦门大学的答辩安排在 6 月 30 日上午 10 点 20 分，由童敏汇报。等答辩结束，我即赶往北京语言大学，与其他来自全国各地的 40 位富布赖特访问学者一起参加国家留学基金委举办的午餐会。接着我们又统一乘车前往美国大使馆，排队留指纹办理赴美签证手续。当天晚上美国大使馆宴请我们这些即将赴美的富布赖特访问学者。

富布赖特访问学者项目申请了两次才走成。同样，我的教育部"长江学者奖励计划"特聘教授也是在入围两次之后才遴选上的。1998 年 8 月，为延揽海内外中青年学界精英，培养造就高水平学科带头人，带动中国重点建设学科赶超或保持国际先进水平，在时任中华人民共和国教育部部长陈至立同志的主持下，教育部和李嘉诚基金会共同启动实施了"长江学者奖励计划"。2012 年 3 月，中华人民共和国教育部启动实施新的"长江学者奖励计划"，继续实施特聘教授、讲座教授项目，每年支持高校聘任 150 名左右特聘教授、50 名左右讲座教授；特聘教授聘期为 5 年，聘期内享受每年 20 万元人民币奖金；讲座教授聘期为 3 年，聘期内享受每月 3 万元人民币奖金。"长江学者奖励计划"评审程序严格，是人文社科界的最高学术荣誉称号。鉴于这些年自己在学术上的一些积累，我打算申请这个荣誉称号。"长江学者奖励计划"申请表格包括几个部分的内容：一是基本信息；二是主要学术贡献；三是近 5 年的学术成就，包括在研课题、科研成果获奖、代表性论文和著作、担任国际学术会议重要职务；四是近 5 年教学与人才培养情况；五是工作思路及目标。在这些内容中，最重要的当然是科研成果，必须有高水平杂志的文章，而且只能填写近5年内发表的。除了表格，还需要准备各种证明材料，包括论文、获奖、课题等各种证书，工作量不小。

在表格中，我把自己的学术贡献概括为四个方面。

第一，在村民自治的研究方面独树一帜，产生了广泛的学术影响。十多年来，一直从事村民自治和村委会选举的研究，出版了《理性选择与制度实施》和《中国大陆村委会选举的制度实施》两部专著，并在国内外重要刊物发表了一系列研究村委会选举的文章，美国著名中国问题专家欧博文（Kevin O'Brien）教授对本人的研究高度肯定。《中国大陆村委会选举的制度实施》一书2006年获得教育部第四届高等学校科学研究优秀成果三等奖。论文《经济发展与竞争性的村委会选举》在2003年的村级选举与自治机制有奖征文比赛中获得一等奖。

第二，在国内学术界率先将帕特南的社会资本理论运用于经验研究。2001年主持国家社科基金项目"村民自治与农村社会资本的重构"的研究，2005年主持省社科规划重点项目"社团与中介组织在构建和谐社会中的作用"，带领学生到福建农村进行入户调查，在国内学术界第一次将帕特南的社会资本理论运用于村民自治方面的研究。在这方面完成并发表了10多篇文章。

第三，在农村基层政权与政治信任方面进行开拓性的研究。在研究村级选举的同时，研究农村基层政权建设和政治信任。2004年主持国家社科基金项目"农村基层政权退化与对策研究"，2006年主持教育部人文社科项目"农民上访与政治信任的流失"，两次带领学生深入福建、江西和浙江农村运用问卷进行调查。发表了《农民上访与政治信任的流失》(《社会学研究》2007 年第 3 期 )，该文 2009 年获得教育部第五届高等学校科学研究优秀成果三等奖。2008 年中标国家社科基金重大项目"农村社会全面进步中的社区建设研究"，任课题首席专家，带领研究团队深入福建、江西、浙江等地农村调查。近几年的研究又从政治信任的研究扩展至警察信任，与国外学者合作，分别在英文刊物上发表了系列论文。

第四，关注中国社会学理论建设，提出社会单位理论。我一直认为，中国的社会学在与国外社会学交流中要想拥有自己的地位和影响，就必须有自己的社会学理论和流派。中国的社会学发展不能仅限于用中国社会学的经验材料去补充说明西方的社会学理论，中国社会学也应有自己的理论。正是基于这一想法，早在 1980 年代末和 1990 年代初就进行了理论建构的尝试。在《社会单位范畴初探》(《社会学探索》1989 年第 6 期 )、《社会学知识的形态》(《社会学研究》1992 年第 3 期 )、《社会单位中的权力关系》(《厦门大学学报》1993 年第 1 期 ) 以及专著《社会学导论：社会单位分析》中系统地提出了"社会单位理论"，试图对现代西方社会学中宏观与微观研究的脱节进行综合，对冲突学派和功能学派的对立进行调和。这一理论得到王康、袁方和谷迎春等老一辈社会学家的充分肯定，中山大学万向东教授则在《社会学研究》上撰文高度评价我在《社会学导论：社会单位分析》中提出的理论体系，认为该书的特色是："第一，提出了新的社会学概念……第二，建立新的理论体系……第三，对一般社会学中的许多问题的独到分析。在建立了新的理论框架之后，作者对社会学中的许多问题提出了自己的独特见解，使我们看到了借助原有的社会学理论未能看到的东西。"社会单位理论的提出在国内产生了一定的影响，为中国的社会学理论创建产生了积极的意义。

同样，"长江学者奖励计划"的申请也需要先经过一轮的通讯评审。通讯评审通常邀请国内外具有学术影响的同行专家进行，据说一个申请者的材料通常要由十多个评委打分。在经过第一轮的评审后再进入第二轮的评审。我在 2014 年 9 月 30 日接到通知，我的教育部"长江学者奖励计划"特聘教授的申请入围了。要在全国众多的申报者中获得提名入围也是不容易的一件事。接下来我开始准备答辩，需要做 8 分钟的配音 PPT。PPT 的内容基本按填写的申请表格内容来制作。10 月 26 日上午在家里通过电话参加 2014 年度"长江学者奖励计划"遴选的答辩。不久后得到消息，这一次我未被选上。

图 15.1　2014 年春与学生一起登东坪山

2015 再次申请教育部"长江学者奖励计划"特聘教授。因为有上一年申请的材料，这次只需要在原来的基础上做些修改补充就可以了。研究成果只能填写近 5 年的，我有一篇发表在《社会学研究》上的文章就不能用了，但可以补充新的重要成果。大概是 7 月份提交的申请，等到 12 月份才接到通知，说是入围了。12 月 19 日上午 9 点在家里接听电话，参加"长江学者奖励计划"答辩。有两位评委提问，第一位问了两个问题：一是让我简单给社会单位下个定义；二是梳理一下我的学术发展脉络。第二位问到我国农村居民政治参与和城市居民政治参与的不同。后来接到短信，说通过了。多年的努力终于有了结果，值得高兴。

2016 年 4 月 24 日，2015 年入选的教育部"长江学者奖励计划"特聘教授名单正式公布。全国 412 人入选。根据教育部人事司的安排，2015 年度和 2016 年度的长江学者在 2017 年 5 月 18 日至 5 月 20 日到国家教育行政学院参加为期三天的研修。我 5 月 17 日参加完在浙江大学召开的一个学术会议后，从杭州飞首都国际机场，接着乘坐两个小时的地铁，晚上 7 点抵达位于北京南郊大兴的国家教育行政学院。报到完就去参加研修班的动员会，会后再用晚餐。三天的讲座安排得很紧凑，5 月 18 日上午李志刚讲授"深入学习习近平总书记人才思想 聚天下英才而用之"；5 月 18 日下午王定华讲授"关于高校老师队伍建设中的几个问题"，刘贵芹讲授"推动高校思政课在改进中加强，加快构建中国特色哲学社会科学"。5 月 18 日晚上还组织学员签署倡议书，我请假到阜成门的洲际酒店与叶柏寿、叶在富等老乡聚餐。5 月 19 日上午清华大学的计算机专家姚期智讲授"科技创新与中国心"，5月19日下午有张东刚的报告"贯彻落实高校思政会议精神，全面提高高校思政工作科学化水平"，吴岩作题为"人才培养为本、本科教育是根"的报告。5月19日晚上还安排两位学员讲座，一位讲授大气污染，另一位是第四军医大学的陶凌讲授心血管疾病的预防。5月20日上午刘自成讲授"高等教育综合改革的形势与任务"，黄宝印讲授"以中国特色世界一流为统领，统筹推进世界一流大学和一流学科建设"。5月20日下午是结业式，6位学员代表上台讲话。晚上乘坐6点50分的厦航班机回厦门。

# 十六　参政议政

在南开读研究生时，看到班上的同学一个个都积极入党，我也递交了入党申请书。到厦门大学任教后，1994 年从政治学系转到哲学系，在系里的鼓励下，我又递交了入党申请书，并在 1996 年参加了厦门大学的入党积极分子学习班，但因为马上就要赴港学习，入党的事就耽搁下来了，不过在省政协任职的表叔陈幼光却多次劝我加入民主党派。1996 年 10 月，在我到香港城市大学学习后不久，在一次回厦门的时候，当时民盟厦大总支主委余扬政老师专门到我家里，拿了加入民盟的申请表让我填写。就这样，我加入了中国民主同盟。中国民主同盟是八大民主党派之一，成立于 1941 年，黄炎培、张澜、沈钧儒、费孝通等都先后担任过民盟中央委员会主席。

虽然人在香港，但在回到厦门时我也总是能够参与民盟厦门大学总支组织的各种活动。记得 1998 年 10 月 5 日，根据余扬政老师的安排，我在厦门大学华侨之家二楼给民盟厦门大学总支的盟员作了题为"香港回归一年来的政治经济形势"的报告。在 1999 年回厦门大学工作之后，我就更多地参与民盟的活动了，并担任厦大总支下面一个支部的主委。民盟在厦大设有总支，总支下面分设若干支部。大的活动总支组织，小的活动由支部张罗。有时外出考察，有时集中学习，有时聚餐。通过民盟这一组织，我认识了厦大不同专业的老师。

2001 年 6 月，根据统战部门的安排，我还到厦门市社会主义学院进行了为期一个月的学习。我们算是厦门社会主义学院成立之后的首期学员。社会主义学院是民主党派干部的培训机构，当时设在湖滨北路市政府边上的中共市委党校内，实际上社会主义学院与党校、行政干校是"三块牌子，一套办事机构"。在社会主义学院学习的首期学员来自 8 个不同的民主党派，陈少华、戴小力、卢琳璋、万文蓉等算是同班同学了。

我在 2002 年通过民盟厦门市委的推荐，担任厦门市政协第十届委员。政协是中国共产党领导的多党合作和政治协商的重要机构。政协的主要职能是政治协商、民主监督、参政议政。政治协商是对国家的大政方针和地方的重要举措以及经济社会发展中的重要问题，在决策之前和决策实施过程中进行协商。民主监督是对国家宪法、法律和法规的实施，重大方针政策、重大改革举措、重要决策部署的贯彻执行情况，通过提出意见、批评、建议等方式进行协商式监督。参政议政是对政治、经济、文化、社会生活和生态环境等方面的重要问题以及人民群众普遍关心的问题，进行调查研究，反映社情民意，进行协商讨论，通过调研报告、提案、建议案或其他形式，向中共或国家机关提出意见和建议。政协委员一届任期五年，每年都要参加一次政协会议，会期差不多一个星期。在担任第一届政协委员之后，2007 年政协换届，我又接着担任第十一届政协委员。

为了让委员们更好地了解市政建设的进展情况，通常每年政协会议开始之前都会组织政协委员视察。例如，在 2007 年厦门市政协第十一届第一次会议召开之前，市政协于 3 月 27 日上午组织全体委员视察重点项目建设情况。根据大会秘书处安排，我编在第十二组，乘坐 11 号车。政协委员视察的车队分为 3 路，我所在的车走第三路，车队首先来到位于体育路 95 号的文化艺术中心。这里原是厦工西郭厂区 1 号、2 号厂房，经改造变成由图书馆、博物馆、艺术馆、科技馆和会议报告中心组成的文化艺术中心，总建筑面积达 13 万平方米。参观完文化艺术中心，车队经厦门大桥出岛，来到位于同安区的环东海域综合整治工地。环东海域综合整治建设工程南临厦门机场、西靠天马山、北部以高速公路为界、东部以翔安大道为界，工程涉及集美、同安和翔安三个区，陆域规划面积 114 平方公里，差不多有厦门岛大。环东海域整治的清淤吹填项目于 2006 年 7 月正式开工，先期开工的吹填总面积为 11.5 平方公里。在听项目部工作人员介绍完工程进展情况及规划之后，我们冒着细雨来到建设中的园博苑。园博苑位于集美中洲岛，园区规划面积 6.76 平方公里，由五个展园岛、四个生态景观岛和两个半岛组成，第六届中国国际园林花卉博览会将于 2007 年 9 月至 2008 年 3 月在这里举行。在视察完三个重点项目建设工地后，一行人来到翔鹭大酒店已是中午吃饭时间，我们先去用餐，然后在酒店大厅报到。根据会议秘书处安排，政协委员的用餐和住宿都安排在翔鹭大酒店，除大会在厦门人民会堂召开外，其他会议和分组讨论也在这里进行。

提案是政协委员参政议政的重要形式，在 2007 年 3 月 28 日上午召开的第十一届政协第一次会议上，陈耀中副主席做了十届常委会提案工作报告。四年来收到提案多达 2132 件。政协常委会在收到委员的提案后，都会转到相关政府部门办理，所提问题暂时无法得到解决的，相关部门也会给予委员一个解释或答复。由于委员来自社会各界，通过这种方式可以较充分地发挥这些委员的作用，既采纳了委员的好建议，又对政府部门的工作进行了监督。自担任第十届政协委员以来，我每年都会提一件提案，记得我提过的提案有：建议相关部门加大打击力度彻底清除办证广告，建议政府通过千户问卷调查以作为决策及为民办实事的参考，建议公安部门加大对夜间行车滥用远光灯的处罚等。这些提案都得到了答复，有的得到了办理，有的没有得到落实，不同部门在办理提案方面显然还是有较大差距的。在这一次会议上，我还提出一个很"超前"的提案：设立人大代表群众接待日，加强代表与选民的联系。我的想法是，厦门是全国最早对外开放的经济特区之一，在经济建设方面走在全国的前列，完全有条件在完善人民代表大会制度方面进行一些尝试，发挥经济特区在制度创新方面的带头作用。为了加强人大代表与选民的联系，建议厦门市、区两级人大在社区居委会（农村则为村民委员会）设立人大代表办公室，作为人大代表接受群众来访和听取意见的办公场所。每月有一天至两天的时间作为群众接待日，由人大代表到社区居委会（村委会）直接听取群众的意见。人大代表应向选民公布其在社区居委会办公室的电话，在接待日由人大代表直接倾听群众反映的问题和意见，平时则由社区居委会（村委会）代为收集群众的意见。人大代表在听取群众反映的问题后要进行相应的调研，及时向政府或其他相关部门反映群众的意见，督促政府解决群众的问题。为了使社区居委会（村委会）设立的人大代表办公室发挥应有的作用，保证人大代表能够有一定的时间和精力用来倾听、了解和反映群众的问题，需要采取相关的一系列措施，市、区两级财政要给人大代表每月一定的补贴，以作为人大代表在接待日的报酬，财政也应给予社区居委会一定的补助，用于配备代表办公室的办公设施（电话、电脑）。显然，这在当时是既大胆又超前的建议，虽然市人大代表人事工作室的领导亲自与我沟通说明，但这一提议还是无法得到落实。

自 2005 年开始，根据中央要求，中组部、中宣部、中央党校、教育部、解放军总政治部开始在中央党校举办哲学社会科学教学科研骨干研修班。学员通过学习党的十六大特别是党的十七大以来党的重要文献，进一步增强坚持中国特色社会主义伟大旗帜、道路、理论体系的自觉性和坚定性，增强贯彻落实科学发展观的自觉性、坚定性。本来第一期的研修班学校就通知我参加了，因为有事，我在2008年才到中央党校参加第21期"高校哲学社会科学教学科研骨干研修班"的学习。

我在2008年3月31日出发，先到武汉，第二天下午4点从武汉飞北京。飞机抵达北京机场时已经是下午6点多了。走出机场，我拦了一辆的士直奔中央党校。北京人多车多，虽是从五环走，但一路上还是相当拥堵。天空灰蒙蒙的，空气质量不好。7点多才抵达中央党校。中央党校门卫管得很严，进入党校还要凭中央党校发的通知文件，出租车不能入内，我只好拖着行李箱步行至一号楼报到。我被安排在1217房住下，而后和从厦门大学来的戴亦一教授到外面用了晚餐。

这次同时开学的是研修班的第21期和22期，两个班加在一起有200人。为了便于讨论，每个班再分成4个小组，每个小组25人。我是第21期的学员，被分配在第二组。在开学仪式上，教育部的一位司长说，这种班从2005年开始，至今已经培训了2087人。学习安排得很紧，每天上午听报告，下午讨论，不能请假，而且连周六也排满了。

中央党校位于北京的西北面，由于北京多吹西北风，这里空气清新，没有城里的浑浊空气。中央党校的校园也相当不错，道路和宿舍楼纵横交错，方方正正，规规矩矩。校园由武警把守，进出校门都要出示证件。第一天和第二天在晚饭后散步，我基本把校园走了一遍。

中央党校的学习告一段落，全部学员兵分两路，一路前往井冈山，另一路奔赴延安。我报名参加延安的考察。在4月16日晚饭后我们在党校礼堂集中，统一乘车到西客站，乘坐晚上9点的火车，于4月17日中午1点半抵达延安。

　　我们在中国延安干部学院住下。学院位于延安市西北部的枣园，占地一百多亩，有着一流的教学设施和住宿条件，据说国家投下一两个亿的资金才建成这所学校。我们抵达后，稍事休息，接着开了一个班会，当天无其他安排。我们的考察学习活动从 4 月 18 日开始，先后参观了毛泽东等人位于延安凤凰山麓的旧居、抗日军政大学纪念馆、杨家岭革命旧址、枣园革命旧址、王家坪革命旧址、南泥湾、洛川会议纪念馆址、党的六届六中全会旧址、宝塔山和延安新闻纪念馆等。除了现场的讲解，延安干部学院在每个地方都安排了一位专家对参观地点的重大事件进行点评，实行现场体验式教学。在延安期间，延安干部学院还安排了几场讲座。相比中央党校的讲座，这里的讲座更为实在。

　　延安是个不大的城市，位于黄土高原的沟壑之间。由于石油的开采，这几年延安的发展比较快，据说市财政收入已经 100 多亿元。这里气候干旱，年降水量很少，因此植被稀少。虽然城里一座座拔地而起的高楼大厦与其他城市没什么两样，但周边山上的一排排窑洞则极具陕北特色。我们看到的延河大半的河床露在外面，河里流着污水。大概是城市发展对生活用水需求量增长的结果吧，延河的上游修了好几道大坝，把河水都拦住了，我们看到的流淌着的只是沿河两岸排放的一些生活污水。

　　我们经常在晚饭后散步，有时在干部学院的院子内，有时也走到院子的外边。我三次走到学院对面的一个叫侯家沟的村子里，村子不大，有几百户人家，大部分村民住在依山而修的窑洞里，少部分村民则住在新盖的砖房里。通往村庄的是一条泥土路，坑坑洼洼的。村民大部分以种菜谋生，由于修建干部学院，他们大部分的土地被征收了。我们走进几家窑洞看了看，有的装修不错，上有吊顶，地面铺了瓷砖，有的则还是相当简陋和破旧。

图 16.1　2008 年在延安党校学习

　　在延安的考察很快就结束了，4 月 24 日晚上大家在干部学院聚餐，晚饭后举行晚会，每个小组都有一两个节目。我们在 4 月 25 日中午 1 点动身离开延安，4 月 26 日早上抵达北京。4 月 27 日上午有一场小组讨论，4 月 27 日下午我去了趟颐和园。4 月 28 日上午是结业典礼，当天下午返厦。

　　2008 年 5 月 25 日下午盟市委在团结大厦召开第十一届三次全委会，郑兰荪辞去主委职务，陈昌生当选主委，我和海洋所的李琳梅当选为副主委。6 月 11 日下午 5 点在团结大厦召开届中调整之后的第一次主委会议，会上讨论了几位主委和副主委的工作分工，我负责联系厦门大学总支、城市学院支部和高教委员会。6 月 17 日下午 5 点半中共厦门市委统战部部长欧阳健和副部长曾汉中与民盟的领导班子在厦门宾馆座谈。6 月 22 日上午 9 点盟市委召开了第十一届七次常委会会议。

政协有时也会组织一些活动，有视察、研讨或是交流。我在第十一届政协期间被划入教育界别。记得在 2008 年参加市政协教育界别组织活动，15 位政协委员组团在 6 月 19 日至 21 日到澎湖走了一趟。这次同去的教育界别政协委员有：张咏、杨书松、鲁加升、刘明辉、包秀英、王冠、林建华、谭南周、罗文明、吴旭日、王哲红、林少芬、郑昭琳和陈大力。我们一行 6 月 19 日早上 7 点半在和平码头集合，先乘船抵金门，而后从金门乘台湾立荣航空的小飞机抵澎湖。中午时分我们到达澎湖，用过午餐后先去观看横跨在白沙和西屿两乡之间的跨海大桥。而后我们又看了一棵有三百多年历史的古榕、台电公司的发电风车、已有二百年历史祭拜关公的大义宫以及大义宫旁的螃蟹博物馆。第二天早上是吉贝之行。吉贝屿位于澎湖北面，我们先乘车到码头，而后乘船抵达这里。我们在这里玩了水上摩托、香蕉船、鸳鸯飞艇、滑水汉堡，而后到海中的平台以浮潜的方式观看珊瑚礁和小鱼。中午在岛上一个叫小丑鱼的餐厅吃饭，而后乘船到海洋牧场垂钓。这里的天空像海水一样湛蓝，因此这里的紫外线也特别强，在吉贝岛玩了半天，大家都晒红了。很早就从《外婆的澎湖湾》这首歌里知道了澎湖，吉贝之行确实让我们感受到了这里的阳光、沙滩和海浪的美好。

第三天上午在市区观光，寻访了老兵眷村、外婆的澎湖湾、四眼井、天后宫和中央古街等古迹。天后宫具有四百多年的历史，是全台最早的妈祖庙。据说澎湖马公市这一地名就是从"妈宫"（妈祖宫的简称）演变而来的。澎湖人口不多，据说只有六七万人，房子不高，不见大都市的高楼大厦，但这里的街道都非常干净。

往返澎湖都要经过金门，回来的时候在厦大任教的林水永教授还开车载我和鲁加升参观了金门技术学院和岛上的风光。金门与厦门近在咫尺，但开发程度远不如厦门。不过，随着两岸关系的和缓，金门在两岸的交流中也将发挥越来越重要的作用。

2009年1月16日上午政协主席陈修茂在鹭江宾馆请我喝早茶。这是厦门统战部的做法,每位中共的市领导都负责联系若干名民主党派领导,陈修茂主席是我的联系人。马明炬、林乐真、杨谦等民主党派的领导也来了,政协秘书长朱伟革、统战部副部长曾汉中和政协办公厅主任也陪同参加。

厦门政协十一届三次会议即将召开,政协委员在2009年2月10日报到,并考察了一些新建成的重要项目,如后坑垃圾焚烧站、湖边湖综合整治、新火车站等。第十一届全国政协厦门委员会第三次会议于2月11日召开,陈修茂主席在第一天的会议上作了工作报告。作为中国民主同盟厦门委员会副主委,在第二天的会议上,我作了10分钟的主题为《关于如何发挥高校在地方经济发展中的作用》的大会发言。在2月12日下午的小组讨论中,我还作了主题为《关于城乡一体化》的发言。

2009年7月19日至7月25日我参加由民盟厦门市委组织的参观考察,去了重庆和贵州一趟。民盟市委会拟分批组织市委常委、委员、工作委员会主任、总支主委等赴重庆等地考察学习。我参加2009年的考察,带队的是民盟厦门市委专职副主委陈维加。一行16人于7月19日早上出发,乘飞机抵达重庆后,我们直接驱车两个小时到大足参观石刻。大足石刻,位于重庆市大足县境内,始于晚唐,历经五代而盛于两宋,是中国晚期石窟艺术中的优秀代表。石窟多达76处,共有造像6万余躯,石刻铭文10万余字,总称大足石刻。其中,尤以北山摩崖石刻和宝顶山摩崖石刻最集中。我们只参观了宝顶山的石刻。下午驱车回重庆,下榻于火车站附近的一家酒店。晚上大家到一家火锅店用餐,体验了一回重庆火锅的麻辣。饭后到市中心逛了一下,而后回酒店休息。7月20日上午我们先到渣滓洞和白公馆参观，而后又到陈列八大民主党派历史资料的特园看了看。我是第一次到重庆，对山城终于有了深刻的感受。在这么一个高低不平的山坳里，居然生活着好几百万人。这里的高楼很大程度上可以与香港相媲美了，我们还看到新建的轻轨线路居然从几座已经建好的高楼中穿过去！用同行小梁的话说，这是螺蛳壳里做道场。

吃完午饭后，大概是下午1点半，我们乘火车前往遵义。火车开得很慢，从重庆到遵义走了6个多小时，到晚上7点多才抵达。我们下榻的宾馆就在火车站附近，周围人流多，十分嘈杂，街上汽车的喇叭声此起彼伏，我一夜都没睡好。7月21日参观遵义会议会址和红军山，而后乘车前往贵阳。我们在乌江边上用餐后继续南行。在高速公路旁看到新农村建设的新景象，一座座别致小楼房让我眼前一亮，我赶紧拿出相机拍下几张照片。显然这些房屋不是新建的，但屋顶是新加上去的，外墙也是新刷的。原来火柴盒似的砖瓦房，加了琉璃瓦的屋顶，外墙再粉刷一下，房子于是便有了灵气，成了绿色田园中的一道亮丽风景。我不知道当地政府投入多少钱来改造这些民房的外观，但这种改造是很成功的，这里的经验值得推广。其实新农村建设不一定要建整排的房子，只要房子本身有风格，有坡顶，东一座西一座依山就势而建的房子更有特色。

7月21日下午我们到息烽集中营参观，晚上抵达贵阳。22日上午从贵阳出发，乘车前往位于黔东南的凯里参观西江千户苗寨，中午在苗寨用餐，下午返回凯里休息。23日从凯里前往黔南的荔波，坐了大半天的车，到下午才抵达小七孔桥景区参观。这里与广西接壤，比较有特色的是水上森林。晚上回荔波县城休息。24日前往大七孔桥景区参观，下午回贵阳，晚上民盟贵阳市委请我们吃饭。25日上午参观了贵阳市内的甲秀楼后，我们便到机场乘机返厦。

每年市政协中心组都要举办研习班，2009年的研习班于8月

5 日至 8 月 7 日在厦门国家会计学院进行。这一次的主题是学习国务院发展海峡西岸经济区的意见，先后邀请了市发改委主任康涛、副市长黄菱以及市委书记于伟国作报告。总的来说，厦门各方面都走在全省的前列，但因为自身地域小、人口规模不大，经济总量也就很难与其他副省级城市，甚至是地级市相提并论。其实也并不一定要经济总量大，只要在制度建设方面先行一步，在对台交流方面作出表率，在城市建设方面做得更好些，厦门还是有其他城市不可替代的作用和贡献的。中心组学习之后，政协组织大家分赴不同地方考察。我参加的是内蒙古这一线的考察，8 月 9 日至 8 月 16 日，我去了海拉尔、满洲里、阿尔山和扎兰屯市。

图 16.2　2011 年在甘南草原

2009 年 10 月至 2010 年 8 月我作为富布赖特学者访问美国麻省理工学院，等我回到厦门，2010 年的政协考察已经安排妥当，所以我就没有参加这一年的外出考察。2011 年政协暑期研习班安排在

8月1日至3日在厦门市委党校进行。第一天邀请厦门市规划局局长赵燕菁作报告，他对厦门市规划做了全面介绍。我们从中得到的启示是：为解决厦门的交通问题，市政府应该搬到岛外，东渡港也应该搬到海沧。潘世建的报告也不错。学习结束，8月4日至8月8日开始为期一个星期的外出考察。我参加甘肃队，去了兰州、天水等地。因为参加政协组织的考察，错过了南开大学同学毕业25周年在成都青城山举行的聚会。

我的第二届政协委员2012年到期，在换届之后，我不再担任政协委员，而改为担任市人大代表。一年一度的两会在2012年1月召开，我以市人大代表的身份参加了为期6天的市人代会。在现有体制下，区县人大代表是由选民直接选举产生的，但市一级的人大代表是间接选举产生的，即由区一级人大代表投票产生。不过，市人大代表的候选人并不是自下而上提出的，而是由相关部门安排的。我被安排在翔安区选举，作为翔安区代表团的成员参加市人代会。这一届的市人大代表共305人，住宿安排在厦门宾馆。会议的第一天听取市长刘可清的政府工作报告，后两天是选举时间。

2013年5月，王蒙徽从福建省副省长的位置调到厦门市担任市委书记。王蒙徽提出的口号是"美丽厦门，共同缔造"，并且编制了《美丽厦门战略规划》。初步方案指出，厦门具有生态环境美、山海格局美、发展品质美、多元人文美、社会和谐美等五大美丽特质，提出厦门"两个百年"发展愿景，即中国共产党成立100周年时建成美丽中国的典范城市、新中国成立100周年时建成展示中国梦的样板城市；明确城市发展定位是国际知名的花园城市、美丽中国的典范城市、两岸交流的窗口城市、闽南地区的中心城市、温馨包容的幸福城市。初步方案还提出美丽厦门的发展战略、行动计划，以及美丽厦门共同缔造的基本要求、工作要领等。既然市领导如此重视美丽厦门的建设，我打算在人大会议中写一个垃圾分类的提案。

2013年12月30日晚上，中共厦门纪委洪碧玲书记在市政府食堂请我们几个民主党派领导吃饭。原来联系我的中共厦门市领导是政协陈修茂主席，这一年改为洪碧玲。

2014年1月20日下午市人代会报到，1月21日上午开大会，下午分组讨论，1月22日全天讨论。我在1月21日上午的小组讨论中讲到美丽厦门的建设应该注意公民素质的培养，下午我提了两点建议：一是垃圾分类，二是取缔违章搭盖。我还专门写了一个提案，建议在厦门率先实行垃圾分类。虽然垃圾分类回收工作已经在一些城市陆续展开，但回收效果差、效率不高，给后续处理带来了巨大压力。生活垃圾的回收现状堪忧，主要问题表现在：第一，垃圾回收设施分类过于简单。不论是街道还是旅游景区中，随处可见的垃圾桶大多将垃圾分为两类：可回收垃圾和不可回收垃圾。普遍存在着分类指导图例不明确的问题。随着城市化发展，垃圾成分趋于复杂，可回收垃圾种类也趋于复杂。如果分类过于简单，垃圾桶上仅有一个可回收的标志，很难引导人们区分垃圾的种类，从而给后续的垃圾分类造成困难。第二，居民垃圾分类知识缺乏、分类意识淡薄。垃圾分类投放需要两方面的因素配合：一方面需要有完善细致的垃圾回收设施，另一方面需要居民有全面的分类知识和分类意识。这样才能做到一一对应，真正实现垃圾完全分类回收。第三，垃圾回收处理尚未实现全面产业化。垃圾处理不能永远作为一种公益性事业，只有政企分开，将垃圾输送、分类，再到垃圾资源化输出形成一种产业化链条，才能得到长远发展。目前，只有城市环卫部门在管理垃圾，他们主要负责将垃圾从社区运送到垃圾处理站。但在运输过程中，垃圾分类回收的程度极其低下，没有专门的分类垃圾回收车，原先简单分为可回收和不可回收的两类垃圾，在此也被合并到同一运输车中，彻底失去了分类意义，不能实现垃圾的资源化。厦门市多次荣获全国文明城市称号，不仅具有较强的经济实力，市民的素质也比较高，实行垃圾分类具有一定的基础。实施垃圾分类可以有效提高垃圾处理量以及无害化处理率，这不仅可以改善垃圾处理厂附近的社区环境，从环境公平的视角来看，还能够优化整个城市社区环境质量，给人们一个干净整洁的居住环境。更为重要的是，垃圾分类的实施可以在很大程度上让全体市民养成良好的卫生习惯，增强他们的环保和责任意识，从而提升全体市民的素质。一方面，实施垃圾分类需要得到市民的配合和支持，因此市民的素质和责任意识起着非常重要的作用；另一方面，垃圾分类的实施有助于提高全体市民的素质，让他们在垃圾分类的过程中逐步提升环保意识。从国际上看，能够成功实施垃圾分类的国家的居民都具有很高的素质。作为文明城市，厦门理应在垃圾分类方面走在全国的前面。垃圾分类需要大量的投入，做起来有难度，一旦实施，意义重大。我的这个建议显然是超前了，虽然我提了这个建议，但并没有引起领导的足够重视，也就没了下文。只在过了三年之后，上面要求做了，厦门市在2017年才开始实施垃圾分类。

中国人口老龄化日趋严重。长期以来实施的计划生育政策取得了效果，但也付出了巨大的代价。严格的独生子女政策长期没有松动，迟至2013年才开始实施"单独二孩"政策，即夫妻双方之一为独生子女的夫妇可以生二孩，这解决不了中国人口结构老龄化的问题。2013年8月15日10点，我接受中国国际广播电台的电话采访，谈放宽独生子女政策，我主张全面放开二孩。2014年，我通过中共厦门市委统战部向上提交了一条政策建议：全面放开二孩政策。放开二孩可以在一定程度上解决人口老龄化问题，保持人口红利，而且更重要的是可以重塑基层政府形象。计划生育政策本质上是一种以外力推行的人口控制政策，需要政府强制执行。在农村地区，计划生育政策实行之初就遭到了强烈的抵制，且农村居民和城市居民不同，难以通过单位来管理，在政策执行上更加困难。如果能够放开二孩，就不会出现基层干部为了完成工作指标而采取种种强制行为了，也能够重塑基层政府与干部在人们心中的形象。我还进一步指出，对于一些人口密度不高的少数民族的地区（如西藏、新疆），计划生育的政策应该更为宽松，不仅是少数民族可以生育多胎，而且汉族也要一视同仁地具有生育多胎的权利。这对于国家边疆地区的长治久安有着十分重要的意义。不过，好像我这项政策建议提得有点迟了，上面也已经在酝酿全面放开二孩了。2015 年 12 月，全国人大常委会表决通过计划生育法修正案，2016 年起全国实施二孩政策。

市人大第十四届四次会议 2015 年 2 月 4 日上午在厦门会堂开幕，我上午听取了刘可清市长的政府工作报告，下午分组讨论审议政府工作报告。我在会上谈到了加大出租车市场投入的问题，晚上草拟了一个提案。2015 年 4 月 10 日参加中共厦门市委统战部组织的视察调研活动，先后走访了市轨道办、象屿保税区、海沧院前社以及马銮湾。参加视察的有各民主党派的领导。

2016 年 4 月 26 日市政协在杏林湾大酒店召开美丽厦门规划征求意见会，我代表民盟参加会议，并在会上作了发言："美丽厦门的缔造不仅仅是城市的规划和建设，更重要的是人的素质的提升、公民精神的培养，人的因素起着重要的作用。《美丽厦门战略规划》有相当的篇幅和段落已经谈到人的因素的作用。如第三部分的第三点'人的发展战略'。改进意见：第一，《美丽厦门战略规划》第 36 页关于'美丽厦门'城市目标'国家层面'的第 5 点'社会和美型城市'，是否改为'社会和谐型城市'。后者更强调人的关系。第二，第四部分'"美丽厦门"行动计划'中的第 8 项：'同胞融合行动'。在文中，同胞指的是对岸的同胞。能不能把同胞的含义扩展一下，不仅限于台湾同胞，也包括对厦门的发展作出贡献的外来工呢？如果这样，意义更大。台湾同胞的融合固然重要，但做好厦门新移民的融合更能提升厦门城市的品质。第三，城市建设的具体规划一旦制订就要严格实施。不能搞短期的规划，不能只做十年、二十年的规划，城市的规划做好了，是百年大计，就不能随便改动。只能在原有基础上完善。原有的城市规划是有问题的，比如内涝严重，地下排水管网不足；没有足够的停车空间，带来了严重的'城市病'。城市的规划一定要慎重，要有长远眼光，现在没有想好的宁可不做。"下午4点开始听取厦门大学南洋研究院庄国土教授作《关于南海形势》的报告。

2017年政协人大换届，我不再担任市人大代表，改为担任第十三届政协委员。1月8日下午到翔鹭酒店参加市政协预备会，全体参会人员入住翔鹭酒店。1月10日上午开会，1月13日上午政协会议举行闭幕式。

2017年1月22日上午9点半到市政府中楼904与中共厦门市委组织部部长陈沈阳茶叙。根据市委统战部的安排，联系我的中共厦门市委领导换成组织部部长陈沈阳。过去每年领导都会安排与我们党外人士吃一次饭。这一次陈部长安排与我们茶叙，同去的还有第一医院的谢强，另一个联系对象朱奖思还没到，统战部曾庆军副部长陪同。陈部长热情健谈，聊了寿宁和其他一些情况。他是闽侯人，曾在宁德工作过，去过寿宁好多回。

2017年2月6日上午我参加市司法局召开的垃圾分类立法座谈会，我2013年就在市人大提出过垃圾分类的提案。至此市领导终于下决心做了，这是好事。2016年4月22日，厦门市人民政府办公厅发布通知，由市政园林局牵头制定的《厦门市生活垃圾分类和减量工作方案》已经市政府第105次常务会议研究同意，要求各单位认真组织实施。经过一段时间的宣传，从2017年开始，厦门市按照"公共机构带头、示范小区引领、以点带面、滚动发展"的工作思路，强势推动垃圾分类工作。《厦门经济特区生活垃圾分类管理办法》于同年9月10日起正式实施。到2017年底，主要城区90%的小区、120家市直机关、85家星级宾馆（酒店）、1124所学校、12家市属国有企业、66个农贸市场以及车站、码头、机场、公园、景区等公共区域和驻厦部队已全部推行垃圾分类，全市垃圾分类知晓率达90%以上，参与率达80%以上。

紧接着，在3月27日下午参加市政协民盟界别的视察活动，到翔安考察几个废品回收处理企业和新圩的垃圾填埋场。厦门日产垃圾达4000多吨，如果不实行垃圾分类，都采用填埋方式处理，过些年厦门将面临无地可埋的情况。市政府下决心全面推行垃圾分类，这是极有意义的一件事。

2017年4月1日下午，新上任的中共厦门市委统战部部长张灿民到民盟与班子领导座谈。厦门市政协在国家会计学院举办新委员培训班，4月5日上午报到，下午听了半天课，4月6日又上了一天课。上午刘世锦讲解当前经济形势。2017年5月24日至26日，参加了市委统战部在党校举办的民主党派领导班子培训班，时间是三天。

2017年7月26日至7月28日参加在市委党校的政协暑期学习班学习。7月26日晚上在陈昌生主委的房间召开主委会议。对于民主党派来说，各项工作就是围绕着给执政党提供信息展开的。在上半年提交给市政协的信息中，民盟虽然数量不少，但得到领导批示的不多，被上一级政协采用的也不多，因此只得了60分，在8个民主党派中倒数第二，所以专门召开主委会讨论此事。讨论整整花了四个小时。

2019年1月5日上午民盟厦门市第十三届委员会第三次全体会议在团结大厦召开，这次会议由我主持。厦门政协第十三届三次会议1月8日开始。1月7日下午是报到时间，我陪韩国客人吃完饭，到晚上 10 点多才去报到。1 月 8 日上午会议开幕，张健主席作报告。1 月 10 日上午代表民盟市委会作政协会议发言，题目是"盘活资源要素，加快千亿产业链群建设"。

图 16.3　2019 年，参加一年一度的厦门市政协会议

　　2020 年厦门市政协会议于 1 月 4 日报到，入住大唐景澜酒店。会议从 1 月 5 日开到 1 月 8 日，共开了四天。除因为要参加学校校务委员会的年会，没有参加政协会议的闭幕式外，其他几天的政协会议都参加了。2021 年因为在寿宁调研，这一年的政协会议我没有参加。

　　2022 年 1 月 4 日，民盟厦门市第十次代表会议在厦门宾馆召开。在此次换届选举会议之后，我不再担任民盟厦门市委的副主委。

# 十七　访学麻省

　　2009 年的富布赖特入选者大部分在 9 月初就赴美了，但我推迟了近两个月。出国前事情也特别多，有社会网调查、硕士生导师安排、免试推荐研究生、自考成绩申报等。10 月 10 日晚上我请我带的 10 多个研究生在大丰园吃了一餐饭，10 月 11 日又在大丰园宴请全系老师。10 月 14 日早上春霞开车送我到机场，乘 11 点 05 分的国航班机于下午 1 点多抵达北京机场。把两大件行李寄存在机场，随后在 4 点多才乘车到呼家楼的力行宾馆住下。10 月 15 日中午 12 点退房，在 2 点之前就到了机场，一直等到晚上 9 点从北京飞往洛杉矶的 CA983 航班才起飞。经过 12 个小时的飞行，于当地时间 15 日晚上 6 点（北京时间次日早上 9 点）抵达洛杉矶。在洛杉矶要先入境，而后再取行李。由于传送带的故障，等了一个小时才拿到行李。把行李取出，而后过海关。从海关出来，把两大件托运的行李交给机场工作人员，自己到外搭乘免费的巴士到 Terminal 7，在 70A 登机口候机。在进登机口的时候，我发现这里的安检比国内的要严格得多，鞋要脱下来，皮带也要解下来。因为我的茶杯里剩有一口茶水，安检人员就把我叫到一边，问我是否带了危险品，不让我再碰一下自己的包。检查完毕，发现确实不是危险品，而只是茶水时，我说把剩下的一口水倒掉，但安检人员不让我倒。他给我两个选择：一是放弃杯子以及所带的牙膏、洗面奶；二是先出去，在外面把水倒掉，再来过一遍安检。我选择了后者。从洛杉矶飞往波士顿的 UA166 航班当地时间晚上 11 点起飞，经过六七个小时的飞行，于当地时间 10 月 16 日上午 7 点抵达波士顿机场。

来美之前，厦门大学物理系的同事帅建伟把他的朋友张景文介绍给我认识，所以我到波士顿就有了一个落脚的地方。下飞机后，我给张景文打了电话，先坐 Logan Express 到 Woburn Station，张景文到车站接我到他家里休息，他自己先上班去了。这里的天气特别冷，当时还是秋天，在来的路上，天空居然飘起了雪花。在机场出口等巴士的时候，一位当地人说，现在这么冷是反常的，今年的天气很反常，本来夏天这里是比较干燥的，但今年却下了很多雨。

就这样，在推迟一个半月之后，我终于踏上了地球另一边的这块土地，开始了我的富布赖特访问学者生活。其实对于这次访问，我是颇为犹豫的，因为手上要做的事情太多，国家社科基金重大项目还没真正动手做，还有一个人在外面生活是很辛苦的。但是，富布赖特应该说是一个不错的项目，给的钱不算太低，申请竞争也还是比较激烈的。在全国 42 个 2009 年度的富布赖特访问学者中，我是最后一个走的。大部分人在 8 月底 9 月初就走了，只有我到 10 月中旬才出发。

沃本离市中心很远，在这里没车不方便。10 月 16 日在张景文家睡了一天，下午他下班回来，带我去吃了墨西哥肉卷。张景文是个虔诚的基督徒，晚上他带上我一同参加了在一个中国人家里的教会活动。10 月 17 日一天我都待在张景文的住处，只是上网查看了一些出租房的信息。10 月 18 日上午又和张景文一起参加了一个教会的活动。下午还是待在住处。

图 17.1　2010 年在美国哈佛大学

10 月 21 日下午去了麻省理工学院（MIT）。中午 12 点半吃完午饭，张景文开车送我去了麻省理工学院，我走到 E53 大楼，在政治学系的办公室 433 室见到了蔡晓莉。我复印了我的护照和 DS2019 表，并将我的到达表邮寄给了 CIES。然后，莉莉的秘书比尔先带我去国际学者办公室登记，并带我去了一家美国银行申请借记卡。我下午 4 点前往参加由麻省理工学院国际学者办公室组织的招待会。招待会结束后，我去肯德尔广场乘地铁，先乘红线到市区十字路口，再换乘橙线到沃本站，张景文开车来接我。

我已经在张景文的住处待了一个多星期了，但是还没有租到合适的房子。张景文先带我去马尔登的霍尔约克街 12 号看了一套一室一厅的公寓。我付了 400 美元定金预订了那套公寓，但过几天房东打电话给我，说是不租了。10 月 26 日下午张景文带我去联邦街看那里的单间，条件不错，但很贵。然后我们去了萨莫维尔帕金斯街 153 号看了几间房子。10 月 27 日我独自外出，一个人在早上 9 点去乘坐

134 路公交车，等了 40 多分钟后才乘上车，而从北沃本到惠灵顿车站花了将近一个小时的时间。接着我乘地铁去马尔登。先去霍约克街 51 号看房子，再去看了一下罗素街的公寓。在荷莲街 51 号有 5 间卧室的公寓的租金是 1300 美元，而在罗素街有 2 间卧室的租金是 850 美元。前者更便宜，而后者更方便，距离 T 站只有 5 分钟路程。然后我去了橡树林，看了看怀俄明州街一套非常好的公寓。这套公寓的租金是 1150 美元。我下午 1 点多才回来。我乘地铁从橡树林到惠灵顿站。在等了很长一段时间后，我坐上了回住处的 134 路公交车。糟糕的是，公共汽车在中途停了下来，我只好在那里下了车，等了将近 40 分钟才上了开往北沃本的 124 号巴士。从惠灵顿车站回到爱德华街花了我将近两个小时的时间。

我在 10 月 28 日又出去找房子了。我去华盛顿街看了看离橡树林地铁站很近的房子里的两个新装修的房间，离 T 站只有 2 分钟的路程，但是太吵了。然后我去怀俄明州街看了看另一个房间，离 T 站有 5 分钟的路程。我回到罗素街，给了房东 500 美元订金。我决定当天就搬进去。我打电话给张景文，让他来马尔登中心接我。回到张景文家收拾行李后，我入住到二楼的一个房间。房东姓张，是福州过来的移民。他是做装修的，买了好多套房子，装修后出租。

搬进罗素街的第一个晚上我整晚没睡。房间里有两扇窗户，面对着繁忙的普莱森特大街（Pleasant Street），街上车流不息，非常吵闹。同时，房间送风的采暖系统也会产生很大的噪声。我和房东反映了这个问题，试图找到一个解决办法。他说一楼有一个小房间，窗户不朝大街。我决定搬到一楼一个小而安静的房间。所以我在第二天晚上搬进了这个小房间，采暖系统也关闭了，换上一个电热器取暖。这个晚上睡得很好。

就这样我在这里安顿了下来。接着去了附近的一家叫 Stop &

Shop 的商店和香港超市买了大米和其他食物，还有电饭煲等烹饪器具。10月30日早上我去买了一部手机，下午又去了麻省理工学院，拿回了我的银行卡。波士顿的秋天是美丽的。树叶在秋风中呈现出不同的颜色，有红色的，有黄色的，还有一些是绿色的。要是晴天，天空也很蓝。

没想到多年以后又在美国过起了学生时代的生活。在国内出门可以开车，在这里又要重新适应没车的生活。美国的车子虽不贵，但买车要先考驾照，还要买保险，还要租停车位。据说位于市中心的哈佛和麻省理工学院的停车位是很贵的，一个月要好几百美元呢。而且到时回国还要把车卖了，折腾这些事是很费时间的。因为待的时间不长，只好因陋就简，能省就省，出门挤地铁和公交车算了。还好住的地方离橙线地铁的 Malden Center 站走路只要 5 分钟，从那里乘地铁35 分钟可抵达麻省理工学院的 Central Square，到哈佛的 Harvard Square 也不会超过 45 分钟。在厦门有保姆做饭，在这里一日三餐都要自己动手了。隔三岔五地就要到超市买吃的，买回的东西也只能是肩扛手提了，像个乡下进城的农民工。还好住处附近的两家超市都不远，一家叫做 Stop & Shop 的超市走路 10 分钟就能到，另一家香港人开的超市也只有七八分钟的路程。

当然来美国也是有好处的，不用处理行政事务。虽然院里的秘书不时也会发过来几张表格，有些还要花些时间填写，但在这里不需要开会，可以静下心来好好读一些书，听听课，学学英语了。我先后到哈佛社会学系和麻省理工学院政治学系听了几门课。尽管我是课程中途插进去，而且有些课的内容我还算熟悉，但听听课对英语水平的提升是有帮助的。此外，每天地铁站免费派送的报纸是我经常细读的。一些单词早就遇到过，也查过，意思也明白，但由于发音没弄清楚，记得不牢，在说的时候也就做不到脱口而出了。小报的文章都是地道的英语，不是仅仅读懂文章的内容就行了，我还要弄清每个不熟悉的单词的发音，包括人名和地名的发音。其实，在国内不是没有学习英语的环境，而是没有学习英语的时间。在互联网如此发达的时代，我们可以从网络获取许多英语学习的材料，音频的、视频的，还有其他形式的。但我的主要问题是没有时间。即使在波士顿，我与本地人交谈的机会并不多。更多的学习材料也是从网上下载的。现在有时间了，假以时日，按我这种方式学下去，我相信我能说出一口流利的英语来。

听说北美的秋天很美，我在电视和图片上见过。这次来了确实也感受到了这里秋的多姿多彩和韵味。不管是哈佛大学那长达数百年历史的古老校园，还是闹市区街道两旁的商铺边上，或是僻静的住宅小区庭院内外，到处都是各式各样的树木，其色彩如此丰富，有红色的、黄色的，绿中带黄的，还有绿色的。但是，好景不长，还没来得及细细品味和玩赏这里秋天的景致，突如其来的几场风雨就把红叶吹得七零八落了，只剩下光秃秃的枝丫。还好这里的冬天不算太单调，因为有充沛的雨水滋润，草地总是绿色的，不像别处的草地到了冬天一片枯黄。遇上晴朗的时候，天空碧蓝如洗，也是国内的城市所少见的。偶尔再下几场雪，改变一下单调的冬日景观，一片银装素裹、玉树琼枝的世界也很好看。

11 月 26 日星期四是感恩节，这对美国人来说是一个非常重要的节日，商店通常会借此机会促销。我以前听说过所谓的"黑色星期五"，现在才知道这个星期五之所以是黑色的，是因为居民们在黑暗中早早起床，去商场排队购物。11 月 21 日上午，我还去了惠灵顿站附近的 Best Buy，买了一台尼康 D3000 相机和一台苹果的 Macbook。由于 Macbook 的 macOS 系统与 Windows 系统中使用的大多数软件不兼容，从星期五下午起，我尝试了很多方法来解决这个问题。我给弟弟胡枫发信息，并访问网站寻找解决方案，但是问题还是没有得到解决。第二天早上去了 Best Buy，想把笔记本还回去。据说美国的许多商店都有无理由退货的规矩，一旦你觉得商品不好，不需要找任何借口就可以退货。我想当然地认为归还我的笔记本是很容易的。如果可以退掉这台笔记本，我可以从网上买一台 IBM 的 Thinkpad。我走进商店，在顾客服务台前排队。当我告诉售货员我不熟悉 macOS 系统并想退货时，他说我需要为已打开的商品支付15% 的费用。听他这么说，我又改变主意，不退了。先回去试试看，也许可以慢慢适应苹果的操作系统。我买了几张 CD，试着从网上下载 Windows XP，但网速很慢。我多次尝试从中国的一些网站上下载 Windows XP，用 CD 拷贝了一个。我试着在 Mac 系统上安装它。但是，在我插入 CD 之后，电脑死机了。我只好收拾东西，急急忙忙去了 Best Buy，这次是想找柜台帮忙解决问题，并没有想退货。但当我告诉售货员电脑无法重新启动时，他就很爽快地让我退了货，无须再支付 15% 的费用了。

退了 Macbook，我匆匆回到宿舍，访问了联想的网站，打算购买联想电脑，联想的优惠活动截止日期是 11 月 29 日。住处的互联网速度很慢，试了很多次，终于订购了 ThinkPad 笔记本电脑。我接下来在网上跟踪邮购的笔记本电脑，发现它竟是从中国上海寄出的！这里很多的东西都是中国制造的。从网上查到，我买的电脑是 12 月 7 日从上海寄出的，途经台湾桃园、阿拉斯加的安克雷奇、肯塔基的路易斯维尔，最后才到波士顿。12 月 24 日下午 2 点半左右，我正躺在床上睡午觉，听到门铃响，我立刻起床。我打开门，拿到了期待已久的笔记本。然后我开始为这台新电脑安装软件，安装了 QQ、Fetion 和一本英汉词典。不过，这时系统出了一点问题。当我启动电脑时，一个窗口不停地弹出，而我不能打开任何其他软件或文件。我尝试了很多方法，家东还给我发了一个卸载诺顿的软件。直到第二天下午我才解决这个问题，原来是英汉词典与英文版 Windows 系统不兼容，然后我继续安装一些其他的基础软件，如 SPSS、Foxmail 等。

2010 年 1 月 12 日下午我和同租在罗素街的中国留学生吕方、文君到东北大学走了一趟。先打了一个小时的乒乓球，而后到保德信大厦一楼的一家西餐厅用餐。我点了一份三文鱼，味道不怎么样。除了最后的一份甜点还算不错，其他菜的味道实在不敢恭维。晚饭后到 50 层的 Skywalk 去看夜景，这里的景色相当不错，可以看到流光溢彩的波士顿了。

1 月 3 日晚上孙安来访，从 7 点半谈到 11 点。孙安是福建人，移居美国多年，是市政协委员黄秀惠介绍给我认识的。孙安虽然是个做生意的，但却对许多问题都有自己独到的看法，曾写过一部《社会和谐论》的专著。与其说他是个商人，但我觉得他更像学者。孙安认为美国的司法制度讲究程序公正，但有时却忽视了实质公正。律师在美国社会中有非常大的作用，但只有有钱人请得起律师，可以钻法律的空子。他还说到，美国的制度对犹太人是最有利的。由于犹太人在美国社会很有影响力，他们是精英，对美国的内政外交都有很大的影响。

1 月 15 日小翟给我一张纸条，原来是邮局的特快专递通知，是 1 月 12 日的。上网查了下，马尔登市最近的邮局就在不远的 Mountain Ave 109 号。早上出去跑步问了送信的，说今天上午邮局会开门。我便徒步从住处沿 Pleasant St. 往地铁站方向走，往左拐到 Summer St.，而后就到了 Mountain Ave，邮局倒也不远，走路不到十分钟。不过，邮局的人很多，排了老长的队伍，从厅里排到门外，我等了半个小时，才轮到我取邮件。寄来的邮件原来是我主编的《社会学概论》，是我让高教出版社的干咏昕寄过来的。这本书原定 2009 年 9 月出版，但最后拖到 12 月才出版。书印得不错，但封面设计得不大气，标题字号很小，文献的格式也不是我所喜欢的风格。

哈佛大学和麻省理工学院的新学期开始了，又要开始忙了。1 月 12 日去哈佛大学社会学系听了 Frank Dobbin 的组织社会学，并叫他把课程的阅读材料寄给我。1 月 26 日上午先是到波士顿大学听 Laurel 的社会网络。因为第一次去，虽然通过 Google 查了线路，但还是耽误了一些时间。我先坐橙线地铁到北站，等了好久都不见开往 BU 的蓝线地铁，一问才知道要先坐到 Government Center 站，而那里有很多 B 线车。下午回来休息后，查看课表发现哈佛大学的政治社会学课程在下午 5 点半上课，赶紧过去，但发现教室没人，白跑一趟。

已经三个多月了，我猜想应该会收到第二次的奖学金支票。打电话问过南京大学的陈亚军，他也同一年到美国访问。他说他早收到了。会不会寄到我刚来时填的表格中的住址了？我打电话过去问了一下原来的房东袁女士，她说有我一封信。我过去把信取回来了，一看果然是支票。12 月 16 日就寄出来了，到现在才收到。我明明在报到表中写明我的邮件地址是麻省理工学院政治学系，却把这么重要的邮件寄到这个临时地址，看来美国人办事也是够糊涂的。

1 月 28 日上午我到 BU 听社会网络课，回来吃完午饭后，稍事休息，又赶到哈佛大学听 3 点钟开始的政治社会学课。来回跑了两趟，路上就花了差不多四个小时，还是有点累。

1 月 29 日我花了一整天的时间去克拉克大学海洋系黄金良老师那里取家人从厦门寄过来的东西。早上 8 点半从住处出发，先乘橙线地铁到 Back Bay，一问才知道到 Woceter 的车次很少，最早的一班是中午 12 点 15 分的。有人告诉我 South Station 有大巴去那边，我又从 Back Bay 坐车到南站，但最早的车也要到 11 点半才走，有什么办法呢，慢慢等吧。想给金良打电话，告诉他不能按时到。结果发现手机没钱了，只好找硬币打电话。从南站到 Worceter 的车站坐了整整一个小时的车。但麻烦的是下车的地方离克拉克大学还远，先得走一段路，再坐一段公交车才能到。我从 Terminal 出来，往市政厅方向走。那天天气特别冷，零下九摄氏度的严寒，刮着刺骨的寒风。有一位老头也往市政厅方向走，我问他往克拉克大学怎么走，他倒是很热心地回答我的问题。等我们走到市政厅时，他居然开口要我给他几毛钱。没想到经济危机阴影下美国这些老头会这么穷！可惜身上没有零钱。还好刚到市政厅，对面就来了一辆开往克拉克大学方向的巴士。到了克拉克大学，我进了一座标有 1887 年字样的大楼，大楼门口是一座弗洛伊德的铜像，原来这是心理学系的楼。我借了一个学生手机给黄金良打电话。他把我接到他家里，并给我热了饭菜。2 点多，我开始动身往回走。到了市政厅的 Terminal，发现最早的大巴也要4 点 10 分才出发。那就乘大巴吧，虽然要比火车贵一倍。等回到住处，已经是 6 点了。

2 月 4 日我参加了由国际教育协会和代表美国国务院的国际学者交流委员会联合主办的"国际教育的价值"招待会，地点在波士顿交流广场 53 号。我遇到了很多来自不同国家和领域的学者：来自墨西哥在 MIT 访问的 Alicia Guauardo Alatorre，来自日本的钢琴家 Mari Tsuji，韩国的博士研究生 June Park，澳大利亚的 Manoj Patel 博士，来自不丹的 Ugyen M Tenzin，以及印尼的 Achmad Fauzi。

又一次在外面过春节。2 月 13 日，也就是大年三十晚上我到厦门大学校友杜子敬和许月红夫妇家一起过春节。他们家住在Medford，是一处位于树林中的小别墅。房子只有一层，面积只有160 多平方米，但环境幽静，室内布置也很有品位。他们请了很多人到家里吃饭，有十七八人吧，都是中国人，是他们各自公司的同事。

交谈中了解到，这些人平常的交往圈子大部分是中国人。2月13日除夕房东买了一大堆东西与大家一起吃火锅，吃到1点多钟。

2010年春季学期开始，我连续听了几次哈佛大学社会学系Peter Marsden的中级统计课之后，发现这一次美国之行还是值得的。Peter是一个留着小胡子的老教授，从事社会网的研究，在哈佛大学社会学系开了很多统计方面的课。老先生讲话慢条斯理，深入浅出。上学期去过他上的社会网络分析课和高级统计课，可惜听不懂。这学期讲的是中级统计，刚开始抱着试一试的想法，没想到越听越有意思。他讲的是多元回归、虚拟变量、幂转换以及曲线估计，后面还要讲到逻辑斯蒂回归。这学期一开学，我几乎每天都去学校，选了很多课，恨不得能多学一些东西。听了哈佛大学社会学系的组织社会学和政治社会学，听了波士顿大学的网络分析，同时到麻省理工学院听定性分析方法。但大部分的课程不适合我听，是面向本科生开的课，讲得的东西太浅了，虽然有的对提高自己的英语也有帮助；而给研究生上的课教授讲得不多，学生讨论为主，由于相当多的文献没时间读，自己也不一定能跟得上他们的讨论。倒是上学期麻省理工学院政治学系的一门全球化课程觉得不错。虽然这课也是给研究生上的，但教授讲得多，对于学习英语还是有帮助的。

学生上课要读很多课外读物，不管研究生还是本科生都是如此。比如哈佛大学社会学系这学期给本科生开的政治社会学，平均每周学生要读270页的材料。这里每门课程都建有网站，学生可以通过密码获取上面的课程大纲、教学进度、阅读材料、教学PPT以及作业等。由于每门课要求投入的时间很多，一般学生每学期只能修两三门课，不像国内的学生一学期可以修七八门课。国内的教学体制应该好好改一下，要让学生少上一些课，多读一些书呀。

同租住在罗素街10号的中国留学生文君从一楼搬到二楼，在征得房东的同意后，我 3 月 31 日晚上搬到她原来住的房间。这个房间比较大，但对着马路，车声比较大，先待几天看能否适应。

中国生产的国际名牌服装在美国卖得比中国还便宜，这是我在 4 月 4 日由新住进来的小鸠开车带上小马、老江和我一起到波士顿南郊的奥特莱斯中心（Outlets）购物时发现的。那里集中了一百多种名牌产品，有服装、鞋、化妆品等，我买了一双皮鞋。

我在 4 月 8 日前往肯尼迪政府学院拜会帕特南教授。与他的见面时间一推再推，原定于 3 月 11 日见面，他的秘书来信说推迟到 4 月 1 日。4 月 1 日快到了，他的秘书又说定在 4 月 8 日下午见面。还好这次在波士顿待的时间比较长，如果临时过来，不一定能见得到他。想见帕特南，倒不是因为他是名人，因为在哈佛大学这样的名校，国际知名的牛人比比皆是。想见他的原因是我做的研究与他的社会资本理论有很大的关联。早在香港读博的时候就读过他的《使民主运转起来》这部大作的英文版，回内地后又读了该书的中译本。前些年自己也运用帕特南的社会资本概念做了一些实证研究，陆续发表过与社会资本相关的一系列文章。应该说我是中国内地第一位用帕特南的社会资本进行经验研究的学者。从肯尼迪政府学院网页上的介绍材料得知帕特南教授曾任美国政治学会会长和肯尼迪政府学院院长，曾先后出版十多部著作，其中多部被译成十多种不同文字。他的《使民主运转起来》被《经济学家》杂志认为是"可以与托克维尔、帕累托以及韦伯的著作相提并论的一部社会科学巨著"。该书成为过去几十年中最被广泛引用的社会科学著作之一。除学术研究外，帕特南教授还先后担任多个国家领导人的顾问，包括美国总统克林顿和布什、英国首相布莱尔和布朗、爱尔兰总理伯蒂·埃亨以及利比亚领导人卡扎菲。

会见在肯尼迪政府学院帕特南的办公室进行。我首先向帕特南教授介绍了自己 2001 年和 2005 年分别在中国农村和城市地区对社会资本与政治参与问题所做的实证研究，接着我问他如何在中国这样缺乏横向社团的社会如何构建社会资本。他说这是个很难回答的问题，但他认为传统社会中的关系并不是都不利于社会资本的构建的，从中也许可找到一些有利于社会资本的东西。他目前正在做"Practical Strategies for Civic Renewal in the United States"的课题，我问他是如何进行"civic renewal"研究的。他说他的课题主要是针对新移民的融入来做的，他说学校和教会在新移民的社会资本构建及融入过程中起着非常重要的作用。我们从美国的新移民谈到中国的农民工。帕特南还谈到意大利农民进城的一个有趣现象，这些农民进城之后通过加入教会和意大利共产党寻求支持。他问我中国城市中的农民工都有什么样的社会网络，他们是如何与家乡联系的，哪些人能比较快地融入城市。我根据自己调查的一些数据和了解到的情况回答了这些问题。

图 17.2　2010 年 4 月 8 日拜会哈佛大学帕特南教授

交谈持续了半个小时，因为还有其他人要来见他，我只好起身告辞。时间短，一些问题没法深入讨论。他说有兴趣访问厦门大学，但愿下一次能在厦门大学与他进行更深入的讨论。

应特拉华大学社会学与刑事司法系主任罗纳特·巴克曼教授的邀请，我于 4 月 13 日开始对特拉华大学进行学术访问。4 月 13 日上午先到哈佛大学上统计课，12 点从哈佛大学坐地铁到南站，再从南站转乘银线大巴到罗根机场。我乘坐的是 Airtran 航空公司的班机，在 C 航站楼登机。我先到电脑旁输入确认号码准备换登机牌，可是在确认位置的时候电脑显示居然要收座位费，20 美元到 49 美元不等。美国人也真会宰客，一张机票才四五十美金，座位费居然要收这么多！我从电脑中退出，排队找柜台的服务员 Check in，原来这里不需要收取任何费用。飞机在下午 2 点半起飞，3 点 45 分就抵达了巴尔的摩机场。特拉华大学的孙懿贤教授等在机场出口，我坐上他的车开往特拉华大学所在的纽瓦克，一路很顺利，一个多小时后，我们抵达特拉华大学，在学校宾馆住下。

纽瓦克市离巴尔的摩市约 60 英里。孙教授告诉我，美国很大的化工制药公司杜邦就在纽瓦克市。特拉华州不收消费税，因此邻州有许多人跑到这里来购物消费。特拉华州是美国的第一个州，面积不大，人口也只有 60 多万，但这里注册的公司不少，因为这个州的税收很优惠。原来不同的州之间也在为争夺税源使出自己的招数吸引企业注册。在去特拉华大学的路上，当汽车进入市区的时候，孙教授指着路旁一座二层楼高的不起眼的砖房告诉我，那就是市政府。这就是市政府？还不如我们国内的一个乡镇的办公楼气派呀。不过，特拉华市的人口不多，只有 5 万的常住人口，再加上特拉华大学 2 万多名的学生。

4 月 14 日早上 8 点起床，我在宾馆用完早餐后，在孙教授的陪同下参观特拉华校园。特拉华大学是一所州立大学，目前有在校学生2万多人。该校已经与厦门大学建立了很好的关系，据说厦门大学还要在这里建一个孔子学院，原定这两天厦门大学校长过来参加学院的成立仪式，但因为朱校长有其他更重要的事改期了。正是春暖花开的季节，很好的阳光，漫步在美丽的校园很是惬意。学校有二百多年的历史，因此有许多古老的建筑。校园的建筑都不高，有一层两层的，但很少有超过三层的。接着孙教授带我访问特拉华大学的灾难研究中心，在那里见到了中心的 Benigno Aguirre 教授和副主任 Tricia Wachtendorf。中国虽然灾难频发，但对灾难的研究很少。我们探讨了双方开展合作研究、厦门大学学生访学以及在厦门大学建立灾难研究中心或类似研究机构的可能性。中午特拉华大学的副教务长 Havidan Rodriguez 教授请我在一家西餐厅吃饭。孙教授告诉我他是学校的第三号人物，分管国际学术交流事务，很多重要的具体的决策是他定的。午饭后我们前往拜访文理学院的院长 Watson 教授。文理学院是特拉华大学最大的学院，既包括社会学、政治学等系，也包

图17.3　2010年4月14日在特拉华大学做学术报告

括历史、艺术、哲学等专业，还包括物理、化学等自然科学，据说该校 60% 的学生都在这个院。讲座在下午 3 点半开始，一个可以容纳一百多人的教室坐满了学生和教师，社会学系的 Ronet Bachman 教授也来了。虽然在不少的学术会议上用英文做过 presentation，但用英语讲座还是第一回，所以事先花了不少时间准备 PPT。我的报告题目是 "Farmers' Complaints and Trust in Government in Rural China"，分四个部分介绍我的研究。报告进行得很顺利，从听众的掌声中我想讲座应该是很成功的。

晚上在一间酒吧用餐。一起用餐的除系主任 Ronet Bachman 教授和孙教授之外，还有亚洲中心主任 Alice Ba 以及社会学系的两位同事 Aaron 和 Lana。我坐在中间的位置，与大家边吃边聊，谈到了目前合作的几种可能性，从学生交流到教师的互访，目前可以做的是联合培养博士以及学生交流。我在 4 月 15 日返回波士顿。行程虽短，但安排得很紧凑，也富有成效。

在美国一年，想让自己的英语说得更流利一点。我发现听课对英语听力有帮助，但对口语帮助不大。要有机会说话，才可以练好口语。为了练习英语口语，我开始陆续请一些人到住处吃饭，与他们聊天。我在 4 月 17 日和董国礼一起邀请了 Richard Levy 来我们的宿舍吃晚餐。我准备了一些中国菜，如土豆和肉、鱼、虾、茄子、蔬菜。4 月 18 日上午 10 点半，董国礼约我到哈佛广场见非洲裔美国学生 Carina 和 James。Carina 是哈佛大学工程专业的本科生，James 是她的哥哥，社会学专业的毕业生。然后我们一起去董国礼的住处做午饭吃，我们用英语交谈了很多。5 月 2 日晚上，我们邀请哈佛大学的德国博士生帕特里克·哈姆（Patrick Hamm）到我的住处吃饭，聊了很多。5 月 8 日邀请了波士顿大学的韩国学生朴准仪和一位日本学生一起到住处吃晚饭。5 月 29 日晚邀请一名叫 Jae

Huang Ha 的韩国学生来到住处吃饭，她是我在 Peter 的课上认识的同学。她在 MIT 攻读管理学博士学位。

4 月 25 日下午 3 点受邀前往哈佛大学费正清中心的"剑桥沙龙"作有关农民上访与政治信任流失的报告，认识了陆惠风老先生，还有何珊君、王钢桥、张均、何晶等一批来自中国的学者和学生。讲座结束后颜子龙先生开车带我们到波士顿学院转了一圈。虽然外面仍然很冷，但春天来了，花儿开了，树变绿了。我们居住的地方、麻省理工学院和哈佛大学的校园里，到处都是盛开的樱花，我喜欢这里的春天。

4 月 30 日我和来自中国的几位访问学者一起去听了一场钢琴音乐会。5 月 9 日孙安先生带我们去了一趟位于普利茅斯的五月花号登陆地点，并游玩了鳕鱼角海滩。①

6 月 14 日孙安先生带我们参观了韦尔斯利学院和波士顿学院。韦尔斯利学院位于波士顿近郊卫斯理镇上，创办于 1870 年，是一所非常著名的女子学院。许多名人曾在这所学院学习，其中包括宋美龄、包德明、希拉里·克林顿、马德琳·奥尔布赖特以及中国作家冰心等。波士顿学院成立于 1683 年，是一所研究型私立大学，排名也很靠前。两所大学的校园都很漂亮。

请人吃饭还是比较麻烦，后来我发现邀请以英语为母语的人一起

---

① 由于受英国国教的残酷迫害，清教徒分离主义派于 1608 年 8 月离开英国到荷兰。其中一部分教徒决定迁居北美，并与弗吉尼亚公司签订移民合同。1620 年 9 月 16 日，在牧师布鲁斯特率领下乘五月花号前往北美。全船乘客 102 名，其中，分离派教徒 35 名，其余为工匠、渔民、贫苦农民及 14 名契约奴。11 月 21 日，他们到达科德角（今马萨诸塞州普罗文斯敦），于感恩节后第一天在普利茅斯上岸。在登陆前，即 11 月 11 日由分离派领袖在船舱内主持制定一个共同遵守的《五月花号公约》，有 41 名自由的成年男子在上面签字。其内容为：组织公民团体；拟定公正的法律、法令、规章和条例。此公约奠定了新英格兰诸州自治政府的基础。此次航行的主要领袖是威廉·布拉德福德（William Bradford）和威廉·布鲁斯特（William Brewster）。

喝咖啡也是练习英语的好方法。6月28日我去麻省理工学院约见了Sameer。他是彼得班上的助教。我们谈了很多彼此的研究兴趣。我向他解释了社会学在中国的发展。毛主席更注重意识形态，他更严格地坚持社会主义理想，而邓小平则更务实。

7月1日上午10点半在进修课程咖啡馆约见凯特·西尔。我在苏珊娜·伯杰（Suzanne Berger）的全球化教学大纲上找到了她的电子邮件地址，并在几天前给她写了信。她迅速地回答了我，我们见了面。当我谈到她的导师和论文时，她告诉我她不是学生。谈话后，我发现我把她错当成了苏珊娜·伯杰的助教雷切尔·韦尔豪森！

和凯特·西尔见面后，我去了哈佛大学，见到了吴幸钊，一个来自台湾地区的博士生。她在闽西、厦门和莆田进行了田野调查。她选择的三个案例非常有趣。莆田个案属于经济较发达的类型，村民多外出经商，而且传统也是比较强的。村民们在传统的仪式中（如一个晚上放十几万元的鞭炮）显示自己的经济实力，从而提升自己在社区中的地位，因此也就更能够获得村民的信任并通过借贷筹集民间资本。闽西经济不是很发达，村民多外出打工，传统的保持属于中等，而厦门杏林的个案则是属于传统比较弱的地区，因为靠近城市，国家的介入也比较多。在公共物品的提供方面，莆田的个案也是属于做得比较好的地区，从学校的修建到一些其他公益事业的兴办，采用村民自愿入股投资的形式。原来的村支书也是一个神职人员，更使得传统的东西容易得到维护。三个村庄都是单一的姓氏，都有完整的家族组织，都具有蔡晓莉所说包容性的连带团体，但三个村庄的传统保持得并不一样，社区的凝聚力也不同，在公共物品的供给方面也大相径庭。

这天中午1点30分的时候，我去了哈佛大学 The Coop 书店的二楼会见了 Andrew Vivitsky，他是一名记者，对俄罗斯和中国的比较研究很感兴趣。他对中国的态度相当友好。他向我解释了为什么那么多西方人对中国的崛起感到不安。20 世纪，当德国变得强大时，发生了两次世界大战。因此，中国崛起并变得强大，它也可能试图影响甚至控制世界，这是许多西方人的逻辑。

7 月 4 日是美国的国庆，是我到波士顿 9 个月来感受到最热闹的一个节日。国庆的重头戏是晚上在波士顿市区举行的露天交响音乐会和晚上 10 点在查尔斯河畔的焰火晚会。想听露天音乐会的人很多，一大早就要去占位置。室友江先生和他的同事早上 10 点就去占位置。虽然也想听听交响乐，但我不想用一天的时间去占位置，所以就只能退而求其次，在晚饭后拎着相机到查尔斯河畔去看焰火。我到的时候是晚上 7 点多，查尔斯河畔已经是人山人海。波士顿的市民拖家带口来看焰火了，不少人从家里拿椅子和坐垫来占位置。平常街上看不到多少人，现在第一次感受到美国也是人口众多。8 点多交响音乐会开始，我们所在的地方虽然看不到演出，但可以通过喇叭听到交响乐。最精彩的应该是晚上 10 点的时刻，三架亮着彩灯的战斗机从夜空中飞过，场面壮观，人们全体起立，鼓掌欢呼。焰火从 10 点半开始，持续大约半小时，11 点结束。烟花的形式还算是丰富多彩，但比中国的国庆或奥运会上的焰火那就要逊色多了。观看焰火结束，我赶到 MIT 的地铁站乘车回住处，发现地铁站入口处已经排起了长龙。虽然人多，但队伍还是秩序井然，没有出现混乱场面。

在这里待了近 10 个月后，我将很快回到中国。归国日期临近，我 7 月中旬向 CIES 提交一份报告，并向中华人民共和国驻纽约领事馆申请留学证明。7 月 15 日，我早早起床，6 点钟就去纽约肯尼迪机场接春霞和泽浩，他们从厦门飞纽约，想到美国待几天。我从波士顿南站到纽约唐人街花了四个半小时，然后乘地铁去机场。当我到达机场时，已经快到下午 2 点了。我等了三个多小时，终于在下午 5 点半接到他们。然后我们去唐人街乘公共汽车去波士顿。当我们到达我在马尔登的住所时，已经快到深夜12点了。

7月16日下午我们去海滩看了沙雕，然后与几位中国访问学者一起去一位也是来自中国的访问教授家吃晚饭。7月17日下午，颜子龙开车送我们去了波士顿学院、韦尔斯利学院和哈佛大学。7月18日，天气炎热，白天我们都待在家里，直到下午6点，天不太热了，我们在吃了一些面条后，便去看波士顿著名的"自由之路"。"自由之路"是一条由红砖铺成的道路，起点始于美国最古老的波士顿公园（Boston Common），全长2.5英里，将波士顿16处历史文化遗迹像珍珠项链一般地串联起来，这里有金顶的马萨诸塞议会大厦（Massachusetts State House），古旧的国王礼拜堂和以美食闻名的昆西市场（Quincy Market）等著名景点。我们乘地铁去了市中心十字路口，从波士顿公园步行到邦克山纪念碑。我们沿着自由之路走了5个小时，当我们回到住处时，已经是晚上11点了。

7月19日下午2点我在麻省理工与苏珊的全球化课程助教雷切尔一起喝咖啡，谈了一个小时。接着，我带春霞和泽浩参观了MIT校园。7月20日下午3点，我又带他们到哈佛大学参观。7月21日下午3点从住处出发，乘黄线至Rugass站，参观波士顿艺术博物馆。7月22日下午出发，乘地铁至Copley，逛了几家商场，买了一些东西。7月25日上午9点从住处出发，10点抵达哈佛，参观自然历史博物馆。7月27日颜子龙开车带我们去缅因州的Outlets购物。7月28日下午去Downtown Crossing，先逛了一下街，而后到州议会参观，并到四楼旁听了一下议会开会。

我们7月31日参加途风网的旅行团，从波士顿出发，先乘车到新泽西州，住在一家叫Country Inn & Suites的宾馆。8月1日开始正式旅游，先到曼哈顿的唐人街，接着参观华尔街，随后乘船看自由女神像。8月2日从新泽西州出发到华盛顿，先后经特拉华州和马里

兰州，参观了自然博物馆、林肯纪念堂、杰斐逊纪念堂、越战纪念碑
和朝鲜战争纪念碑。8月3日到尼亚加拉大瀑布，当天晚上住在大瀑
布边上的小镇。8月4日乘大巴回到波士顿，接着马上又乘大巴到纽
约，在唐人街找了一间旅社住下，次日赶往机场回厦门。

图 17.4　2010 年 8 月在美国华盛顿特区

# 十八　出访交流

　　厦大公共事务学院与加拿大西安大略大学（以下简称西安大略大学）有合作关系，学院的部分教师要与加方的教师开展一个中加地方治理比较研究的项目。学院决定让我带队，带领李明欢、易林、郑启五、李学、余章宝、李艳霞、丁煜、孟华等一行 9 人于 2008 年 5 月 12 日至 5 月 18 日访问西安大略大学。我们于 5 月 12 日中午 12 点从厦门出发，先飞到香港，在傍晚 5 点登上了飞往加拿大的国泰航班，开始了漫长的空中旅行。在飞行了几个小时之后，天色渐渐暗了下来。我想闭目休息，但始终没有睡着。再经过几个小时的飞行，当我再次打开舷窗时，发现太阳高挂在空中。当我们抵达多伦多机场后，虽然经过 15 个小时的飞行，抵达地的时间还是 5 月 12 日晚 8 点。这使我想起了"夸父追日"的故事，我们是乘着飞机追赶太阳来了，我笑着对同事说：我们从香港到多伦多只用了 3 个小时。

　　西安大略大学的 Andy 教授和在此访问的厦门大学博士生郑惠早已在机场等候我们。我们分乘两辆面包车前往伦敦市。这可不是英国的伦敦，是位于加拿大安大略省西南部的一个市。经过两个小时的车程，我们来到了伦敦市，先在一家咖啡馆吃了点东西，而后到一家名为爱德微尔的旅馆住下。这是一座具有维多利亚时代风格的建筑，建于1878年，距今已有百年历史，最初是伦敦市一位名叫查尔斯·海曼的市长和几位官员建的官邸。房子总共有3层，楼板和墙壁都是木头的，虽然走在楼梯上会听到吱吱呀呀的响声，但房间布置却相当典雅，设施也很现代化。会议在爱德微尔旅馆的地下室进行。参加会议的除了我们厦门大学的9人，还有来自西安大略大学、渥太华大学、卡尔顿大学和维多利亚大学等多所加拿大大学的学者。中加双方学者就地方政府参与的几个专题轮番上台发言。

5月13日下午的会议结束之后，我们到位于伦敦市的西安大略大学参观。西安大略大学成立于1878年，是加拿大历史最悠久的顶级学府之一，2003年度在加拿大大学排名中位于第三名，其全球综合排名为第十八位。西安大略大学最具知名度的工商管理专业在全加拿大排名第一，全球排名为第十一位。

两天的会议结束后，我们在5月15日前往位于加美边境的尼亚加拉瀑布观光。从伦敦市到尼亚加拉瀑布有2个小时的车程，Andy教授亲自为我们开车。早上11点，当抵达尼亚加拉市后，我们便开始游览壮观无比的尼亚加拉瀑布。尼亚加拉瀑布位于加拿大和美国交界的尼亚加拉河中段，号称世界七大奇景之一，与南美的伊瓜苏瀑布及非洲的维多利亚瀑布合称世界三大瀑布。我们在下榻的假日酒店停好车就顺着街道的陡坡直奔大瀑布而去。浩瀚而清澈的江水犹如千军万马滚滚而来，奔腾咆哮，从50多米高的悬崖绝壁跃下，发出巨大无比的轰鸣声，场面壮观，撼人心魄。从高处跌落的激流冲击谷底激起100多米高的雨雾，随风飘动。从加拿大瀑布右侧观赏瀑布的人不带雨具的话就会被它激起的水雾淋湿。

图 18.1 2008 年访问加拿大西安大略大学

上午看了一次瀑布，吃完午饭后我们又去乘"雾中少女"号游轮从瀑布落下的正前方近距离观赏。游轮从美国瀑布对面的码头出发，上船时每人发了一件雨衣，航程不长，一个来回约 30 分钟。当游轮靠近奔流直下的瀑布时，全船游客都发出了激动的尖叫声。坐完游轮回来，我们又乘电梯进入一个隧道，从后面感受和体验加拿大瀑布。隧道有一个出口，游人可以近距离从侧面观看瀑布的跌落。隧道还通向瀑布的正后方，从里面往外看，只见白茫茫的一片水帘和巨大的轰鸣声。从隧道出来，我们接着又沿着上午走过的路再看了一次瀑布。此时太阳西斜，是拍照的最好时间。大家拿着自己的数码相机不停地拍照。"有彩虹！"Andy 第一个叫起来，是的，巨大的水雾在斜阳的映照下幻出一道色彩斑斓的彩虹。晚上的瀑布又是另一番景象，五彩的灯光把瀑布照得如梦如幻。我们不顾一天的疲劳，又拿着相机拍下了夜色中的尼亚加拉瀑布。

5 月 16 日上午 8 点，我们从尼亚加拉的假日酒店出发，在 Andy

的带领下沿尼亚加拉河看了一些景点。尼亚加拉瀑布的水流冲下悬崖后，到下游又重新汇合，继续在峡谷里翻滚腾跃，激荡出世界上最狂野的漩涡急流。我们在峡谷边上的不同地点停车拍照，还去了一处立有纪念美加战争纪念碑的地方。1812 年美、加（当时属英国）之间曾为争夺尼亚加拉瀑布引发一场战争。战争结束后，两国签订了"根特协定"，规定尼亚加拉河为两国共有，主航道中心线为两国边界。

5 月 16 日中午我们抵达多伦多。多伦多位于安大略湖边上，人口 430 万，是加拿大最大的城市，也是安大略省的省会。下午我们参观市区，在 Andy 的带领下去了市政厅，在那里见到了一位姓潘的华人政府官员，他原籍广东，见到我们这些人高兴之情溢于言表。市政厅的工作人员向我们介绍了市政府的工作情况。在这里，让我印象深刻的是市政府、省政府和联邦政府的分工非常清晰。潘先生还讲道，政府只是一个管家，政府管的钱不是政府的，而是人民的，政府只是替老百姓保管这些钱而已。

5 月 12 日下午在香港机场候机时就从电视上看到四川发生地震的消息，当到加拿大后我们进一步关注事态的发展时，没想到这次地震这么严重。让人痛心的是许多同胞在顷刻之间失去了生命，更让人揪心的是还有那么多的同胞被压在废墟之下，几次看着电视画面感到泪眼模糊，5 月 19 日下午 2 点 28 分举国鸣笛的场面，更是让我泪流满面。

为了促进与英国大学的学术交流，提升研究水平，改变以往守株待兔式的对外交往方式，我和易林在 2008 年 11 月到英国的布里斯托大学、利兹大学、牛津大学和伦敦政治经济学院等 4 所大学进行学术访问。我们在 10 月 31 日下午 7 点 45 分乘 KA605 航班从厦门飞香港，由于航班延误，我们只好在香港待一个晚上，由航空公司安排入住机场边上的富豪酒店。由于入住时已经是晚上 10 点多，机场离市区又很远，所以没有外出，只和在城市大学攻读博士学位的胡康通了一个电话。11月1日上午8点起床，10点从香港乘CX255航班飞往伦敦。我们预定的是44排紧急出口的位置，前面比较宽，起来走动也比较方便。本来机舱中每个座位前都有一个小屏幕，乘客可以选看自己喜欢的电影。但这架飞机上好多座位的小屏幕都出了故障，看不了电影。我随身带了手提电脑，想在飞机上干点活，但发现座位边上的电源插座没通电，电池的电很快就用完了，因此只好闭目养神，小睡一会儿。不过，平时工作忙没空多想的社会单位理论此时又浮现在我的脑海。我概括的社会单位权力分配的原则是，单位成员拥有资源的多寡与其在单位中的位置有很大关联。但在中国，一些社团成立时往往社团的发起人就成了单位的负责人，应该如何解释这一现象呢？其实，这与社会单位成员的看法有很大关系，在一定的文化制度背景下，单位成员会"认为"什么样的东西是合理的，什么样的人应该是领导者。这些看法或想法无形中赋予一些人某种资源，而这种资源足以让其成为单位的领导者。有了好的想法，要把它记下来，不然时间一过就忘记了。包里有笔，但没带本子和纸，我就在座位前面的置物袋找到装垃圾用的纸袋，用它把自己的思想火花记下来。写完一个纸袋又再去找另一个纸袋继续写，旁边一位来自德国的乘客发现了，起身从他的包里取出一小沓纸给我。从香港到伦敦要飞13个小时，当我们抵达伦敦希思罗机场时已经是10月31日下午3点半，伦敦与厦门的时差是8小时，厦门这时应该是晚上11点半了。天气不好，下着小雨，我们在寒风中瑟瑟发抖。由于长途车站变动，在英国待了好多年的易林也找不到地方，我们拖着行李边走边问，走了不少冤枉路，最后才找到车站，并乘坐5点5分的大巴前往布里斯托。在2个小时后我们抵达布里斯托，而后再乘出租车到达下榻的CLIFTON酒店。与我们上次在加拿大住的乡村酒店一样，这家酒店也是一座老房子。虽然是木质结构的，但有电梯直通三楼，而且每个房间都有独立卫生间和淋浴设备。房间并不高档，在厦门只能算是"招待所"水平，但房价不菲，一个晚上就要 60 多英镑。我在想，我们农村的许多老房子，应该也可以在里面进行装修，安上现代化的卫生设备，不一定都要推倒重建。

在房间稍事洗漱后，易林在英国读书时的同学凯伦开车带我们去参加一个绝对素食主义者的聚会。所谓绝对素食，是他们拒绝任何动物类的食品，连牛奶、鸡蛋都不吃。凯伦开车在街区内转了几圈，就来到了聚会的地点马修的家。马修也是易林的同学，他的家是一个 2 房 1 厅的单元套房。聚会在客厅里进行，里面摆着一长一短两张沙发，一旁的桌子上摆满了食物，沙发前面的茶几上则有各种酒和饮料。客厅不大，我们来时已经有七八个人了，有坐在沙发上的，也有席地而坐的，还有在一旁站着的。后面又来了三五个人，小小的客

图 18.2　2008 年访问英国牛津大学

厅里就挤满了十几个男男女女了。大家各取所需地吃着东西，三三两两在闲聊着。来的虽都是素食主义者，但并非个个身材苗条，也有相当健壮肥硕的，不像是吃素的，也许有的人素食时间并不长。这些人虽然年纪不小，易林说他们都是单身，都有异性朋友，但没想到要结婚。马修现在也是和他的女友住在一起，他的女友还有两个孩子。易林还告诉我，布里斯托社会学系教师中除了一个印度人，其余的都没有成家。看来家庭已经在英国的某些人群中提前解体了。由于旅途劳累，我们在 11 点多回到了住处休息。

11 月 1 日一天主要是在布里斯托市区里逛。早上 10 点从住处出发，沿着白女士街往前走。因为是周末，除了几家超市，绝大部分的商铺关门休息了，这与国内的情况大相径庭。街上很冷清，行人很少，偶尔有汽车在寒风中穿街而过。看得出这是座有着悠久历史的古城，街边的建筑不高，但都饱经沧桑，私家住宅庭院中的参天古树和斑驳的院墙也显示出这座城市久远的历史和深厚的文化底蕴。我们来到城市中一块很大的绿地。易林说他读书时曾和几个好友经常到这里跑步。沿着绿地往前走，是一个深达数十米的大峡谷，一条河流从峡谷中穿过。我们从峡谷的这边走到对岸，并拍了一些照片。一座大桥把峡谷两岸联在一起，这座桥也成了布里斯托市的标志。与国内的大学都有相对独立的校园不同，布里斯托大学分散在不同的几个街区中，学校与外面的居民住宅并没有明确的界线。不知是英国人爱喝酒，还是这里大学生多，街上到处都是酒吧。中午我们在一家中餐厅用餐，回住处稍事休息后，又在下午 3 点多外出。下午在市中心的一家临河餐厅里，见到了易林的两位朋友，一个是英国女孩 Any，另一个是日本女孩 Mu。她们刚毕业不久，日本女孩还想继续在这里找工作。英国女孩的家就在布里斯托市。晚上 7 点我们到台湾人洪慈穗住处吃饭，日本女孩 Mu 也跟着我们一起去了。

268

　　11 月 3 日上午 11 点退房，而后来到布里斯托大学的公民文化研究中心。易林的导师 Taliq 这段时间不在公民文化研究中心，所以我们没有安排计划约见他。我们把行李放在公民文化研究中心，而后到一个印度裔女孩的办公室坐了一会儿。12 点这位女孩带着我和易林等一起到印度餐馆用餐，他们的同学，现在留校任教的英国人 Simon 迟几分钟也到了那里。用完午餐，下午 2 点到东亚研究中心见到主任张永进教授和中国政治经济研究员金婉玲。张永进是牛津的博士，厦门大学外文系毕业，从新西兰过来，研究领域是国际政治。金婉玲是加拿大出生的华人，也是牛津的博士，现在的研究领域是中国大陆和台湾的关系。我们把来访的目的说了一下，并谈了一些可能合作的领域。而后我们回到印度裔女孩的办公室，我上网查了一下邮件。4 点半我们打电话叫了一辆出租车，半个小时后抵达火车站，乘坐 5 点半的火车前往牛津。因为牛津是个小城市，没有直达的火车，中间我们要转车一次。大概是晚上 6 点半，我们抵达牛津，住进了离火车站仅几步之遥的 Westgate hotel。这也是一家小旅馆，由夫妻两人经营，典型的夫妻店。上楼放下行李，易林的朋友、牛津大学的博士生 Nina 就带我们去一家意大利餐厅吃比萨。Nina 是易林在青海认识的朋友，她的研究领域是中国农村教育，今年年内估计可以完成博士学位论文。

　　11 月 4 日上午先到牛津的墨顿学院见研究中国现代史的葛凯教授。葛凯的英文名字是 Karl Girth，从美国到牛津工作不久。这是一位热情洋溢的美国人，他给我们介绍墨顿学院的历史，并带我们去参观学院的藏书楼。这个学院是牛津大学最早的学院，成立于 13 世纪。这里的建筑也相当古老，建于 14 世纪或 15 世纪，大约是中国的南宋时期。我们和葛凯一直谈到 12 点。出来之后，我们在附近转了一下。周围的建筑都很古老，有着丰富的文化内涵和底蕴。一些建筑还是几个世纪以前的木门，建筑的墙体有的已经破损，有的则已经发黑。虽然房子很旧，办公条件也很一般，但这里却有着世界顶级的学者，每天生产着大量的知识。与这里相比，我们的办公条件和教学设施毫不逊色，有时我觉得甚至太奢侈了。以厦门大学为例，原有的三家村学生活动中心已经够好了，可是学校还是要把外墙敲掉重新装修，花了好几百万加装玻璃幕墙。原来好好的一座外文学院大楼居然给推倒了，为的是在这个地方建一座更加富丽堂皇的会议中心。要知道，不管是布里斯托还是牛津，许多办公和教学场所仍是历经几百年的砖木结构的老房子。虽然这些老房子内部也装了暖气、洗手间、地毯等设备，但走在楼梯和地板上，总可以听到吱吱呀呀的响声。虽然这些年我们国家的综合实力有了一定的发展，但与人家这个老牌帝国相比，底子还是很薄，任何时候都不可以忘掉勤俭办学这一方针。中午和 Nina 在学院的餐厅吃饭，之后我们从墨顿学院步行到东亚研究中心。下午 2 点到东亚研究中心见 Rachel、Cristina Wong 等人。Rachel 为我们准备了咖啡、茶和点心，但由于开门的人迟迟没来，会议室的门无法打开，我们几个人只好在过道上坐下来交谈。等大家都散去之后，Rachel 领我们在她的办公室坐了一会儿。Rachel 是澳大利亚人，在英国读的社会学博士，她的研究领域是农民工，曾在江西做过调查。她把她的两本著作送给我。晚上 7 点她带我们去参加他们学院的高桌（high table）餐会。每个人穿着长袍，餐会之前先在一个地方喝饮料和酒水，等大家都到齐之后，餐会主持者带我们来到一个大厅。大厅有很多人已经在用餐，在边上有一张长桌，每人依事先排好的位置在长桌两旁依次坐下。餐会很隆重，由主持人敲击木槌开始。几道菜陆续端上，其中最主要的菜是从英国乡下打的鸟，如鸽子般大小。正餐结束，主持人再敲了一次木槌。而后我们来到用餐的第三个地方，一个地下室，也是在一张长桌旁坐下，开始享用水果和一些甜点，当然还有酒水。之后，我们回到顶楼的大厅，开始喝咖啡。由于有点累了，Rachel 送我们先出来，其他人继续聊天。

11 月 5 日我们从牛津到利兹。用完早餐后我们就到了火车站，先从牛津到曼彻斯特。我们在转车时耽误了一班火车，在曼彻斯特多等了一个小时，到下午 4 点钟才到达利兹。下车后我们叫了一辆的士直奔学校，在东亚研究中心见到了中国部的主任，而后易林给他们做了一个讲座，6 点多我们从学校到吃饭的地方。中心的费立民教授开车先送我们到下榻的金狮宾馆把行李放下，而后随他一起到一家中餐馆用餐。

利兹应该是座很漂亮的城市，但我们没有时间多停留，11 月 6 日一早 9 点半我们就从金狮宾馆走到利兹火车站。从利兹到伦敦的火车 10 点多出发，经过两个小时的行驶，下午抵达伦敦。我们坐地铁到位于市中心的 Earl Court 站下车，并来到了事先预订好房间的 Lord Jim Hotel。不过，已经没有独立卫生间的单人间了，我们要了两间不带卫生间的客房。这里宾馆要比其他地方贵多了，房间小且不带卫生间，而且价格比前面住过的房间都要贵，一晚上需要 60 多英镑。我们放下行李后，就赶往伦敦政治经济学院，在那里见到了市民社会研究中心主任 Jude Howell 教授。伦敦政治经济学院是座非常有名的大学，马林诺夫斯基曾在此任教，费孝通先生当年也曾在此攻读博士学位。

从伦敦政治经济学院出来，我们来到一个名叫 George 的酒吧。易林约了他的几个朋友在这里见面。这是个非常古老的酒吧，据说已经有几百年的历史，木质的天花板和墙体都已经发黑。酒吧外面的墙上挂着一个牌子，上面写着：莎士比亚和狄更斯曾到过此地。我们到的时间比较早，可以在酒吧里找个地方坐下。但后面来的人越来越多，酒吧里挤得水泄不通，好多人都没地方坐，只好在过道上站着。据说酒吧在英国非常普及，平常人们下班后要约见朋友，都会到酒吧里喝上一杯。在布里斯托的学校附近，酒吧密集。不过，没想到这个酒吧是如此嘈杂，我们要扯着嗓门讲话对方才听得清。英国朋友说，并非所有的酒吧都这么吵，也有安静的。

来英国一个星期了都一直在下雨，这个曾经的"日不落"帝国却是难得一见太阳。不过11月7日这一天天公还是作了美。这是我们此次英国之行唯一观光的一天，也是来英国一个星期中唯一天气晴朗的一天。早上起来，我们发现阴沉天空中的乌云不见了，天空是瓦蓝瓦蓝的，偶尔飘过几朵白云。这里的空气质量要好过国内的许多城市，包括厦门。虽然天气还是有些冷，但我们的心情也随着天空的明净亮丽了许多。我们先坐车到泰晤士河畔看大本钟、议会大厦、被称作伦敦眼的摩天轮。而后又从议会大厦走到西敏寺教堂，在白金汉宫外面转了一下，最后来到闻名遐迩的海德公园。下午又坐地铁到伦敦塔桥参观。下午3点我们在滑铁卢火车站见到了易林的同学格林，我们先到一家酒吧喝酒，晚上又到一家意大利餐馆用餐。易林的同学松本睦美也从布里斯托过来与我们一起吃饭。

11月8日上午我们到伦敦市中心的商业区走了一下，中午在一家中国餐馆吃饭。下午3点我们起身到希思罗机场，乘坐6点的航班从伦敦飞香港。飞机又晚点了2个多小时，于晚上8点半才起飞，于当地时间11月9日下午2点半抵达香港，而后换乘港龙航空5点半的航班回厦门。

在2008年两次出访之后，2009年10月至2010年8月我又到美国做了一年的富布赖特访问学者。

2011年我应台湾青年交流协会的邀请访台一个星期。这次赴台的大陆学者共12人，都是曾经受过中华基金会资助在台做过学术访

问的学者。我和厦门大学历史系的黄顺力教授于 10 月 24 日早上 9 点
从厦门出发，乘坐厦航 10 点 45 分的航班赴台。与其他直飞台湾城
市的情况不同，厦门离台湾太近，没法截弯取直飞，要绕道汕头再飞
台北，不到 40 分钟的路程飞了 1 小时 25 分钟，12 点 10 分抵达台
北桃园机场。下机后我乘车到位于南京东路的兄弟大饭店住下。晚饭
后打电话给原来认识的台湾朋友刘凯云，由他开车带我转一转台北市
区，先去参观圆山饭店，再去参观了"总统府"。给我的感觉是台湾
的街道很干净，比厦门干净多了。路边一些小摊贩卖的小吃，也很清
爽干净。虽然有许多摩托车，修路的地方也不少，但路上的车都很有
秩序。

图 18.3　2011 年访学中国台湾，在台北野柳地质公园

　　接下来 8 天的行程安排得很满，10 月 25 日上午到"中研院"社会学所访问，下午参观公共电视台。与其他台湾非蓝即绿的电视台不同，公共电视台是属于公民的，不播广告，也不代表任何政党。10 月 26 日上午参访政治大学国关中心，午饭在猫空山上吃茶餐，接着乘缆车下山，下午访问财团法人国家政策研究基金会，与詹火生等座谈。晚上到位于剑潭的青年活动中心参加欢迎晚宴，中华青年交流协会创办人李钟桂博士到场。晚饭后我还到刘凯云位于士林区的家坐了一下。10 月 27 日没有参加集体活动，与李路路一起在陈志柔的带领下来到宜兰县的苏澳港，先是与一位里长座谈，后又前往参观苏澳港的一家文史馆，饭后参观苏澳小学。台湾每到一处，中小学都是最好的地方，让人印象深刻。10 月 28 日我们在世新大学参加学术研讨会。10 月 29 日上午参观士林官邸，接着到野柳参观地质公园，午饭后到山上一个叫九份的地方参观。九份是位于台北县瑞芳镇的一个小镇，曾经是一个开采金矿的地方。从遗留的屋宇来看，当初这里应该是相当繁华的。但随着淘金业的衰落，这里便是人去楼空，一路衰落下去。直至前些年电影《悲情城市》在此拍摄，这里又成了旅游胜地。由于是周末，九份老街上的游人真不少，可以与大陆一些拥挤的街市媲美了。山上风大，我被吹感冒了。10 月 30 日上午安排参观故宫，下午安排看电影，但我身体不适，便早早回兄弟饭店休息了。10 月 31 日回厦门。

　　时隔两年之后，2013 年我又一次访台。这次是应台湾一家基金会的邀请，赴台参加学术会议和考察。我在 7 月 28 日早上 6 点起床，乘坐 8 点 40 分航班到台北桃园机场，由会议主办方派车接到福华饭店入住。下午没事，到附近走了一下。

图 18.4　2013 年 7 月在台北

　　7 月 29 日全天开会。7 月 30 日上午开会，下午 3 点到"立法院"
参观，与丁守正、林佳龙两位议员进行了座谈。林佳龙曾就读美国耶
鲁大学，2001 年在日本开会时我曾见过他。7 月 31 日早上我起得很
早，8 点钟从福华饭店出发，南下台中。会议之后的参访行程开始，
同行的有王振耀、肖唐镖、周庆智、郎友兴、郭巍青、张佑宗和赖家
贤，一共 8 人。我们先参访台投县农会，由佑宗的学生、南投县总干
事陪同。午餐之后前往南投集集镇公所参观，并与镇公所工作人员座
谈。接着前往桃米社区发展协会参观，晚上抵达台一休闲农场，并入
住农场旅馆。8 月 1 日先参观休闲农场，之后启程前往日月潭，中午
在日月潭用餐，饭后驱车参观中台禅寺。这是一座气势恢宏、融入了

很多现代建筑元素的寺庙。傍晚时分回到台中，参观"台湾省议会纪念园区"。晚饭后回台北，抵台北已经是 11 点多了。8 月 2 日与肖唐镖一起乘厦航回厦门。

图 18.5　2013 年与大陆学者一起参观台北"立法院"

　　2013 年 11 月我率团前往英国南安普顿大学参加学术会议。11 月 25 日我和张光、余章宝、吕志奎、王宇颖和孟华一行 6 人从厦门出发，开始了访问英国南安普顿大学之旅。我们乘坐早上 7 点 40 分的港龙航班抵达香港，停留 40 分钟后即登上飞往伦敦的国泰航空公司航班，于 11 月 25 日下午 3 点抵达伦敦希思罗机场。冬日伦敦天暗得快，到我们办完出关手续从机场出来的时候，才 4 点多，天色已暗，我们乘坐南安普顿孔子学院派来的面包车上高速前往南安普顿。大约 6 点我们抵达南安普顿，在离学校不远的 Highfiled House Hotel 住下。等我们放好行李，孔子学院中方院长傅似逸老师过来带我们去旁边的一家酒吧吃了点东西。南安普顿大学的前身是成立于 1862 年由当地慈善家 Hartley 先生出资兴建的哈特利学院，后于 1902 年成为附属于伦敦大学的一所学院。1919 年更名为哈特利大学学院，在 1952 年获得皇家特许状正式改名为南安普顿大学。在 1902 年至 1952 年期间，该校是作为伦敦大学的一个学院颁发学位的。自 1952 年开始，南安普顿大学取得了皇家宪章，有了学位授予权。建校时，该校仅有不到 1000 名学生，但现在本科生的人数达 17000 名，研究生的人数达 7000 名，教职工数约 5000 人。该校还是英国罗素大学集团成员之一。

　　会议于 11 月 26 日中午开始，因此 11 月 26 日上午吃完早餐后，我们就乘 U1C 巴士从宾馆所在的 Portswoods 到港口去转了一圈。南安普顿是英格兰南岸的一座港口城市，靠近英吉利海峡中的索伦特峡，在泰斯特与伊钦两河口湾之间，人口 20 多万，为英国重要的远洋贸易港，也是英国主要的客运港。它有铁路和公路直通伦敦，起到伦敦外港的作用，还有轮渡与海峡群岛、怀特岛以及法国相通。它是英国最大的造船和修船中心之一，拥有巨大的干船坞，建有炼油厂，还有飞机制造、电机、电缆、汽车、塑料和合成橡胶等工业。南安普顿市有着丰富的历史文化遗产，这个保留着中世纪城墙的城市在漫长的海运史上起着重要的作用，其历史可以追溯到从此起航的五月花。1620 年，英国清教徒移居美洲乘坐的"五月花号"客轮从这里开始了漫长的航程。1912 年 4 月，泰坦尼克号从南安普顿出发，前往美国纽约，途中在大西洋撞到冰山沉没。1944 年 6 月 6 日诺曼底战役发生后，南安普顿码头处理大量同盟国的军备补给，成为德国空军的偷袭目标。1964 年，南安普顿获得城市地位，成为"南安普顿市"（City of Southampton）。我们在港口附近转了一圈，看到了都铎王朝留下的城墙。我们 10 点钟即从港口返回宾馆，中国学生嘉欣接我们到南安普顿大学的孔子学院，我们先听罗茨教授的演讲，接着在孔子学院吃一点东西，下午研讨会开始，我最先发言。会议结束后我们到宾馆边上的一家酒吧用餐，南安普顿大学的社科院长也来了。11 月 27 日继续会议，发言的人只有张光、孟华等人。12 点之后我们还参加了 C2G2 的一个 Seminar。而后我们回到宾馆，1 点半乘从旺平旅行社派来的面包车前往伦敦，11 月 28 日前往卡迪夫，11 月 29 日前往巴斯，11 月 30 日访问剑桥大学，12 月 1 日回国。

　　2014 年初我去了一趟日本。3 月 23 日上午 10 点从家里出发，乘坐 12 点的国航先到北京，下午 5 点多从北京乘航班到名古屋，南山大学松户教授接我和春霞到位于市中心的万豪酒店住下。3 月 24 日上午到南山大学交流，松户的先生武彦教授开着车来接我们。名古屋满大街上跑的都是小排量的汽车。武彦教授开的就是一辆空间很小油电混合的汽车，他说每一升汽油可以跑 30 公里，这样百公里的油耗也不过三四升。名古屋虽是一个有 300 多万人口的大都市，但除市中心外，高楼大厦并不多。像日本的其他城市一样，街道的整洁给人印象深刻。

　　3 月 24 日下午我们在松户夫妇的陪同下参观名古屋城，这是一座德川幕府时期的城堡，已经有 400 多年历史了。名古屋城的本丸殿在 1945 年的空袭中被烧毁，1959 年重建。晚上在市中心吃完饭回住处，我们要乘两站的地铁回来。我不会讲日语，而日本人的英语交流水平十分有限，怕我找不到路，松户教授给我画了一张草图。到了地铁的地下商场，我拿着纸条问一个店里的服务员，她不会说英语，我给她比了比手中的汉字，她明白了我要去的地方。我本来想她给我指个方向就行了，没想到她居然与同事交代了几句，放下手中的工作，从柜台后面走出来，带着我们走了好长一段路，一直到地铁入站口的自动售票机前，并用手中的计算器打上"200"的字样，示意我买地铁票的票价是 200 日元。我拿出袋子里的硬币买票，可是硬币不够，又在袋子里找钱，刚离开几步的她又折返回来，帮我用纸币买了两张票，而后把我交代给一位穿制服的工作人员，她才放心地离开。这种助人精神令人感动。

　　3月25日下午我们乘坐2点多的新干线到东京，在早稻田大学读书的叶妍到车站接我们到浮间舟渡陈茗家的公寓住下。公寓位于大楼的四层，是属于大楼物业的，业主可以预约使用。我们在保安的指引下临时铺了床。晚上我们到楼下的一个餐厅吃日本料理，厦大毕业在此留学的王留静也过来了。3月26日在叶妍的陪同下游东京，我们先乘车到早稻田大学逛了一下。这是一所很有名气的私立大学，但校园并不大。接着我们参观了皇居、国会图书馆、议会大厦。与东京其他地方杂乱的建筑不同，议会大厦附近这几条街的建筑整齐划一。下午我们去了位于东京都台东区的浅草寺，这是日本现存的具有"江户风格"的民众游乐之地，也是东京都内最古老的寺庙。寺院的大门叫"雷门"，正式名称是"风雷神门"，是日本和浅草地区的象征。接着在池袋逛商场。3月27日我们乘地铁到镰仓。镰仓市位于日本神奈川县三浦半岛西面，是人口为18万人的小型城市。镰仓以前是镰仓时代幕府的政治中心，一座有近千年历史的古城。镰仓兴建于公元12世纪，作为当时日本的政治中心，佛教文化繁荣。镰仓幕府时代结束后，城市一度衰落，但是保持了相对完好的古建筑群。从江户时期开始，镰仓作为首都附近的旅游地又再次兴盛起来，近代是文豪喜欢旅居的文化之城。现在的镰仓是继京都、奈良后日本第三座知名的古都。下午我们回到东京市区，逛了银座，又买了一些东西。3月27日我们晚饭后从品川乘车到羽田机场，住在机场2号航站楼的宾馆。3月28日上午从东京乘机经北京回厦。

图 18.6　2014 年参观日本名古屋城

2014 年的中国研究研讨会在德国弗莱堡大学召开。原定 8 月 4 日与周晓虹等到柏林走一趟，但德国领事馆给的签证时间只有 8 月 7 日至 8 月 20 日，所以我只好把买好的机票改签到 8 月 7 日飞法兰克福。我于 8 月 6 日晚上飞上海，因航班晚点，至晚上 11 点多才抵达上海，入住机场附近的锦江宾馆。8 月 7 日下午 1 点我从上海飞法兰克福，航程 11 个多小时，于当地时间 7 日下午 7 点多抵达法兰克福。同机抵达的还有南京大学的郑广怀等人。我在下机后即乘坐火车前往海德堡，入住在网上已经订好的 Golden Rose Hotel。

我于 8 月 8 日上午独自游览了海德堡的老城区。海德堡位于法兰克福南约 80 公里处。老城区有一座古城堡，坐落在内卡河畔的王座山上，是一座红褐色古堡，为古代帝宫的遗址。海德堡还有一所世界著名的海德堡大学，它成立于 1386 年。由于城内五分之一人口为学生，海德堡是全德平均年龄最小的城市。曾在海德堡大学学习和工作的著名思想家有黑格尔、诠释学哲学家伽达默尔、社会学家哈贝马斯以及卡尔－奥托·阿佩尔。从老城穿过一座名叫卡尔－特奥多的老桥，来到对面山上的"哲学家小道"，漫步在德国哲人走过的小径，别有一番滋味。

8月8日下午我从海德堡乘车到了弗莱堡火车站，步行15分钟，入住 Stadthotel Freiburg。6点15分在学生志愿者的带领下前往弗莱堡大学参加欢迎会。8月9日上午会议开始，先是主题发言，而后分两个分会场讨论。我的发言安排在8月9日下午进行。8月10日上午继续开会。8月10日下午3点开始在一位志愿者的带领下，与会者游览弗莱堡市。弗莱堡最大的特色是一条遍布街巷的人工水渠。900多年前，工匠们利用弗莱堡东高西低的地形，把黑森林山上的德莱萨姆河水引入市区，河水从街区穿流而过，最终汇入莱茵河。在中世纪，小溪担负着救火消防、提供生活用水和牲畜饮水的重任。晚上我们在山上的一家餐厅吃饭。

像海德堡、弗莱堡这样的小镇，人口不会超过20万，与福建一个小县的人口相当。但就是这样一个小镇，有大批的人才，有那么多的科学家和思想家。可我们的一个县又有多少人才？又有多少科学家？我们的父辈没有几个人接受过高等教育，当然也就没有什么人才。到了我们这一代，赶上高考制度恢复，赶上改革开放，也才有了教授，有了企业家，有了一些各行各业的人才。而到了我们孩子这一代，大学教育相当普及，仅在寿宁这个县里就有不少人留学欧美。也就是说，随着高等教育的普及，中国人口基数这么大，真正可以做到人才辈出，有了这么大的一个人才基数，中国是有可能在科技方面走在世界前列的。当然，现在我们还需要在大学和科研制度方面进行改革，克服相当普遍的浮躁情况。也就是说，作为全球第二大经济体，我们在科研和教育方面的投入越来越大。前些年搞的211、985工程，加大了对高等教育的经费投入，从这方面来说是值得肯定的。但是，与此同时，许多大学的学科带头人要花大量的时间填写表格、应付检查、突击使用经费、频繁开会，这些不仅造成了大量经费的浪费，也使得研究浅尝辄止，无法深入。板凳须坐十年冷，大量的科学研究需要全身心地投入，不是在短期的三五年内就可以取得"标志性"成果的。按行政管理的办法来管理学术研究，过多的行政干预的结果就是拔苗助长，无法产生出经得起时间考验的精品。所以，要让大学里的学科带头人把时间都放在科研上，不要把大好的时光都浪费在申请项目、填表、开会、应付检查这些事情上。

会议结束，接下来几天我和周晓虹、翟学伟、周怡、周海燕5个人一起，打算租一辆车到欧洲几个国家走一走。我在网上预订了一辆车。8月11日早上，我和周晓虹叫了一辆出租车前往市郊的赫兹租车门店，原来在网上订的是沃尔沃，但门店交给我们的是一辆标致车。我们将车开回市内接上周怡、翟学伟和周海燕三人，由此开启了这次的欧洲自驾游。

我们的第一个目标是奥地利的因斯布鲁克。通往奥地利的不是高速，是一条山间公路，当我们行走到山中的时候，发现车越来越少，原来山体有石头滑落，工人正在修路，我们只好折回走另一条路。在走了一段时间后，我们看到路边有一个很大的湖，景色宜人，于是我们在湖边找了一个地方停下来拍照，问当地人才知道这是博登湖。博登湖，德语叫 Bodensee，位于瑞士、奥地利和德国三国交界处，由三国共同管理，湖区景色优美，风景迷人。博登湖面积536平方公里，是德语区最大的淡水湖。接着我们又上车赶路，由我和周晓虹轮流开车。原想先到列支敦士登，但由于时间比较紧，我们便直奔因斯布鲁克。在穿过阿尔卑斯山长长的隧道之后，我们进入奥地利境内。天下起了小雨，道路两旁美丽的山村如仙境一般。我们看到路左侧的山上有宏伟的教堂，猜想这是一个不错的去处，于

是我们临时决定停下来看一看。我们来到一个叫 Bildstein 的地方，
这里的村落依山就势而建，草地、森林、民居、教堂，在山坡和谷
地错落开来，非常漂亮。回来查了一下资料，才知道这个地方叫巴
德加施泰因，位于奥地利福拉尔贝格州。我们在山上拍了一些照片，
又回到大路上，一路向东，直奔因斯布鲁克。

图 18.7　2014 年与周晓虹、翟学伟在奥地利乡村

当我们抵达因斯布鲁克时，天色已暗，我们入住一家叫格朗格
泽尔（Glungezer）的酒店，位于因斯布鲁克郊区的一个滑雪场。
8 月 12 日早上起来，我们开车往市区走，本来想看看几个标志性
的景点，但没找到，只到了施华洛世奇的总部。看到那里不少人在
排队，我们也没去排队参观，只是在外面照了相就走了。吃过午饭
后，我们上路了，往意大利方向走，傍晚抵达威尼斯郊区的一家名
叫做 Ai Carpini 的农庄入住。因为入住的农庄离威尼斯还有 20 多
公里，怕开自己的车到威尼斯不好停车，我们通过酒店雇了一辆面

包车送我们到威尼斯，玩至下午 3 点从威尼斯回到酒店。当我们要上高速时，遇到一个路口维修封闭，一直找不到其他上高速的路口。问当地人，语言不通，表达不是很清楚。靠 GPS 导航，不管走多远，还是被导回来。整整耗费了 2 个多小时，最后我们才上了高速公路。因为耽误了一些时间，上路后不久，在靠近大山的脚下，我通过 GPS 就近找到一家旅店直奔过去。到了之后发现原来这是一个露营的酒店，大部分人是开房车过来的，停在营地内，酒店为露营者提供一些服务。酒店也有少量房间，是为我们这种自驾车者预备的。房间不大，里面的床铺也很狭窄，有点类似火车的卧铺，不过价格也很便宜。除了房车和小车，还有人是开直升机来这里度假的。我们找到两个房间住下，安排好之后，便开车到市中心的一家中餐馆用餐。8 月 14 日我们起来后继续往奥地利境内走，中午在路边的一家餐馆用过餐，下午抵达维也纳，顺利入住位于老城区的一家酒店。接着我们乘地铁到市中心霍夫堡皇宫等有代表性的地方看了看。

图 18.8　2014 年在奥地利

8月15日上午我们乘地铁参观美泉宫，而后回到市中心。下午开车到多瑙河边坐了坐，晚上在一家四川饭店用餐。

　　8月16日早上出发前往布拉格，下午时间抵达。我们把车停在靠边的一个空位上，就直奔布拉格城堡而去。布拉格是我所见过的最美城市，有许多古老的建筑。我们沿伏尔塔瓦河边的山坡往上走，在山顶有一座气势宏伟的教堂，这里应该就是布拉格城堡了。从山上下来，我们接着参观了古老的查理大桥。这时周晓虹突然想到，我们的车停在路边没有交费，会不会被拖走。一想到这里，我们就没心思细看了，匆匆忙忙往回赶。等我们回到停车的地方时，一看车还在，我们松了一口气。再一看，车轮被锁上了，还贴了一张罚单。我们找旁边的店主帮忙给警察打了电话，对方说一会儿就过来。等了20分钟，警察来了。两个警察的态度还不错，要我们交2000克朗的罚款。我们去取了现金给他们，最后他们又还给我们1000克朗，说是还给我们吃晚餐。取回车后，我们再把车开到河对面走了走。用过晚餐，我们开车去找原来预订的汽车旅馆。这次找旅馆费了不少周折，按GPS的指引来回转，就是找不到我们预订的旅馆，耽误了两个多小时。最后在一个当地小伙子的帮助下，我们总算找到了这家汽车旅馆。8月17日早餐后我们到市中心去转了一下，10点多就往纽伦堡方向走。中午抵达纽伦堡，我们先送周海燕乘火车去法兰克福，因为他要在8月17日回国。然后我们找到不远的Park Inn酒店。入住后我们下车到市中心逛了逛。8月18日我们从纽伦堡回法兰克福，中午抵达市中心火车站，在周晓虹的学生陆阳的陪同下逛了一下商店，而后直接把车开到机场的赫兹门店还车。我们乘晚上8点的CA936回国，于8月19日中午12点半抵达浦东。8月19日下午4点多我乘东航回厦门。

　　东亚近邻韩国，一直没有机会到访，直到2018年才安排了一次

285

韩国之行。2018年4月24日下午4点我从厦门出发飞首尔，大约在北京时间6点半抵达首尔机场。而后先乘机场地铁到孔德站，再转乘5号线到钟路三街，入住乌拉开仁寺洞套房酒店。酒店客房有卧室、客厅、厨房，每晚房价不超过人民币600元，在厦门肯定要1000元以上。4月25日上午走路去首尔北村、景福宫等地参观，下午在中国留学生吴迪的陪同下到高丽大学、首尔大学参观，并见到了首尔大学社会学系的张元浩教授。张教授带我们到一家乐天综合体商场吃自助餐。晚饭后我们一起去了庆熙大学、外国语大学，最后去了东大门市场。这一次到韩国一个深刻的印象是，韩国一些地名，比如济州、桂阳、仁士洞、仁川等的发音，居然与我们老家的方言完全一样，足见韩国文化与中国文化内在联系的密切性。

4月27日上午我起了个大早，5点多就起来了，6点钟出发，乘地铁到高速巴士站下车，准备乘大巴到统营参加会议。原来吴迪约我们7点半在地铁8号口见面，由她带我们去汽车站。但因为她去取了钱，时间来不及，要我们自己去长途汽车站。我们走到长途汽车站，从大厅跑到地下一层，又跑到一层，结果7点50分的大巴走了。等到8点才见到吴迪的身影，我们退了票，改乘9点50分的车。经过4个多小时的长途跋涉，我们终于在下午2点抵达统营，接着乘出租车到开会地点海洋学院。我们直接来到会场，我在会上作了题为"农民上访与政治信任的流失"的发言，芮东根帮我翻译。晚上大家一起到市里吃海鲜。韩国教授爱喝酒，我也喝了一点。晚饭结束，我们几个回到学校的宾馆。

4月28日上午在芮东根、张元浩的陪同下，我们乘坐缆车到山顶观看统营的全景。统营是一个只有20多万人口的小城市，房子依山傍水建在海湾里，风景秀丽。这里曾发生过激烈的唐浦海战，万历二十年（1592年）李舜成大败日本舰队。接着我们又参观韩国著名

十八 出访交流

作家朴景利的博物馆。中午我们到市里吃饭，之后张元浩、吴迪和首尔大学的两个学生乘车回首尔，我们和芮东根先到学校宾馆取行李，接着乘坐大巴到釜山市，入住釜庆大学宾馆。晚上芮东根在李家请我们吃烤牛肉，釜山大学的金成国教授也和我们一起吃饭。

图 18.9　2018 年访学韩国期间与张元浩教授在一起

　　4 月 29 日芮东根带我们游海云台。朝鲜新罗人崔致远，字海云，到唐朝留学，曾在此隐居，故称海云台。2005 年 APEC 会议曾在此召开。接着我们又到釜山南浦洞举办国际电影节的 BIFF 广场走了一下。釜山国际电影节创办于 1996 年，每年 9 月至 10 月举办。接着芮东根送我们到釜山金海国际机场，乘坐 2 点半的航班到济州岛，入住离机场不远的 Astar Hotel。4 月 30 日我们参加济州岛一日游，次日回厦门。

# 十九　魂牵故里

　　我的家乡库坑是一个只有十来座房子和百来人口的小山村。我从16岁就离开家乡到外地求学，而后参加工作，走过无数的城市，见过无数的名山大川，但让我念念不忘的还是家乡那独特的风景，那里的一草一木都深深烙在我脑海里，村中的小溪常常在我梦中流过。

　　1966年修通的寿泰公路从村对面的半山腰穿过，村民只能望车兴叹。直到2002年从浙江泰顺双港通往福安湖塘板的双湖二级路修通，从二级路走到村里只剩下1公里的路程。这一公里的村道是村民自行筹资修的，是一条宽不足3米的机耕路，坑坑洼洼的，汽车通行困难。虽然二级路离库坑村近了，但修路所造成的环境问题却也相当严重。在二级路施工过程中，施工队贪图方便就近堆放土石，致使寿宁通往泰顺的古驿道大部分被泥石掩埋。施工导致村北面一座山体的滑坡和塌方，大量的土石填满了小溪的河道。县二级公路建设指挥部原来打算修建两座拦土坝，用以挡住山体塌方造成的泥土和沙石，以防村庄的农田被掩埋，但后来只建了一座拦土坝，而且是"豆腐渣"工程，基础不实，几次洪水就把拦土坝冲垮了，原来堆积在上游的大量泥石顺溪而下，堵塞了河道，致使河床高出地面。

2006年8月11日我在沈阳开会，早上接到哥哥的电话，说桑美台风把家里房屋的瓦片吹掉了，水漫到房子一楼。这次台风在浙江苍南登陆，中心最大风力达到17级，为近50年来未遇到过的强台风。温州和宁德受灾严重。听说犀溪的许多屋顶都被掀了，树枝被折断，西浦已有百年历史的永安桥也被冲毁了。库坑蛇坑尾的拦土坝也被冲毁，泥石流把河道完全填满，洪水把沿溪的几座房子的一楼都淹了，沿溪农田多处被冲毁。当时我在沈阳开会，连续给寿宁县的龚岩斌副县长打了好几个电话，反映村民受灾的情况，要求县重建拦土坝和清理河道。经多方争取县里答应给18万元用于修建两座拦土坝和清理河道。8月20日家旺打来电话，告诉我说他要承包做库坑村的拦土坝，并打算把拦土坝、清理河道和灌水泥路三件事都一起做，但情况比预想的复杂，犀溪村委会另有打算。

2006年9月我待在北京。胡于旺打来电话说，他已经约好省政协原副主席陈增光和省人大原副主任宋峻一起去库坑，让我回村里一趟。我在9月11日中午12点半抵达首都机场，等到3点才上飞机。但由于空中管制，到4点20分才起飞，6点抵达福州长乐机场。弟弟胡家亮开车来接我，由于机场比较远，等我们到达福州市内时已经8点。胡于旺一家在省肿瘤医院探望一个亲戚，等我一起去吃晚饭。饭后，我、于旺和家亮三人一起到佐海酒店住下。

9月12日早上5点多就醒来了，没办法再入睡，便在7点起床。早上我和于旺先到省政协原副主席陈增光的家里。陈增光副主席是寿宁武曲人，曾先后担任宁德地区专员、中共宁德地委书记和福建省政协副主席。胡于旺准备叫他到库坑村去看一看。于旺的两个好朋友缪达英和符仲华也陆续来到陈副主席家，我们在9点半出发上路，11点多抵达宁德。省人大原副主任宋峻前一天到宁德参加老年体育运动会，也准备请他一起去库坑。我们在闽东宾馆吃完午饭后就上路了。4 辆轿车组成的车队穿行在雨中的公路上，由于桑美台风引发的洪水冲毁了布罗林隧道口的一段路基，我们必须绕道竹管垅。县里派政协主席刘美森到竹管垅迎接我们。到了城关，县委书记刘信华也加入了我们的队伍，一起前往库坑村，原来 4 辆车的车队现在变成了6 辆车，可谓是浩浩荡荡。到库坑村口时，已经是下午 4 点。我们把车停在路边，冒着细雨，踏着泥水走到了村里。于旺的哥哥在村中放起鞭炮迎接大家的到来。我们来到于旺家，大家坐下喝茶。陈增光副主席说："我们今天下来，就是想能不能推动一下，把库坑的路修好。"县委书记刘信华当即答应县里出资 10 万元，要村里写一份报告上去。于旺说他个人捐出 10 万元，达英和仲华各支持 2 万元，我也打算捐 2 万元，这样一凑就有 26 万元了。我们在村里待了约一个小时，然后驱车来到城关。县里给我和陈副主席、宋副主任三人安排了房间，住寿宁宾馆。这次回来总算做了一件事，把两位副部级老领导请到库坑村，争取一些经费修好村道。

图 19.1　2006 年陪同老领导陈增光、宋峻在寿宁考察

　　9月13日早上陪同两位老领导在寿宁参观，先是去看寿宁的三峰寺，接着开车到南阳参观符仲华的玩具厂，而后又来到缪达英的大金山花园山庄。大家在山庄里喝茶聊天，有人拿来纸笔，写得一手好字的宋副主任开始给大家题字。午饭后我和于旺回到犀溪乡找叶加林乡长商量修路的事。他们已经写好报告，我们形成的初步意见是，原来施工队把第一条拦土坝的修补工程做完，余下的工程与这次的修路一起由本村的村民来做。回村看了一下后，我们又回到花岭。两位老领导已经到南山顶去了，我们开车追了上去。晚上还是在大金山花园山庄用餐，饭后我们又赶回村里把村民召集起来开了一个会。我和于旺说了我们的意见：原来工程队只做第一条拦土坝的修补工程，余下的都由村民自己完成，与铺设水泥村道一起做；村里的一排灰楼要拆掉，实现硬化，并在村中建一个八角亭；确定由北淼、有锄、有洪三人负责工程，叶于生代表犀溪乡政府配合工程实施。村民也都表态支持我们的意见，也愿意拆掉灰楼。我们回到住处已是晚上10点多。

　　9月14日我们在花岭用完早餐就上路了，刘信华书记从城关赶来送客人，刘美森副主席则一路送到武曲。武曲是陈增光副主席的家乡，大家到乡政府坐了一下。由于胡于旺有事，我和于旺没有去宁德吃午饭，而是在福安赛岐用餐。午饭后我们直接回厦门，下午5点多抵厦。

　　有了县里的支持，一公里长的村道很快就修好了，但是那一排灰楼还是没有拆掉。除了修这条路，我还想多为村里做些事。例如，在村中央临溪的地方建一座亭子，建一个村民可休闲的场所，在村的四周种上一些有较高观赏价值的树。村子不大，可以把它建成新农村建设的一个榜样，从而带动周围更多的村提升村容村貌。

　　2007年4月29日和春霞一起开车到福州，在福安待了两个晚上之后，我们5月1日回到了寿宁。自从上一年暑假回寿宁之后，已经半年多没回来了。早上9点从福安出发,10点多就抵达犀溪了。春天的寿宁特别迷人,到处都是青山和绿水。我不时在路上停车,用手中的数码相机拍摄家乡的美景。本想先回库坑,但因为通往库坑的公路有一处塌方,车子过不去,我又只好折返到翁坑村,在姐姐家吃午饭。午饭后我打电话叫哥哥把塌方的泥土清理之后,我们在2点多回到库坑村。村道大部分已经铺设水泥,河道也已经初步得到清理,村容村貌也有了较大改观。到家后,我们跟着哥哥到对面山去扫墓。爷爷和太公的墓合葬在对面山的寿泰古驿道边上。在过去,库坑这个小山村的位置还是十分重要的,路经库坑的古驿道是寿宁、福安通往浙江泰顺的商贩、挑夫必经之路。记得几年前我访问台湾,在政治大学国际关系研究中心看到一幅民国时期的地图,上面找不到南阳、犀溪这些乡镇,却可以找到库坑村,可见当年库坑位置之重要。不过,在修了公路之后,这条古道也就没人走了,如今到处长满了野草。扫完墓,我又去看了库坑村的胡氏祠堂。历史上库坑没出过什么大人物,

图19.2 修好村道,库坑村面貌焕然一新

所以祠堂也就有些简陋。我们小时候曾在祠堂里读过书。由于现在许多人外出打工，还有一些人搬到犀溪村或泰顺县城去住，留在村里的人越来越少，只剩一些上了年纪的村民，村里只有一位民办教师的小学现在也不再办了。

5月2日来到与犀溪仅一溪之隔的浙江泰顺县城，晚上住泰顺。母亲有一个心愿，就是想找一找她的外婆家的亲戚。母亲出生在离库坑大约30里路的岗炉村，那是一个只有两座房子的偏远山村，属犀溪乡，原来归赖家洋大队管，现在属外山行政村。母亲在4岁时外婆就因患肺痨病去世了，留下她和两个姐姐。母亲在14岁那年与我的外公一起去过她的外婆家——浙江省泰顺县的莒江岭头村，掐指算来，那已是55年前的事了。从那以后，由于路途遥远和交通不便，她就再也没有去过她的外婆家了，也没有与外婆那边的亲戚联系过。多年以来，母亲总惦记着她外婆家的亲戚，希望有机会能够去泰顺寻根，与外婆家的亲戚联系上。

这次五一长假回家，自己开车回来，我想在这个长假中为母亲找一找她失散多年的亲人。到了泰顺，我就和我的堂弟胡家旺讲了想帮助找我外婆娘家的事。母亲能够提供的线索只有两条，一是外婆家的地名叫"莒江岭头"，另一个是她的两个表兄的名字，一个叫"夏洋魁"，另一个叫"夏洋沃"。我到书店买了浙江省地图册，但泰顺县的地图上找不到一个叫莒江的地方。我又上网查了一下，当在Google中输入"莒江"这一关键词时，出现了多达3000多条的搜索结果，有许多有关泰顺的文章和报道提到莒江。但打开第一篇题为《莒江，莒江》的文章看后，心头不由得一紧：几年前因为兴建水库，原来的莒江村已经被水淹没，原来的莒江乡也不复存在了。莒江的村民据说有的已经搬到温州，有的移居外地。在过了半个世纪后，还能找到原来的村庄，还能找到失散的亲戚吗？母亲不识字，不知道她的两个表兄的名字怎么写，她虽然记得两个表兄名字的读法，但那是泰顺方言的读音还是寿宁方言的读音也弄不清楚。我先叫堂弟家旺打电话了解一下莒江岭头的位置，情况比想象的要好一些，他了解到的情况是：莒江村虽然没有了，但莒江岭头还在，因为地势高没有被水淹没。我们决定从泰顺县城罗阳镇出发去找我外婆的娘家。

早上9点钟，我们从罗阳出发，先到了筱村镇。2003年我带学生下乡进行社会调查，曾在筱村镇住过两个晚上，这里有精美的古廊桥和保护完整的古民居。在路人的指引下，我们在筱村镇往左拐，过了一个山洞后再往右拐，走上一条刚铺水泥不久的小路。浙江农村的基础设施建设做得比较好，一些偏僻的山村也都通了水泥路。山路弯弯曲曲，我们的车开得比较慢。在走了十多公里的路程后，来到半山腰，见前面有座房子，我们便停车问路。指路的村民说莒江岭头还有七八公里。当家旺问他是否认识"洋魁"和"洋沃"时，他说"洋魁"已经在2006年去世，他的孩子都搬到筱村镇去住了，不住村里。不过，"洋沃"还健在，而且住在村子里。没想到这么快就对上了，虽然我还不敢肯定这位村民所说的"洋沃"就是我母亲的表兄，但我们还是要到村里走一走，至少可以拍几张照片带回去让母亲看一看，她55年前来过的外婆家现在是什么样子。没过多久，车子便开到了位于山梁上的莒江岭头。车子在一座民房前停了下来，在一位村民的带领下，我们来到了"洋沃"家。我首先见到的是"洋沃"的大儿子夏盛别，已经50多岁了，我应该叫他表兄。很快，"洋沃"的妻子也从外面回来了，忙着给我们泡茶。等了一会，已经是80高龄的"洋沃"也从镇里回来了。他身体硬朗，上午乘拖拉机到镇里买化肥去了。通过家旺的翻译，我确信眼前这位老人就是我母亲的表兄"洋沃"。"洋沃"和他的家人当然也十分高兴，他说做梦也没想到在

294

五十多年以后我们还会去找他们。我当即拨通了母亲的电话，告诉她这一喜讯，让她分享找到失散亲人的快乐！我还让母亲和她的表兄通了电话，虽然母亲不会讲泰顺话，她的表兄也不会讲寿宁话，他们用生硬的普通话做了简单的交流和问候，但我可以从母亲表兄颤抖的双手和湿润的眼眶看出他的兴奋与激动！接着我给"洋沃"留下我的名片，告诉他我在厦门大学工作。我也叫他把家里的电话和几个孩子的电话告诉我。当我的表兄在写下他们家人的名字和电话时，我才发现原来叫做"洋沃"的表叔的名字是"荣华"！仅凭母亲五十多年对她表兄名字的读音，我们居然就帮她找到了失散的亲人！

图 19.3　2007 年到浙江泰顺莒江寻亲

　　2007 年暑假快结束了，趁厦门大学还没开学，我和父亲在 9 月 2 日回了一趟寿宁，同行的还有我的岳母。此次回家的目的是把家里房子的围墙修建一下。哥有事到城关，晚上才回来。9 月 3 日正式动工修围墙，请了村里的几个邻居来帮忙，他们是于权、忠发、有朝、有应、有饶，还有翁坑的姐夫也来了。9月4日已经把溪边的护墙砌得差不多了。上午我和嫂嫂到犀溪买了啤酒和米。下午我一个人沿小溪往北走，翻过乱石堆，查看了2006年修起的两座拦土坝的情况，爬上蛇坑尾公路，而后顺着公路往南走，从村尾返回；接着又和父亲、叔叔一起爬到上斗种，远距离看了看新修的祖坟，最后又和父亲往交椅墓方向走，先到甲乾岭，最后走到双级岩返回。

9月6日下午5点和父亲一起到城关，走访了几位亲戚和同学。9月7日上午吃完早餐就和父亲回库坑了。在回来的路上到城关的菜市场买了些菜，因为乡党委叶家林书记和龚岩斌副县长要到库坑吃午饭。在家期间我多次在犀溪、泰顺之间来回跑，到泰顺买了两扇厕所用的铝合金门，到西溪买了抽水马桶和瓷砖，还到西浦买回洗脸盆。到9月10日为止，房子的围墙已经砌好，门前的水泥坪也灌了，还剩两间厕所没做。这座房子是1976年在父亲手上建造的，1981年才搬进来住。这次回来又花了一些钱，修了几个冲水厕所。

几次回乡，感触颇多。前些年，村里的人口差不多有200人，但现在只剩下45人，而且都是上了年纪的村民。年轻人大部分外出做工或经商去了，没有出远门的一些年轻夫妇为了孩子上学也搬到犀溪村去住了。种田的人少了，村庄周围的不少田地荒芜了，一些小路都长满了杂草，脚很难踏进去。由于人口的减少，山上的树长多了，植被得到了恢复，但荒芜的田地也多了。城市化是一个必然的趋势，但农村的人口太少了，特别是青壮年劳动力都进城去了，资金也流入城里，农村的建设就变得更艰难了。长期以来，由于城乡的差异，农村的人才是往城里流的。农村出来的读书人，只要是考上大学或中专，都会成为国家干部，大部分留在城里工作。而城里人是不会到乡下居住的，城里的干部最多也只是到乡或公社一级工作。改革开放之后，农民逐步可以进城做工和经商了，这些人虽然生活在城市的底层，但由于巨大的城乡差异，并没有太多的人愿意回到农村。因此，现在农村流失的不仅仅是人才，人口也流失了，随之而来的是资金的大量流失。这种情况被有些学者称作是"农村的衰败"，这种衰败不仅仅是物质层面的，也是精神层面的，农民已经在很大程度上失去了建设农村的信心。

新农村建设需要人才、需要资金，但首先需要的是人气，需要重建广大农民对乡村生活的信心。要解决农村建设的人气问题和农民对乡村生活的信心问题，我想可以从两个方面做点事情：一方面，鼓励一部分在城里的农民工回流，回到乡下创业或种田。我们有吸引留学人员归国的优惠政策，政府是否也可以给予在城里打工的农民回乡创业或种田一些政策上的支持或鼓励呢？比如，给予小额无息贷款、帮助解决孩子入学问题等。另一方面，要让那些从乡村出去且在城里定居者常回乡下看看，让他们把家乡当作休闲、度假，乃至感情联络的所在，让他们给自己的家乡带去信息、资金、项目以及人脉关系，为家乡的建设贡献一点力量。这方面有点像做海外华侨支持家乡建设的工作。2008年春节期间见到老同学陈晓虹，与她谈了这个设想。她非常赞成我的想法。我写了《我的村庄建设倡议书》，先放在台海网的"胡荣的记事本"博客上，接着又在新浪上开设了一个"我的村庄建设"博客。3月4日我把倡议书先发给华中科技大学的贺雪峰教授，他把倡议书转发给他联系的一些学界同仁征集签名。接着我就陆续收到大家的回信，纷纷表示支持我的倡议。我又把倡议通过邮件和短信发给国内社会学界的同行，每天收到许多回信。这些人除了赞同我的倡议，还把我的倡议书转到他们的网站或博客上，从而在更广范围内产生了影响。倡议发出不久，已经有120多人签名支持我的倡议，其中大部分是学者，尤其是研究农村问题的学者。我的倡议也得到了媒体的关注，3月8日《海峡导报》发表了题为《每人找个村庄做点事》的报道，接着《厦门商报》以《厦大教授博文引学界"下乡"潮，百人签名支持》为题报道了此事。3月13日我又应邀走进台海网，通过视频向观众介绍我的倡议书，厦门大学电视台也专门为此制作一个专题片播出，3月21日下午我又到厦门电视台"沟通"栏目录制节目。香港《文汇报》和《大公报》也都分别采访了我。除了安排时间接受媒体的采访，我还要为他们准备相关的照片和文字材料。2008年在中央党校学习期间，我的村庄建设倡议继续扩大影响，4月2日晚上我又接受了上海电台的电话采访。

图 19.4　2008 年在学术界发出"我的村庄建设"倡议后接受媒体采访

泽浩即将赴美学习，我在 2013 年暑期专门带他回老家寿宁看一

298

看。8月6日开车从厦门出发，与父母、泽浩一起到福州，晚上入住三明大厦。8月7日上午从福州出发，中午抵翁坑。8月7日中午在姐姐家吃饭，下午到西浦走了一圈，见到了缪柏章老师，并回库坑看了一下。晚上在姐姐家吃完饭，我送父母到兴梅表姐家住下，我和泽浩到西浦的香樟公寓住下。8月7日晚上没睡好，因为公寓的空调像拖拉机一样彻夜轰鸣。8月8日上午到兴梅表姐家，吃完午饭，我送父母回库坑，我和泽浩到泰顺宾馆住下。8月8日晚上家旺的舅舅曾仁佩请我们吃饭。8月9日上午待在宾馆，下午和泽浩一起到犀溪漂流，晚上泰顺县法院谭副院长请我们吃饭。8月10日上午回犀溪，在出泰顺县城的时候车被追尾，耽搁了一个多小时，之后回库坑载父母和哥哥到大王前一起看了一下胡于旺建的公墓。中午吃完饭休息一会儿后即起身去城关，先送父母到后丈桥烧香拜菩萨，之后带他们去看姨妈一家，晚上福建工程学院的金凤生在廊桥饭店请我们吃饭，缪启春也参加了。由于犀溪漂流生意火爆，找了好几家宾馆都没床

图 19.5　2013 年夏天我带父母和儿子一起回寿宁

位了，最后只好在一家小旅馆住下。8月11日上午8点半从寿宁县城启程回厦，金凤生和我们一起回福州。中午在马尾出高速吃了午饭并休息到3点启程回厦。

　　家乡的交通条件日益改善，福寿高速公路也在2012年开工修建。福寿高速起于福安市坂中乡长汀村，终于寿宁县犀溪镇双港，与浙江省规划的龙丽温高速公路泰顺支线相连。福寿高速主线里程54.5公里，途经寿宁武曲、斜滩、竹管垅、南阳、犀溪等乡镇。建设高速公路是好事，但当地政府在项目实施过程中完全不考虑村民的利益。高速公路的线路经过寿宁县犀溪乡库坑村，该路段属于A6合同段，路基土建工程由中铁十四局集团第三工程有限公司实施。2002年修建的"双湖公路"造成了生态的破坏，这次修建高速公路又要征用库坑村大面积的农地。高速线路由东北向西南方向穿村而过，建设方为了节约成本，不打算修建高架桥，而是准备将库坑村位于下游方向的地段用土石方填实加高（28米之高）作为路基，让原有的溪流改道。到时若遇到强台风天气，库坑村上游堰塞的大量土石方倾泻而下，后果不堪设想。尽管征地的赔偿标准很低，每平方米仅49元，低于福州市写字楼一个月的租金，但村民对此都没有不同意见，全体村民支持高速公路的建设，因为福寿高速的修建将极大改善寿宁的交通条件，村民愿意为寿宁的发展牺牲个人利益。村民仅仅向犀溪镇政府提出这样一个要求：应该将高速路库坑路段建高架桥，不要改变原来的溪流，以便大雨时有利泄洪，使村子免遭被淹没的灭顶之灾。由于村民的要求没有得到答复，村民不同意征地。2014年5月12日，在没有依照国家征地法规进行起码的调查、询问、协调、听证、公示的情况下，中铁十四局六标段负责人、寿宁县犀溪镇有关领导召集超过300人的公安和土地等职能部门工作人员和A6标段工程队工人进入库坑村强行

十九　魂牵故里

施工。

2014年7月27日，犀溪镇徐庆龙镇长和镇人大金维姿主任在犀溪村委会主任叶凌云的陪同下，专程来厦门找我，希望我能够帮助做村民的思想工作，支持政府征地建高速。9月7日，厦门寿宁商会宴请带队参加厦门九八贸易洽谈会的县长黄国璋，我也前往参加。黄国璋在宴会开始之前约我谈了村民安置的事，答应县里会为村民找安置地。为了村里的事情，我在11月专程回了寿宁一趟。11月5日上午7点从家里出发，到北站乘8点半的动车到福安湾坞，中午抵达犀溪镇。下午在叶于善副镇长的陪同下回库坑看了一下，修建高速占用了大片土地，垒筑的路基把整个村的田地都侵占了。晚上我到县城的廊桥宾馆住下。11月7日上午由法院李斌开车陪我再回库坑一趟。11月7日下午在县政府与相关部门开了一个会，参会的有黄国璋县长、徐庆龙镇长、国土局局长、扶贫办主任以及来自库坑村的村民胡北雄、胡泉、胡树权。既然村民提出的建高架桥的诉求得不到满足，村庄存在巨大的安全隐患，那就需要让全村村民搬迁，县里同意帮助村民找安置地。11月8日上午由犀溪镇的小郭送我至湾坞，乘坐12点52分的动车返厦。

2017年5月6日至5月9日，我和春霞一起开车带父母回寿宁一趟。5月6日早上8点从星海湾出发，经5小时行驶，一路走高速，12点多就抵达寿宁斜滩。在斜滩吃过午饭后，我们又驱车上路，原准备先到城关，看到"寿宁南阳"的出口没下去，一路过去，发现到了犀溪。犀溪高速的出口位于犀溪与库坑村之间，我让父母好好看看修路后犀溪的变化。接着我们回库坑看了一下，并到哥哥西浦的新房子看了看，而后在西浦酒家吃了晚餐。晚餐后送父母和岳母到翁坑姐姐家住下，而我和春霞到犀溪登记了一家民宿的房间。

5月7日上午在西浦，中午到哥哥家吃饭，嫂子杀了鸡。下午我们去城关，晚上春霞的同学何赛玲在聚得乐请我们吃饭。饭后父母住姨妈家里，我们则住在廊桥酒店。5月8日上午我们和陈斯诗父母一起从城关出发，驱车前往下党乡参观。下党乡离县城40多公里的山路走了一个多小时，下党乡党委书记叶忠强招待我们吃午饭。午饭后我们先回城关，而后到斜滩，晚上参加陈斯帅的婚宴。5月9日上午驱车返厦。

图 19.6　2017 年陪父母回寿宁

父亲的身体日益虚弱，不仅耳朵不好，腿脚也没有力气，上下楼梯困难。人老了，脾气一点没改，还是十分固执。2018年8月22日上午他一个人跑到另一座房子堆放杂物的地方捆纸皮，出来在门口滑倒，站不起来，我和母亲过去把他扶起来。8月23日下午我从岛内过来，刚停好车，就看到他滑倒在花园里，母亲扶不起他，我赶紧过去扶他起来。晚上吃完饭，他从一楼回二楼，要坐楼梯口歇一会儿。

等他自己到房间内，又摔了一跤，后脑勺肿起一个小包。

8月23日凌晨父亲又摔了一跤，这次摔得比较重。半夜大约3点钟，我在睡梦中隐隐约约听到有人叫，等我清醒了，我听到是父亲在呼叫母亲的名字。我赶紧起身下楼查看，他一个人坐在房门口，衣服、脖子上全是血，有的已经凝固了。他说他起来没开灯，摔倒了。我跑到地下室叫醒母亲。然后用毛巾给他擦拭身上的血。他的后脑勺已经摔了一道口，血还在不停地流。我用纸压住伤口，然后找了一条手帕包扎起来，总算止住血了，我到药店买了一些消炎药。8月24日上午家东过来，8月28日姐姐从寿宁来星海湾照顾父亲。

父亲走了，在9月23日上午11点45分。23日晚下起了大雨，很大的雷阵雨，那是我的眼泪。家亮和胡康的航班备降外地，至凌晨才抵厦门。按家乡的习俗，出殡需要选日子，父亲定在10月1日上午举行遗体告别仪式。9月30日下午，父亲的遗体从冷库移至百善厅，晚上守灵，至亲好友陆续来到厦门。10月1日上午9点，父亲的遗体告别仪式在百善厅举行，我代表家属致辞。

父亲是在1994年和母亲一起到厦门帮我带孩子的。母亲带完我的孩子，又接着帮忙给弟弟带孩子。父母先后在厦大海滨、上李鹭悦豪庭、海沧文轩花园、塘边等地方住过。这几年则住在集美星海湾。初来乍到，父亲不会讲普通话，这边没有同龄的朋友，总是想着回老家。随着时间的推移，村里与父亲同辈的老人也都陆续离世，回家的念头逐渐淡了下来。父亲也慢慢地被城市化，虽然很多老习惯都没有改。父亲天天看电视，从戏曲到新闻联播，包括每天的天气预报，他一个都不错过。他把中央领导人的名字一个个都记得烂熟，一次重要的会议，哪一位中央领导没有出来，他比我要清楚多了。为了看清电视的字幕，坐得很近，父亲的老花眼居然变成了近视眼。让我内疚的是，我们兄弟都忙着各自的事情，没有时间陪父亲聊天。父亲生活节俭，从不乱花钱。我们兄弟给的钱他也总是舍不得花。虽然他对自己极其节俭吝啬，但对家乡建桥修路、建庙，总是慷慨解囊，出手大方。岁月不饶人，父亲这些年耳朵不好了，我们要大声喊才听得见。最近腿脚也不好了，站着都很吃力。但父亲不想上医院，他是个性急的人，没耐心排很长的队候医取药，遇到身体不适就自己泡一包头痛粉喝下，这些年不知道吃了多少头痛粉。

父亲的遗体在告别仪式之后送去火化。之后我们将父亲的骨灰送回寿宁犀溪安葬。按家里的习俗，哥哥请了道士给父亲诵经超度。超度在中午的时候就已经开始了。我们吃过晚饭，和前来吊唁的客人打过招呼，接着我们便披麻戴孝，在道士的引导下上香祭拜父亲。道士在锣鼓声中不停地诵经，间或用惊堂木拍打桌子。我们站成一队在道士的引导下在厅内绕行，在经过香亭时弯身鞠躬。当看到纸扎的亭子上写着"望乡亭"时，我又一次泪流满面，我们再也看不到父亲了，父亲能看到家乡吗？之后我们又到不远的睦邻桥头全体下跪。超度一直进行到凌晨1点多，直到我们把父亲的牌位送进库坑胡氏祠堂为止。

料理完父亲的后事，10月3日中午家旺请我们一家人到泰顺阿灯楼吃饭，下午家亮一家到苍南乘动车回南京。10月4日我带母亲到县城看姨妈，我和春霞去了大安乡的泮洋、炭山和亭溪，10月5日我们又去了泰顺的南浦溪和坑兜村。10月6日回厦门。

犀溪镇徐庆龙书记答应给库坑村20万元，我让胡友寿、胡子龙征求村民意见，是否同意把村中的灰楼拆掉建停车场，每户可以给予一定补偿。刚好犀溪村委会要完成拆除违建指标，需要找地方拆。友寿和子龙二人马上行动，给每户发了2000元，9月27日村委会主任叶兴才带了一帮人进村把灰楼拆掉了。我还想在村里建一个六角亭，但有村民说亭角对着民房不好，最后建了一座现代样式的四角亭。

# 二〇　创办书院

　　库坑的老宅子是父亲 1976 年建的。由于长期以来村里没有通公路，这几十年来村民都没有在村里再建新房子了，有些木屋已经年久失修，有的甚至倒塌，村民或是移居城市，或是就近在犀溪镇建房子，留在村里的人越来越少了。也正因如此，村庄才得以保留原有的古村落风貌。我想花一些钱把自己家的老房子整修一下，建个书院。

　　2020 年 8 月 5 日和春霞一起开车回到寿宁，目的是收拾一下老房子。哥哥在老房子里放了好多木料，楼上楼下都堆满了，无从下手。我让哥哥请了几个人一起把房子中的木料搬走，先堆放到房子左侧新盖的一个杂物间内。接着又通过胡家旺请了温州的师傅过来帮助制订修缮方案。因为要赶回厦门给培训班的学员上课，8 月 11 日从寿宁回到厦门。

　　在厦门上完课，想着暑假时间还很长，可以用这个时间请师傅开始老房子的整修。担心回去一时找不到师傅，所以先给胡龚明打了电话，他说可以请到师傅，我当即决定和春霞一起在 8 月 29 日回一趟寿宁。因为开始装修房子以后，就要来回往寿宁跑，从厦门开车到寿宁一趟要 5 个多小时，以后回去就先乘动车到宁德，再从宁德开车回寿宁，因此需要有一辆车放在宁德。我决定把已经废弃不用的海南马自达开回寿宁使用。先让胡枫去办了交强险，补做了年检，并更换了电池。8月28日晚到星海湾，29日是星期六，我们早上8点从星海湾出发。刚上路就发现车有一些问题，已经使用了十七年的车哐当作响，双闪灯一直在闪。我们一路上放慢车速，小心翼翼，在12点才抵达宁德。午饭后乘车到库坑。当晚回到县城在聚德乐用餐，晚上入住廊桥宾馆。第二天早上回到库坑村，还从屏南请了林正碌到村里看看如何整修老房子。8月31日，我雇了一辆挖掘机，先把库坑旧房子周边的空地平整一下，并挖好地梁的沟，接着请了西浦的泥水师傅缪士林过来砌砖墙。又找了叶大烊和缪步桥两位有维修过古建筑经验的木工师傅。温州过来的装修公司提交的维修方案我并不满意，决定自己动手做。"草鞋没样，边打边像"。一方面，库坑是一个古村落，修整后的房子应该与周边的古民居协调，不可以变成现代的建筑。另一方面，又必须把现代的元素融入进去。原有的房子采光不好，二楼的楼层明显偏低，只有2.2米高，人住在里面有压抑感。我自己画了图纸，在原来木屋旁用红砖加盖一个大约3米宽的空间，上下两层，楼板用钢筋水泥浇灌。加盖的空间主要用来做卫生间，楼上楼下共有4个房间，各有一个独立的卫生间。原来放置在房子前面的楼梯被我移到东侧，在加盖的3米宽的空间中除做楼上和楼下的卫生间外，剩余的空间刚好可以做楼梯位。木屋西侧靠近小溪，加盖的空间除卫生间外，一楼还可以做一个公共卫生间和洗衣房，二楼用来做一个茶室，还可以欣赏临溪的风景。二楼的楼层需要加高，要把二楼与阁楼之间的楼板全部拆下，把原来的枋上移60公分，然后在柱子上重新开凿卯眼，把所有木枋上移，使二楼的楼高由2.2米升到2.8米。原来的屋顶是在椽条上直接铺瓦片，这种瓦片是本地的泥土烧制的。我打算在桁条上铺椽条，在椽条之间插入杉木板，屋面加盖小青瓦。

2020年10月1日又回了一趟库坑。早上乘坐弟弟胡枫的车到宁德，而后又到宁德亿利城开停在那里的马自达小车，当天上午抵达库坑，中午在姐姐家吃饭。这次回去只待了四天，住在西浦哥哥家里，每天往库坑跑，看房子维修进展。在网上买了4扇木门。缪师傅建议把老屋前排的四根柱子换下来。因为老屋是在木料极其稀缺的年代建的，当时用的柱子都很细小，前排的四根可以换大一点的柱子。要换柱子，原来的四粒柱础石也相应地要换大一点的，我在淘宝网上购买了山东济宁青石做的柱础石，价格不贵，不过寄过来需要一些时间。接着又从本县南阳镇买了椽条和杉木板。10月4日下午4点从库坑出发，先开车到泰顺，而后直接从泰顺开车到宁德。马自达的车外壳实在有点破，我便把车开到离宁德动车站不远的一家速洁洗车行做喷漆，而后乘坐7点多的动车回厦门。10月15日通过微信从泰顺订购了14000片小青瓦，准备瓦沟用一种上釉的黑瓦，瓦楞再铺小青瓦。

10月份的两个星期都在出差。10月23日飞往上海，参加24日上海大学社会学系重建40周年暨社会学院建立10周年庆典，25日上午从上海乘动车抵达宁德，然后从宁德开车回寿宁。在查看了房子整修的进展之后，26日下午又开车到宁德，把车寄在缪荣辉处，当晚乘车回厦门。这次回去，看到屋面的瓦片已经盖好。因为加盖了两侧的空间，屋顶用传统中国建筑歇山顶的样式衔接，很有样子。接着又在淘宝网上买了些木板，10月28日下单买了180平方米的松木扣板，每平方米33元。11月1日下单买了150平方米的杉木地板，每平方米88元。原有的木屋墙面和地面都只有一层木板，隔音效果比较差。我打算在原有的墙板和地板上面再加一层木板，墙板用松木扣板，地板用杉木板，在旧板和新板之间填充上隔音棉。

11月20日回了一趟寿宁，早上乘6点47分的D3234动车，9点多即抵宁德。随即从宁德开车于中午12点抵寿宁犀溪。在家里待了两天，22 日下午开车抵宁德，入住金海湾大酒店，23 日上午从宁德乘动车回厦门。

2021 年的寒假开始了。寒假一到，我便打算回寿宁一趟。原本想在 1 月 16 日乘动车回宁德，然后从宁德开车回寿宁，但考虑到新冠感染者有日趋增多的趋势，还是自己开车回来更好。于是我退了已经订好的动车票，16 日一早动身回来。15 日还忙了一天，上午先与几位院领导去看望退休教师，下午又到集美大学社会学系作国家社科基金申请的辅导报告。16 日 8 点多从星海湾出发，中途休息一次，在福安林厝服务区吃午饭，下午 2 点多抵达寿宁。回来之后就一直忙于库坑老房子装修的事，来来回回地跑，总有许多事情。

回来给叶虎平发了一条信息，他的视频拍得不错，我请他为学院拍摄宣传片视频。他说想约我谈一谈拍片设想，请我 1 月 18 日晚上到他家里吃饭。1 月 21 日下午叶虎平来西浦，帮我在村里拍了一些调研的视频。接着，我到犀溪中学分校给初三的学生做"社会学走进中学"讲座。

1 月 22 日，约了几个博士生一起到宁德调研。龚灿林先开车到宁德站接从厦门过来的林彬彬和任重远。我开车从寿宁出发，载叶虎平一起到宁德，在山水大酒店住下。1 月 23 日上午我们开车去屏南，原想走高速，但走了一段路，导航还是把我们导到国道上去了。吃过午饭，在屏南县政协张德力、周芬芳等人的陪同下，我们从县城出发，开车一个多小时，才来到龙潭村。这里的古村落开发得比较好，原来几近废弃的老房子，现在被重新装修之后成了文创青年的工作室，有许多来自省内外的青年创业者在此安家落户。当晚回屏南县城住下。24 日在政协主席张德力等人的陪同下，先开车到白水洋景区拍了几个镜头，而后直接上路回寿宁。2 月 2 日上午从库坑到泰顺中学，在老同学叶树铮的安排下给高三的学生做"社会学走进中学"讲座。老房子的装修进入扫尾阶段，木工做完了。2月2日请泥水师傅把厅堂的地面铺上水泥。

2021年3月17日回了一趟寿宁，先从厦门乘坐叶虎平的越野车一起到宁德。吃完午饭后，与缪荣辉一起去找师傅修理停在统计大厦楼下的马自达车，后面我还去换了两个轮胎，当天下午开车回到寿宁，晚上住哥哥家。老房子的几个房间也装了智能马桶和热水器，还请胡清把楼上的灯安装好。第二天，也就是3月18日，搬到库坑老房子住下。从淘宝网上购买了江西运过来的青石板，打算用于铺砌院子里的小路。由于路缘石的石条没有到位，泥水工没来铺青石板。叫了本村的胡有春师傅在3月20日来做院子的木门和门楼。22日下午先开车到宁德，傍晚乘坐动车回厦门。

4月14日上午乘动车到宁德，从宁德开车回寿宁。15日请缪士林师傅把厨房的地面浇灌了水泥，16日请胡道聪和哥哥一起把院子里的木头收拾了一下。由于妈妈没带身份证，我先回来，18日下午4点从犀溪出发开车到宁德，乘坐晚上7点的动车回厦门。

2021年4月29日又一次回库坑。早上乘坐第一班动车到宁德，而后开车抵达库坑。中午到姐姐家吃饭。第二天请叶大烊师傅过来把阁楼两侧钉上木条，遮挡一下阁楼上的电线管和热水器。春霞与胡枫等一起在5月1日乘车回寿宁。当天请姐夫过来把几棵樱花再移种一下，并把花园稍做整理。5月2日与胡枫一起把三个卫生间的洗脸台安装好，还安装了楼下的灯以及监控。5月3日上午请泥水工缪士林把厨房的墙面下部抹上水泥油。3日下午开车与妈妈一起到宁德，在宁德吃完晚饭后回厦门。

2021年暑假开始。厦门的疫情防控局势变得突然紧张，学院原定这个月的培训班全部取消。这个月我原本安排了好几次培训班的课，既然不用上课，这一段时间也不方便外出开会，正好回寿宁把房子再弄一下。暑假开始的第一周在学院值完班之后，我在8月9日开车到集美。原想先乘车到宁德，但因为疫情，还是自己开车好一些，我在10日上午开车回到库坑。早上出发的时间是8点半，经4个多小时行驶，中午抵犀溪后就到姐姐家吃午饭。先在网上购买了两台海尔空调，原想先安装在二楼的两个房间，但师傅说不好安装，就只好先安装在一楼。重新在网上买了格力空调安装在二楼房间。我打算把厨房往外再扩建一点，接下来的几天请姐夫和哥哥把厨房扩建的地方地面清理一下。8月19日泥水师傅来砌厨房的砖墙，21日木工师傅叶大烊来加盖厨房。同时还请了同村的村民胡道聪过来把楼下两个房间的柱子和枋打磨了一遍。

房子的装修没有结束，所以还要待在库坑。不过，借助网络在小山村里参加了一些线上会议。9月1日下午2点，山东女子学院邀请中国人民大学的李路路教授在线上演讲，请我做点评。9月2日晚上我给沈阳理工大学做线上讲座，讲定量研究方法。9月3日上午在线上参加陈福平重大项目申请的评审会。9月4日下午到福鼎一中做"社会学走进中学"讲座，晚上赶回。房子整修得差不多了，接下来是花园的施工。花园占地面积不小，需要细细规划设计。请寿宁县国土自然资源局的叶邦强来设计施工，他画了图纸，与我多次沟通施工方案。8月26日他带了三个工人进场施工，这些工人晚上就住在书院。几天下来，房子的排水沟做好了。9月5日又来了十来个工人，开始种植各种花卉和树木。除了几株高达近10米的板栗树是原有的，其他花草树木都是新种上去的。有樟树、桂花树、山茶花、樱花树、红枫，庭院两旁的两棵造型独特的罗汉松更是使院子增色不少。东侧庭院的中间放了一块重达数吨的大石头，是从山枣坑运过来的，当作天然的茶桌。经过两天的忙碌，花园已经成形，花木扶疏，甚是好看，大大提升了书院的品位。9月6日晚上姐姐过来帮忙，和我一起又把大厅用水洗了一遍，预备第二天铺自流平水泥。因为大厅原有的水泥地面没有铲除，上次只是在外围重新铺了水泥，导致新旧水泥地面衔接处不平整，影响观感。我打算在水泥地面上铺一层自流平水泥，将新旧水泥地面全部覆盖。我在淘宝上买来了材料，9月7日上午请缪士林师傅来铺自流平水泥。在铺自流平水泥之前需要先涂界面剂，我到西溪买了两把滚筒给师傅送去。接着我赶紧收拾东西，8点上路往厦门赶，12点半回到厦门。当天下午到磐基酒店参加厦门老字号研究院成立大会并发表演讲，晚上到京闽酒店参加厦门寿宁商会的晚宴，见到了寿宁县新任县长张永森。

开学之后就一直忙于学院的各种行政事务和教学，只在学期中回了一趟寿宁。2021年10月27日上午乘坐第一班动车到宁德，然后与胡枫一起开车回到库坑。我在11月1日回厦门，先是在下午2点半开车到宁德，而后乘坐5点18分的动车，于7点多抵达厦门北，弟弟胡家东来接我。妈妈在同一天上午搭乘叶兴建的小车先行抵达厦门。此次回去老房子装修没有做任何东西。发现楼下大厅铺的自流平水泥会起灰，可能是施工工艺不行，决定下一次回去用水磨石或铺贴青石板，大厅墙面的真石漆效果也不好，需要返工。另外，靠溪边一侧还有一个杂物间，堆满了废弃的木料，得想办法把它拆掉，而后做个落地窗，坐在会议室就可以直接看到花园的景色了。

2022年1月14日学校正式放寒假，当天上午开了大半天的院务会，讨论了很多事项，其中一项是年终绩效。下午安排院领导看望退休教师，我带的一队前往看望几位退休老师。学院会计龚文菁加班加点做好表格，到晚上11点半才把发放绩效的表格送到我家里让我签字。1月15日上午和春霞一起乘坐6点43分的动车到宁德。这次带了不少东西回来，有整整三大箱的东西。到宁德后，吴鸿飞开车接我们到修车厂取车，然后我们一起从宁德开车到库坑。中午到状元酒楼吃饭，遇到已经担任县国土资源局局长的徐庆龙。下午稍事休息后又到城关，与吴鸿飞一起去了托溪。吴鸿飞的伯伯带我们去看了圈石等几个村庄，并到靠近双苗尖下，海拔 1000 多米的山上。1 月 16 日在线上参加中国社会学会的新春茶话会。

我们雇了一辆大卡车，把哥哥堆在杂物间的木头都运走了。1 月 21 日请姐夫过来把杂物间拆了，接着还请了胡有朝和胡道聪来帮忙。1 月 19 日晚上在线上给贵州民大学生上课。

春节将近，我们将待在库坑过年。儿子胡泽浩在 1 月 27 日从上海乘飞机到温州龙湾机场，而后乘大巴到温州南站，再从温州南站乘大巴到泰顺北站。我开车到泰顺将其接回。同一天请了泥水工缪士林师傅来铺贴厨房和会议室地面的瓷砖，29 日又请了叶于辉师傅，一直做到 30 日，把厨房的地砖铺好了。农历二十九日算了师傅的工钱，一一送去，另付了水泥款。除夕晚上哥哥和嫂嫂一起在库坑吃饭。

初二我们开车去了一趟福鼎。因为假期时间有限，需要在回厦门之前把一些事情做了。正月初三就请了木工叶大烊师傅来把厨房外扩部分进行施工。初四又请了泥水师傅缪士林来铺贴大厅的青石板。原有的水泥地面铺自流平水泥后还是会起沙，这次干脆铺贴上青石板。初五又请了木工师傅叶树礼把会议室两边的墙面贴上松木扣板。

过完春节从寿宁回厦门，就没有再回寿宁了。本来想清明节回来，但由于宁德地区突发疫情，回家计划推迟。眼看五一节到了，想回来看看，提早好几天就在 OA 里提交了出差申请，但迟迟不见新校长批准。直到 4 月 29 日，张校长才批准，于是我在第二天买了回来的车票。4 月 30 日先到学院值班，之后开车到集美星海湾住下。5 月 1 日上午胡枫开车送我到北站，乘坐 8 点 22 分的动车到宁德，从宁德再开车回寿宁。此次回来，一是想看看上一次做的一些东西的效果如何。上一次请师傅重新做大厅和厨房的墙壁，让木工做了几张桌子，胡子龙帮助做了会议室的玻璃门和厨房的柜子门，还请了胡道聪过来把会议室上面的横梁打磨了一下。5月3日下午张永森县长回寿宁，约我5点到他办公室喝茶。我和他说了库坑村余下10多座房子屋面需要维修一事，他答应给予资助，并叫来了县财政局的龚刘攀局长。5月6日回厦门，下午2点多开车从库坑出发，先到宁德，然后乘坐4点45分的动车，于晚上7点抵达厦门北。

原来放置在院子东边的巨石是风化石，我想换一块更好的石头。村里胡有洪在犀溪叶松林的采石场做工，他发现那里有一块大石头，在溪流中经溪水千万年的冲刷，质地坚硬，表面光滑，放在院子里更有档次。在等叶松林的采石场道路清理好之后，2022年6月23日用从福安上来的大吊车把这块重达20吨的溪石运到库坑，安放在庭院东侧，原来的巨石移至西侧，放在树林中作为景观石。我没有回家，通过监控观看了巨石安装的全过程。

2022年7月8日我和春霞以及泽浩从厦门北乘车至宁德。在送泽浩到宁德车站后，大概是12点，我们便直接开车回库坑，路上在林厝服务区买了点东西吃，我们在1点40分抵达库坑。回家后先忙着做卫生，接着又到县建设银行办理书院账号事宜。

2022年8月2日先乘坐第一班动车到宁德，9点半从宁德开车回寿宁。8月4日上午叶大明把装裱好的书法作品拿到库坑，在胡子龙的帮助下挂了上去，顿时给书院增色不少。经过我的努力，从市里争取到一个村庄泥石流地灾治理项目，最初的预算有170多万元。但当初在设置这个治理项目的时候，设计单位完全没有征求村民和我的意见。在我的反复要求下，看了施工方案，我吓了一跳，除了建一条拦土大坝，还要重新垒砌石墙，河床将用水泥抹平。这种设计如果实施，将严重破坏村落的自然景观。小溪原有的岩石河床，历经千百年溪水冲刷，高高低低，错落有致，石缝中间或点缀着几株自然生长的石菖蒲，很有韵味。统一用水泥抹平将完全破坏这种景观。我向镇里反映，需要修改施工方案。犀溪镇政府陈小玲副镇长带了库坑地灾项目的设计人员现场查看方案变动情况。8月4日晚上到城关，与县城的同学一起吃饭，叶柏寿、张慧玲、郭正凤也来了。8月5日上午9点55分在线上参加腾讯公益百个项目的答辩，我申报的项目是公众公益捐赠的线上和线下比较。2022年8月5日春霞和黄红、光海晚上抵库坑。

2022年8月5日，我向寿宁县民政局提交了注册成立寿宁群学书院的相关申请材料。我把这个书院叫做群学书院，是想利用自己在中国社会学界的影响和人脉关系，为家乡做一点事。近代思想家严复把英国社会学家斯宾塞的《社会学研究》翻译成中文的时候，用的是"群学肄言"这个标题，因此学界通常也用"群学"指代社会学。成立寿宁群学书院的目的，是想通过定期在犀溪库坑村举办相关学术活动，在促进社会学学科繁荣的同时，扩大寿宁和犀溪在全国的影响，助力犀溪的乡村振兴。书院打算每年召开至少一次学术论坛，邀请国内外著名社会学家20多人到库坑村发表学术演讲。论坛于线上和线下同时进行，辅之以宣传报道，将极大提高寿宁和犀溪在全国的知名度，从而带动犀溪文化和旅游业的发展。除了定期召开的学术论坛外，书院还举办各种形式的培训和文化活动。寿宁群学书院以民办非企业单位的形式在寿宁县民政局登记，由寿宁县犀溪镇人民政府作为主管单位。需要提交的材料包括章程、民办非企业单位法人登记表、章程核准表、民办非企业单位负责人备案表、场所租赁合同、主管单位批复等材料。上报的材料中由我担任理事长，胡康、胡乾、胡清和胡子龙等5人担任理事，同时还要设立监事若干人。2022年8月17日寿宁县民政局发文同意成立寿宁群学书院。

314

图 20.1　修葺一新的寿宁群学书院

　　2022年9月29日我和春霞乘动车回宁德，下车后开车前往宁德市政府坐了一会儿，我们在11点40分开车回库坑，大概1点钟抵达。9月30日到县城税务局，办理了群学书院发票事宜。书院二楼阁楼四周没有封板，站在楼上大厅看去空荡荡的。我打算用石膏板把阁楼四周封上，再刷上白漆。10月1日请了木工叶树礼进场施工，里面先钉上一层薄板，外面再贴上石膏板。书院围墙原来做的是土黄色，涂料中加了黄土和稻草，这种颜色对于古民居还是合适的，但对于书院不是很搭配，所以我想把它改成白色。10月2日请村民胡友建把围墙的表层铲除，接着再刷上白色的外墙漆。10月1日侄女细玲的女儿出嫁，晚上去她家喝喜酒。在老家，邻里间的各种红白喜事都得参加。10月3日，见到了寿宁县委周乃松书记，还有徐敏、陈柏生等在福州任职的寿宁籍领导干部。

　　上海萌泰公司的李军10月5日从上海来库坑看我。他从上海乘坐高铁到温州，又从温州租车开到库坑，当天晚上黄顶铃在双浦酒店请客。第二天上午黄顶铃开车到库坑接我和李军到泰顺，先到竹里畲乡，吃完午饭后又到筱村，看了那里的古民居开发和筱村公社。

2023 年 1 月 14 日上午我乘坐 6 点 42 分的动车到宁德，而后又开车回寿宁，11 点半抵库坑。刚回来天气还很暖和，第二天开始降温了。回家之后一直忙于整理。请了缪士林师傅把门口的两只由吴堃赠送的青石小象安装好，并铺了会议室外侧的瓷砖。胡枫回来后，一起把洪法强送的汉白玉石桌安装妥当。杂物间堆了许多纸皮废物，脚都踏不进去，我又费了两天时间清理。在胡枫的帮助下，把围墙外的四个砖雕也挂上去了。大年初一又在围墙外种了一排麦冬草。

在西南财经大学任教的侄儿胡康一家开车回来过年，大年二十六晚上抵西浦。胡枫在大年二十七从厦门开车带胡乾一家回来。胡家亮一家在二十八日晚上抵库坑。二十九日晚上在库坑吃年夜饭，除哥哥一家外，姐姐一家也来了，还有外甥缪少斌一家、外甥女金凤夫妇。初二（1 月 23 日）胡家旺妈妈一家来访。初三（1 月 24 日）上午先是张益林一家来访，接着福州的李卓苑、吴文清、吴堃先后抵达。李卓苑是做企业的，热心人类学，2021 年成功承办人类学高级论坛，他专程从福州过来看我的书院。

家亮、胡枫和妈妈他们在初五早上动身返厦。我在初六（27 日）下午 3 点半就动身出发到宁德了。但是路上车多，多处堵车，至 6 点才抵宁德师范学院，比平时多了一个小时。将车停妥之后，马上叫了车到车站。前一天下午抢到了 D3223 动车的最后一张票，没想到这趟是慢车，每站都停，到厦门差不多是 10 点半，比平常多了一个小时。

应新华每日电讯的邀请，2023 年 2 月 25 日我到北京参加岳阳基层治理"群英断是非"工作法研讨会，26 日中午去见了麦田房产的老总缪寿建。缪寿建是寿宁犀溪人，他创办的麦田房产做得有声有色，他也十分热心公益事业，答应给我的论坛一定的资助。

早在 2023 年 3 月初，我就拟定了书院揭牌仪式和首届群学乡

316

村振兴论坛的方案。考虑到暑假大家都相对比较有时间，我打算在2023年8月10日举办寿宁群学书院的揭牌仪式暨首届群学乡村振兴论坛。限于场地和经费，论坛的规模控制在30人左右，但要让书院和论坛一炮打响，就要请到国内社会学界著名的学者参会。经过我在微信朋友圈的反复宣传，社会学界的很多人都知道这个群学书院了，不少人也表示有兴趣过来看一看。因为请的都是著名学者，平常教学和科研事务繁忙，必须早早向他们发出邀请，让他们尽早做出安排。打算邀请的嘉宾有：中国人民大学温铁军教授、中国社会学会会长张翼研究员、中国社会学会前任秘书长谢寿光教授、中国社会科学院社会学研究所王春光研究员、北京大学周飞舟教授、中国人民大学冯仕政教授、清华大学王天夫教授、中国农业大学叶敬忠教授、吉林大学田毅鹏教授、南开大学张文宏教授、南京大学资深学者周晓虹教授、南京大学成伯清教授、华东师范大学文军教授、华东理工大学何雪松教授、浙江大学毛丹教授、中山大学周大鸣教授等人。2023年4月8日，请叶江枫设计了书院的标志。2023年6月21日，在"东南群学"微信公众号和微信朋友圈发布推文。

2023年清明节回了寿宁一趟。家亮、家东和胡枫在4日开车回寿宁。因为要在4日晚上接待到厦门大学参加会议的常向群和芮东根，我迟了一天回家。5日上午先乘动车到宁德，再从宁德开车回库坑。中午抵达库坑，今年轮到胡成为和胡清两位村民给回村扫墓的乡亲做饭。吃过午饭，在没有休息的情况下便和几个弟弟一起开车到十多公里的外山村祭扫外公的坟墓。返回村里后再去祭扫爷爷和爸爸的墓地。家东他们在6日下午回厦门。我在7日上午去梦龙天池看了那里的民宿，返回途中小车在南阳高速入口处发生故障，叶凌青开车接我回犀溪，中午在镇政府吃饭。梦龙天池山清水秀，原想安排参加首届群学乡村振兴论坛的专家在那里住一个晚上，但发现道路比较窄，交通不算太方便。9日上午开车到宁德，当天下午回厦门。

论坛时间将近，许多筹备工作要做，6月30日和妈妈、春霞一起开车回寿宁。当天下午去寿宁县委组织部见了黄镇部长和吴建斌副部长，他们想在我的书院挂一块人才驿站的牌子。吴建斌副部长修改和完善了我发给他的会议议程。第二天上午9点半，在黄镇、项忠红和吴建斌等的陪同下，一起到周乃松书记办公室汇报了论坛的筹备情况。从县城回库坑，已经是中午。我马上开始填写举办论坛申报表格。中午稍事休息，不到2点我就开车去泰顺，找了一家文印店，彩印了申报表格。而后又赶到犀溪镇政府，让张颖找镇政府办公室盖了章。接着赶到城关，直接把表格送到县委宣传部，让其在表格上盖章取回。同时也给民政局送了两份备案表。

在寿宁待了两天，接到全国社会科学规划办公室参加2023年社科基金项目会议评审的通知，我在7月18日从寿宁乘车到温州，18日下午乘飞机到北京首都国际机场，当天晚上入住宾馆。评审完社科基金项目，21日从北京飞厦门。从北京回厦门后，在7月22日参加了由我院召开的首届南强群学青年学者论坛。这次会议打算改变目前学界的一些做法，让年轻人唱主角，并且留足时间让资深同行进行点评。每个发言者讲20分钟，并且有20分钟的时间让两个点评人点评，这样讨论才会深入。

厦门大学这边的会议一结束，我又返回寿宁。回来后就一直忙于论坛的筹备工作，村容的整治也在进行中。库坑地灾治理项目已经完工，但在地灾项目施工过程中，原来溪岸两边的水泥路面被损坏了，需要重新铺水泥，溪边的栏杆也要重做。胡子龙叫来挖掘机，找了一帮人在加班加点施工。犀溪镇缪斌斌镇长也带人到库坑指导村容村貌的整治。8月4日下午，省政协原副主席陈增光与老领导林坤华、林锦华等人来书院指导工作，对书院和论坛给予了充分肯定。

图 20.2　2023 年 8 月 4 日，福建省政协原副主席陈增光莅临书院指导

　　揭牌仪式和论坛进入倒计时。各项准备工作在有条不紊地进行着。专家参会的机票也陆续订好。一些在外地的亲友也赶回寿宁帮忙，许多人自告奋勇地承担了专家的接送任务。在上海大学工作的韦淑珍和她弟弟韦宁峰专程赶回寿宁帮助做会务。小姨子黄惠带着她在美国留学的女儿来了，儿子胡泽浩也从上海回到库坑。在西南财经大学任教的侄儿胡康和在集美大学任教的侄儿胡乾也回来参会了。许多寿宁籍的在外大学生听说这个论坛，也纷纷作为志愿者前来报名参与论坛活动。8 月 6 日下午我到廊桥宾馆的会议室召开志愿者会议，对会务的分工做了安排。

　　开会前夕的 8 月 7 日，我开车去了一趟宁德，和华东师范大学文军教授应邀参加中共宁德市委组织部主办的主题为"宁聚英才、智汇闽东"的人才周活动，我们在开幕式上做了主旨演讲。参加完开幕式，当天下午我和文军一起开车回寿宁。因为要在 11 日前往长春参加东亚社会学年会，张翼、王春光、张文宏和田毅鹏几位在 8 月 8

抵达，这样他们可以在9日到下党和甲坑村考察。其他嘉宾和参会者则在9日抵达。大部分参会者是先乘坐飞机或高铁到达温州，由温州大学俞林伟教授派学生到龙湾机场和温州南站接到嘉宾，而后与我从寿宁派出的车辆对接，再将客人送到寿宁廊桥宾馆。9日晚上由县人民政府出面在廊桥大饭店三楼的廊桥厅和吉祥厅宴请参会的专家，县委宣传部部长项忠红出席欢迎宴会。

2023年8月9日下午，厦门大学校长张宗益教授偕夫人专程来书院参观指导，这让我喜出望外。在2023年6月7日至14日我曾陪同张宗益校长到菲律宾、文莱和新加坡三国访问，当时就邀请他到寿宁走一走，来我的书院看一看。张校长一行8月8日从厦门到宁德，9日上午从宁德到下党考察，9日下午从下党到库坑来看我的书院。到场陪同的领导有项忠红部长和犀溪镇的领导。张校长在书院参观之后，接着又驱车前往福鼎。

图20.3　2023年8月9日，厦门大学校长张宗益教授莅临书院指导

2023 年 8 月 10 日，这是值得记住的一个日子！寿宁群学书院的揭牌仪式在书院门口的小广场上进行。库坑，这个闽浙边界的小山村，这天迎来了这么多来自远方的尊贵客人。这么多专家学者来到这里开会，不仅在库坑村历史上是第一次，在寿宁建县的历史上也是第一次。村中的广场上人山人海，除了参会的嘉宾和专家，还有周边过来看热闹的。小小的山村里聚集了二百多人，共同见证了这一历史时刻。上午 9 点整，揭牌仪式正式开始。揭牌仪式由犀溪镇党委书记陈柏东主持，首先由我介绍书院创办的经过并致欢迎辞。接着中国社会学会张翼会长、中共厦门大学党委宣传部高和荣部长、寿宁县委宣传部项忠红部长等分别致辞。接着张翼会长、福建省政协陆开锦秘书长、国投集团叶柏寿、高和荣部长和项忠红部长为书院揭牌。

揭牌仪式之后是合影。接着部分领导和客人散去，与会嘉宾和专家移步到了书院的会议室，10 点正式开始论坛的发言。第一单元由我主持，温铁军、周晓虹、张翼、周飞舟、冯仕政、王天夫、叶敬

图 20.4　2023 年 8 月 10 日，到场的领导和嘉宾为寿宁群学书院揭牌

忠、王春光等 8 人发言。中午在犀溪镇的双浦酒店用餐。下午开始的第二单元由胡康主持，谢寿光、贺雪峰、田毅鹏、张文宏、成伯清、邱国良、朱兴涛等 7 人发言；第三单元由黄晓星主持，何雪松、文军、毛丹、周大鸣、向颖、吴宇江和我等 7 人发言。晚上到泰顺的印象渔港用餐。晚餐后有 10 位专家从泰顺直接到温州党校住下，第二天飞长春或回北京。其他的专家则回到寿宁廊桥宾馆住下，第二天我陪同他们到甲坑村和下党乡考察。

开幕式和论坛全程线上直播。会后宁德电视台、《海峡导报》、《新华每日电讯》等媒体陆续发了新闻，其中以《新华每日电讯》的报道影响最大，阅读量突破 140 万。首届群学乡村振兴论坛取得了圆满成功，但为了把论坛打造成一个学术品牌，还要每年一次坚持办下去，让其在学术界和社会各界产生广泛影响。正如我在揭牌仪式的致辞中所说："四十五年前，我从这个山村走出去，现在我又回到这个村庄。我将竭尽所能，办好群学书院，为家乡的发展添一块砖，为中国社会学的繁荣加一片瓦。"

图 20.5　首届群学乡村振兴论坛会场

# 二一　独立建院

　　厦门大学的社会学和人类学具有悠久的历史。早在 1921 年，厦门大学建校之初就设立了社会学科。1931 年著名人类学家林惠祥任历史社会学系主任，社会学和人类学在厦门大学得到长足发展。1951 年经高教部批准厦门大学成立中国高校唯一的人类博物馆。1981 年 5 月中国人类学会成立，秘书处挂靠厦门大学人类博物馆。1984 年，厦门大学人类学研究所和人类学系相继正式成立。此后人类学系先后设立人类学和民族学二级学科博士点。厦门大学的社会学则是在党的十一届三中全会以后得到恢复重建的。20 世纪 80 年代中期开始，厦门大学哲学系和政治学系先后开设了社会学的课程。先是辛炳尧和张友琴两位老师在哲学系开设社会学课程，我则是 1986 年加盟厦门大学后在政治学系开设社会学概论和社会调查方法等课程。1994 年，厦门大学在哲学系设立社会工作专业，我从政治学系调到哲学系，担任社会工作教研室主任。经过不懈努力，厦门大学终于在 2000 年正式在人文学院内设立社会学系。虽然厦门大学设立社会学系的时间较迟，但发展迅速。2001 年设立社会学硕士点，2003 年增设社会学本科专业，2006 年设立社会学二级学科博士点。在 2009 年教育部学位与研究生发展研究中心的第二轮学科评估中，厦门大学社会学取得了第八名的好成绩，成为国内较有影响力的社会学系。

然而，厦门大学社会学学科的发展也面临一些突出的问题和挑战，严重制约着它的后续发展。第一，厦大社会学一级学科下属的几个二级学科及相关专业分属不同的院系。其中，社会学和社会工作两个二级学科（专业）设在公共事务学院社会学与社会工作系，人口学二级学科设在公共政策研究院的人口与生态研究所，而人类学设在人文学院民族学与人类学系。隶属机构的分散化导致几个二级学科彼此之间合作和交流严重不畅，一级学科整合程度不够，甚至出现在学科评估中，我校不得不凭部分二级学科与其他学校一级学科同台评比的情况。第二，公共事务学院一直强调公共管理特色以及政治学，导致社会学处于边缘的地位。在公共事务学院下面，社会学科的发展受到很大限制，表现在经费投入严重不足、师资和生源名额被严重限制等方面，有的机构（如联合国教科文组织倡导发起的人口所）甚至面临无法继续存在下去的局面。在 2012 年教育部学位与研究生发展研究中心的第三轮评估中，厦门大学社会学的排名从之前的第八名滑落到第十三名。如果不整合分散在不同学院的社会学研究力量，成立一个学院，任由社会学在公共事务学院继续遭遇边缘化，厦门大学社会学一级学科将很难得到进一步发展。

国内很多"985""211"工程大学都建立了社会学院，如中国人民大学（2003 年成立社会与人口学院）、南京大学（2008 年成立社会学院）、复旦大学（2009 年成立社会发展与公共政策学院）、中山大学（2008 年成立社会学与人类学学院）、华东师范大学（2009 年成立社会发展学院）、华东理工大学（2008 年成立社会与公共管理学院）、上海大学（2011 年成立社会学院）、华中师范大学（2008 年成立社会学院）等。此外，北京大学的社会学则是一个与学院建制相

324

图 21.1　2016 年 12 月 6 日，厦门大学召开社会学学科合格评估专家论证会议

同的独立系。所有这些大学的二级社会学与人类学（以及人口学、民俗学）在同一个学院／系，它们在以往历次全国学科评估中，都以学科集团化的力量，占据了排名靠前的位置。相反，社会学学科没有独立出来的大学的社会学排名却出现明显下滑趋势，而厦门大学是一个在 985 大学里特别突出的例子，体量太小并且二级学科分散。

图 21.2　2017 年 4 月 22 日，厦门大学召开社会学学科建设与研究生教育高峰论坛

325

2017年7月21日，中共中央组织部在厦门大学宣布了中共中央、国务院的任免决定，张荣任厦门大学校长。这是一个好消息，学校班子换了，给社会学学科的整合带来了新的希望。我想尽早找新校长谈成立新学院的想法。等张荣校长熟悉厦大的情况之后，我在11月21日上午到校办与张荣校长汇报了建立社会学院的设想。

就成立社会学院一事，我在12月12日给张彦书记去信，并附上成立学院设想的报告。12月13日收到张书记的回信和电话，他把报告转给有关部门和领导研究。12月18日我又给张书记发去一条短信，进一步询问学校是否有打算成立社会学院。我的意思很明确，厦门大学再不成立社会学院，我就只好到其他高校去了。我在当天晚上收到张彦的回复，说已经与李建发副书记沟通，方便时他会找我聊聊。12月30日上午10点半我到李建发副书记办公室谈了我的设想。这次学科评估厦门大学排名大滑坡，学校有可能对学科做一些调整。他让我回来整理一下兄弟院校社会学与人类学整合的情况，以便学校进一步研究。

2018年1月4日上午10点半，张荣校长率领学校相关部处领导到公共事务学院调研。在前两天获知张校长要来调研的消息后，我要求学院办公室给我安排一个发言汇报的机会。我认真准备了19页的PPT，分三个方面向张校长汇报：一是社会学学科的概况，包括学科的历史、几次评估的名次；二是现有师资力量，讲了现有师资的三个特点，即国际化程度高、年龄结构不合理和规模偏小；三是建院设想，强调目前建院条件已经成熟，建院之后可以极大提高厦大社会学科在全国的位置。

2018年1月12日上午飞杭州，与周晓虹、张文宏会合，到浙江大学走了一趟。浙江大学校领导很重视社会学，这两年浙大社会学发展势头不错。1月15日下午应邀到福州大学访问。当天晚上与校

二一 独立建院

党委副书记、学院书记、吴兴南以及甘满堂一起吃饭。福州大学目前社会学只有 13 人。

建立新学院也需要得到学校各部处领导的理解和支持。1 月 19 日上午我在团结大厦参加市委统战部召开的党风廉政建设和反腐败工作情况通报会，下午就与学校与规划办主任黎永强、教务处长计国君聊了一下社会学科评估的情况及整合的必要性。

教育部学位与研究生教育发展中心在 2017 年底公布全国第四轮学科评估结果。其中，厦门大学的海洋科学获评 A+；化学、工商管理、统计学、应用经济学等 4 门学科获评 A；法学、生物学获评 A-；新闻传播学、物理学、数学、戏剧与影视学等 20 余门专业也获评 B 等级以上。厦门大学参评的学科多达 50 个，只有 7 个学科进入 A 档，与兄弟院校相去甚远。例如，中山大学参评的学科是 48 个，有 12 个学科进入 A 档。武汉大学有 19 个学科进入 A 档。南开大学 35 个学科参加评估，14 个学科进入 A 档。厦门大学在这一轮的评估中成绩不好，对校领导应该会有很大触动，相信学校领导会考虑如何调整布局学科建设。我写了一个《第四轮厦门大学社会学一级学科评估结果分析及对策》的报告送给校领导。此次评估厦门大学社会学位列 B 档，我列了几个原因：第一，没有很好整合厦门大学校内的人类学力量。我校有很强的人类学研究队伍，但又是全国唯一没有与社会学整合在一起的高校。我们仅凭公共事务学院社会学系 18 名教师的力量参与评估，我们是用一个二级学科的力量与其他高校的一级学科相比，显然力不从心。第二，规模偏小。此次评估我们只有公共事务学院社会学系的 16 名教师和人口研究所 2 名教师的成果，是所有 25 所参评高校中社会学师资队伍最小的。第三，大部分的高校都建立了独立的社会学院。在进入 A 档和 B 档的 25 所高校中，已有 14 所建立了独立的社会学院

（或社会发展学院、社会人口学院等），还有 5 所学校建立了院级系。目前仍未建立独立社会学院的只有 6 所高校。厦门大学属于少数未建独立学院的学校。根据厦门大学的情况，我们的建议是，整合厦门大学人类学的力量，把人类学和社会学放在一起建立独立的社会学院。1 月 21 日，我通过邮件把分析报告专门发给了张彦书记。

2018 年 2 月 8 日晚上请易林和人类学系的张先清到家里吃饭，一起讨论商量成立社会与人类学院的可能性。全国人大会议闭幕，参会的张荣校长应该不久就会回校，成立社会与人类学院一事应该提上议事日程了。3 月 21 日晚上在教工餐厅用餐，遇到张彦书记，他让我坐过去，和他聊了许多。我再次说到建立社会学院对厦门大学意义重大。4 月 6 日早上从集美赶回岛内，下午 5 点半到学校向校长汇报了建院设想，这次张先清也参加了。

3 月初我在原来给校领导的建院设想的基础上草拟了成立厦门大学社会与人类学院的报告。我列出了成立厦门大学社会与人类学院的几个理由：第一，建立独立的社会与人类学院具有十分重要的意义。中国社会处在快速的转型变迁之中，在经济建设取得巨大成就的同时社会矛盾和问题也日益突出，这就需要社会学、社会工作和人类学等相关学科进行大量的研究。第二，经过这些年的发展，厦门大学的社会学一级学科已经有了很大进步，已经具备建立社会与人类学院的条件。目前，公共事务学院的社会学与社会工作系有社会学和社会工作 2 个本科专业，1 个二级学科博士点、1 个一级学科硕士点，还有博士后流动站和社会工作专业硕士。人文学院的人类学与民族学系有 1 个人类学本科专业，人类学和民族学 2 个二级学科博士点和考古学博士后流动站。另外，公共政策研究院还有人口与生态研究所。两系一所目前在编的教师人数为 48 人。因此建议学校以公共事务学院的社会学与社会工作系、人口与生态研究所和人文学院的人类学与民族学系为基础成立社会与人类学院。在社会与人类学院下可以设 3 个系和 2 个所：社会学系、社会工作系、人类学系、民族学研究所、人口研究所。在此基础上，我们也希望进一步壮大学科，通过继续引进海内外高端师资，适当扩大招收高质量海内外各层级学生，使厦门大学的社会学一级学科无愧于厦门大学双一流的地位。设立独立的社会与人类学院，将极大地推动厦门大学社会学科的发展，从而整体提升厦门大学的影响力。

4 月 8 日接到陈武元的电话，说申请建立社会与人类学院的报告需要进一步完善，需要增加建院目标和学校支持条件等内容，星期三（4 月 11 日）就会确定是否上校长办公会议。我立即修改了报告，并请易林和周志家提了修改意见，并将报告发给陈武元，让他把关。我在星期一去找规划办黎永强，他建议报告文字减至 3 页。我又再次修改报告，并将删减后的报告发给陈武元，由社科处通过 OA 系统提交。

因为母亲肩膀疼痛厉害，我在 4 月 10 日去了趟集美。在住了三个晚上之后，因为想着要参加星期五的校长办公会，便在星期五上午（4 月 13 日）回到岛内。原以为校办会通知我参加星期五的校长办公会，但一直没有接到通知。我在 4 月 13 日中午问校长秘书小浦，他说会议有安排这个议题，但没有通知学院参加。等到晚上 6 点多，我给陈武元打电话，他还在开会。晚上 8 点多我给他发了微信，他在8 点 42 分回复："仅是万里长征第一步"。晚上 10 点多再给他打电话，他说方案还需要完善，学校还要进一步做调研。14 日上午我给李建发副书记打电话，他说还要走程序。不管怎样，建院的事总算有了一点进展。

2018 年中国社会学年会在南京大学召开。原来没有打算参加此次年会，在老同学周晓虹的邀约下，我在 7 月 15 日下午乘坐 3 点多的厦航班机抵达南京禄口机场，然后乘的士到南京大学仙林校区新建的会议中心报到入住。从机场到南京大学有 60 多公里的路程，开车一个小时。晚饭后参加了中国社会学理事会。7 月 16 日参加大会开幕式，接着到中国研究论坛担任评论人。此次到南京，还见了南京大学的张异宾书记，他还在 7 月 16 日中午请我吃饭，周晓虹和人事处长作陪。下午我到政治社会学论坛报告警民合作的文章，晚上参加社会分层论坛聚餐。7 月 17 日上午参加中国研究论坛，主持第五单元。下午 4 点从会议中心乘车到机场，乘坐晚上 6 点 15 分的厦航回厦门。

南京之行后，建院的情况有了新进展，似乎学校推进建院的力度有所加强。陈武元在 7 月 23 日给我来电，让我细化建院方案。我立即着手草拟建院方案，并在 7 月 24 日征求系里各位老师意见，并与人类学系张先清和张亚辉交换意见。7 月 27 日张先清返回意见，强调要民族学与社会学并行，提出要建文博系。7 月 28 日我把方案发给陈武元过目。7 月 30 日我将建院方案通过 OA 系统提交，当天下午陈武元批示："阅。此方案已根据学校意见进行了修改完善，建议尽快提交校长办公会研究。妥否，请李副校长批示。"李建发在 7 月 31 日批示："拟同意。呈张校长示。"张荣校长在 8 月 1 日批示："请规划办在一定范围内召开专家论证咨询会，听取意见，完善方案。"

8 月 3 日，陈武元先后把我和张先清叫到办公室，传达了前一天校长召集相关部处领导召开的学科建设会议的精神。校领导强调：第一，不能借建院来增加编制，社会与人类学院最多是 60 个人；第二，学校不能同时发展社会学和民族学两个一级学科，只能设社会学一个一级学科，下一轮评估只能让社会学参评。所以，建院方案还需要根据学校的精神进一步修改完善。

9月14日（星期五）上午去机场，乘坐12点25分的航班，于下午6点抵达长春机场，前往参加吉林大学社会学系建系30周年庆典。9月14日下午在长春机场刚下机，就接到校社科处的短信，通知我9月15日上午参加校长办公会，报告建院方案。可是我人已经到了长春，只好吩咐徐延辉和周志家在9月15日上午10点到学校参加校长办公会。经过不断的努力，学校终于同意建立社会与人类学院！在系里的学科建设群里，他们传达了这次会议的情况。杨斌副校长说，社会学与数学等学科类似，是基础性学科。社会学的发展不仅有利于本学科，还有利于其他社会科学学科。校长明确：第一，同意建院。第二，学科优化重组，撤销民族学。第三，杨斌副校长负责具体事项。

虽然校长办公会议确定要成立社会与人类学院，但建院是件大事，还需要经校常委会议讨论通过。10月9日我通过OA系统又提交了一份缩简版的建院方案。社科处长陈武元和杨斌副校长在同一天批示，报告呈校党委张彦书记阅示。张书记在10月10日做了批示："同意上会研究，请办公室安排。根据厦大章程，成立学术机构应征询学术委员会意见，请筹备组提前准备好相关材料。"接着校长办公室主任李智勇在12日签了意见："请社科处根据张书记批示，征询学术委员会意见，提前准备好相关材料提交讨论。"学术委员会的秘书处设在研究生院，但社科处没有及时把报告转到研究生院。在我的进一步跟进之后，社科处才在10月29日把报告转到研究生院，王晟在上面签了意见："根据张彦书记批示，现提请校学术委员会召开专题会议，审议厦门大学成立社会与人类学院方案。妥否，请校学术委员会主任万惠霖教授、副主任陈支平教授、翁君奕教授、田中群教授、韩家淮教授、戴民汉教授审阅。"接下来的两天里，学术委员会的主任及各学部主任都签了同意召开会议讨论建院的意见。

11月1日上午召开新一届教学指导委员会成立会议，陈宝生部长讲话。本届我当选为社会学教学指导委员会副主任委员。

11月27日下午3点半张荣校长在主楼215召开学校双一流建设座谈会，邀请了学校文科10位比较有影响的学者参加座谈会。我也应邀参加了这次座谈会。11月28日下午学校党委常委会在主楼19层的会议室召开，我到会报告了建立社会与人类学院的方案，并回答了现场几位领导的提问。晚上听校办主任李智勇说，常委会已经通过了建院方案。常委会的会议纪要是这样写的："会议审议了厦门大学社会与人类学院成立事宜。会议在充分讨论的基础上，以举手表决的方式，一致同意成立厦门大学社会与人类学院。会议指出，成立社会与人类学院，是贯彻落实校第十一次党代会精神、进一步加强全校学科整合优化的举措，具有一定的探索和标志意义，要确保学院组建顺利成功。会议强调，学校、各相关部门和单位，以及相关学科教职工都有责任和义务加强社会与人类学院建设。学院成立后，学院党政要密切配合，院行政要坚决支持院党委开展工作，认真抓好师德师风建设，切实履行意识形态工作责任制，使新学院各项工作有良好的开端和基础。会议要求，各相关部门和单位在平稳进行的基础上，加快工作进度，尽快启动人员调整、编制核定等工作，选优配强学院党政班子。会议明确，一是该学院归属社会科学学部；二是学院筹建工作组继续负责建院推进工作，由杨斌同志牵头负责；三是人员编制、系所设置、办公地点等事项提交校长办公会研究。"

12月5日下午2点半到主楼找到邱伟杰副校长，与他沟通新学院的办公场所问题。目前没有独立的一栋楼可以给我们院，考虑嘉庚五的三楼的一部分作为学院行政的办公室，教师办公室还是在老地方。未来可以让建筑学院搬出现在的映雪楼，作为我院的办公楼。

12月21日下午学校在科艺中心一楼多功能厅召开新一届校务委

332

员会成立大会。新一届校务委员 54 人，我有幸入选。张荣校长给每位委员颁发聘书。

12 月 27 日上午 9 点半在主楼 1603 会议召开新学院筹备组会议。杨斌副校长代表学校宣布成立社会与人类学院。学院筹备组由杨斌担任组长，谢银辉担任副组长，我、张先清以及相关部处领导担任成员。杨斌主持会议并发表讲话。他说，两院变三院，可庆可贺，这是厦门大学学科建设的重要事件，对于学科发展有特别重要意义。这是不同学院的学科组建，强强联合，希望大家全力支持，做到开局良好，建成一流学科。今天会议主要解决成立以后的关键问题。一是要有战略规划，短期、中长期结合，证明成立学院的意义。通过调查做规划，认真听取专家意见，集思广益，谋定而后动。二是学院人财物的配备，先易后难。我们就学院系所设置是否还需要另打报告请示了杨副校长，人事处吴力武处长说目前的行政编制是 6 人。接着 10 点在主楼 220 召开新学院的教职工大会。李建发副书记宣布谢银辉担任新学院的党委书记，并发表讲话，强调四点：第一，谢银辉要做好角色转变，适应新工作。第二，要着力加强领导班子建设。第三，着力推动学院各项事业的发展，科学谋划学科发展。第四，坚持党务公开院务公开，民主管理。把制度建设好，把党政联席会议制度建设好。让教职工了解学院的决定，参与学院的决策。院班子要以教职工为中心，为学院发展贡献力量。

1 月 7 日下午 4 点在成智楼 301 召开社会与人类学院教工大会，学校组织部考核组到学院开会，找教师谈话，初步确定我为院长候选人。1 月 8 日晚上 6 点半在谢银辉办公室和张先清几个开了个会，讨论了几个问题：一是办公场所，既然学校考虑把映雪楼作为我们的院楼，在该楼还没有腾出来之前，我建议先把映雪楼三楼的半层拿过来作为院办公室，省得以后再次搬家和装修，但这需要与建筑学院沟通协调，需要他们同意。二是办公室人员，谢银辉建议廖晓波来当办公室主任，刘群鑫当党务秘书，还需要与学校相关部门进一步协调。一些部处领导也给我们推荐了人选。三是向社科处打报告申请"社会学一流学科建设专项经费"，争取学校每年给予一定经费，连续支持5年。四是招生数适当增加。人类学本科生增至40人，社会学40人，社会工作25人；硕士生目前人类学只有11人至12人、社会学10人，需要适当增加人数，特别是社会学学术型硕士的招生人数。社会学的博士招生人数也偏少。我打算找一下招生办主任。还有就是学生上课教室的问题，下个学期研究生的课还是要在原来的学院上，2019—2020学年所有学生都要由新学院安排了，所以需要有空间给研究生排课。待学院行政班子确定之后，要落实的几件事：一是办公室主任马上到位。二是开通OA系统。三是成立教授委员会，启动人才引进。

新学院的成立需要召开一个成立大会，我在2019年1月15日与谢银辉等碰头讨论成立大会的时间，初步确定为3月9日。成立新学院对厦门大学来说是一件大事，校长和书记都应该参加，所以还需要进一步协调两位领导的时间。

1月23日上午听谢银辉说建筑学院不同意腾出映雪楼的三楼给我们，我在当天下午跑到海洋楼，看了托儿所腾出的空间，有500多平方米，可以作为我们的临时办公场所。1月31日下午与谢银辉一起到杨斌副校长办公室汇报了学院的相关工作。资产处原来的设想是，待托儿所从海洋楼搬出，建筑学院把映雪楼的三楼腾出来给我们作为行政人员的办公场所，但是建筑学院不同意搬出。现在的方案是我们到海洋楼的二楼过渡一段时间，或者先把嘉庚五的三楼给我们。学院成立大会初定于3月9日，据说这个时间校长要参加全国的两会，所以还要请示领导。

　　新学期于 2 月 18 日正式开学，当天下午与新学院班子几位领导碰头，打算编印新学院的宣传册，在成立大会上分发，展示厦门大学教师的风采。因为校长要参加全国人大，可能要推迟到 3 月底开成立大会。新学院需要有一个院徽，我请了叶江风帮忙设计。院徽初稿出来后，我先发到社会学系教师的微信群里征求大家意见。在 2 月 23 日，我又把院徽的三个方案发到微信朋友圈里继续征求各界好友的意见，最后确定了院徽方案。

　　2 月 25 日上午 10 点 20 分来到学校主楼 1903，校党委书记张彦和我进行了任前谈话。我们等了大概半个小时才进入会议室，张书记、赖虹凯副书记和组织部长孙理在座，学院班子除了我之外，党委书记谢银辉和副院长徐延辉也来了。张书记谈到，学校决定组建新学院，这是经过了一段时间的调研和思考才做出的决定。建新学院得到了师生的支持、学术界的关注、党委的高度支持，得到了稳妥的推进。张书记指出，我既是组建新学院的发起者，又是"长江学者奖励计划"特聘教授，担任院长是历史的结果。并肯定了我作为民主党派，积极学习，担任多年副院长，有行政经验。

　　紧接着在 2 月 28 日下午 6 点又到张荣校长办公室做任前谈话。张校长说，大家都比较认可我，我得到了大家的一致支持。我有想法，学校很重视我的意见。希望新学院起好步，搭好架子，包括软的设施和硬的配套。我表示感谢校长和组织信任，新学院的建设责任重大，但我相信在校领导支持下可以有所作为。一是要做好两个学科的整合工作，明确只做一个社会学一级学科。二是要做好学科建设规划，谋定而后动。在经过广泛调研的基础上，确定社会学的几个研究方向。三是建章立制，充分调动每一个教师的积极性。四是引培结合，做好师资队伍建设，让年轻人成长起来。

　　3 月 1 日上午 11 点半到主楼 16 楼会议室，由邱伟杰副校长出面，与建筑学院书记和院长一起协调社会与人类学院的办公场所。建筑学院不肯让出映雪楼或嘉庚五楼，我们决定去海洋B楼二层过渡一段时间。3月7日上午与谢银辉一起去看了一下海洋楼的临时办公室，可以弄出两三间大教室。3月7日下午在成智楼301召开社会与人类学院教师大会，校党委副书记李建发和组织部部长孙理到会宣布任命我为新学院的院长，张先清和徐延辉为副院长，新的班子算基本成立。我发表了感言，一是感谢组织的信任，二是决心做好学院工作。3月8日上午召开院务会，确定领导班子分工，张先清分管人事、科研和外事，徐延辉分管研究生和本科教学。会后还面试了几个行政秘书，打算从校内调一两个秘书过来。

学院成立大会定于3月23日，学院成立了一个会务组，紧锣密鼓地开展会议的筹备工作。院领导与会务组成员多次开会，确定邀请嘉宾名单、准备会议材料、讨论议程安排，甚至嘉宾位置排序也要一一核对。此次会议邀请嘉宾50多人，学生志愿者一对一到机场接机。3月22日客人陆续抵达，我在中午1点半到机场接李培林。此次大会邀请了国内各高校和研究机构社会学与人类学的学科带头人。参加会议的社会学界嘉宾分别有北京大学的张静和谢立中、中国人民大学的冯仕政和刘少杰、清华大学的王天夫、中国社科院的张翼、南京大学的周晓虹和成伯清、上海大学的李友梅和张文宏、复旦大学的刘欣和顾东辉、华东师大的文军、华东理工的何雪松、武汉大学的贺雪峰、中山大学的王宁和蔡禾、吉林大学的邴正和田毅鹏、南开大学的关信平、华中科技大学的丁建定、山东大学的宋全成、西南财经大学的杨成钢、西安交通大学的李黎明、云南民族大学的包智明，以及华中师范大学的符平。

3月23日8点半，学院成立大会在科艺中心的音乐厅隆重举行。开幕式由杨斌副校长主持。张荣校长在致辞中表示，学校结合社会学和人类学的发展趋势，借鉴国内兄弟高校的经验，整合社会学、人类学、民族学、人口学、社会工作等学科，成立社会与人类学院，旨在继承和发扬学科优良传统，培育学科新优势，增强学科竞争力，努力为党和国家培养立时代潮头、通古今之变、发思想先声的新时代人才，为党和人民述学立论、建言献策。"学校将充分发挥综合性大学优势，努力整合校内外更多、更好的资源，大力支持社会与人类学院的建设。"他就学院下一步发展提出四点意见：一是要以习近平新时代中国特色社会主义思想为指导，认真学习领会习近平总书记重要讲话精神，特别是在哲学社会科学工作座谈会上的重要讲话精神，和2019年3月4日看望参加全国政协十三届二次会议的文艺界、社科界委员时的重要讲话精神，坚持马克思主义的指导地位，坚持正确的政治方向和学术方向。二是要紧紧围绕党和国家重大战略需求，聚焦当代世界和中国社会发展重大理论和现实问题，凝练学术方向、汇聚研究队伍，突出学科建设的龙头地位，努力在若干重大研究领域推出具有国内外影响力的精品力作，重新打造社会学、人类学等学科的"厦大学派"。三是树立学院以育人为主体的理念，确保人才培养的中心地位，担负起人才培养的主体责任，积极打造宽口径、厚基础、跨学科、国际化、重实践、求创新、多元化的人才培养体系。四是要以学院新成立为契机，不断创新体制机制，积极探索学院治理规律，大力推进"院为实体"改革，走出一条一流学科、一流学院建设的新路子。

李培林在致辞中说，40年来，我国经济体制和社会生活都发生了巨变，中国社会学也伴随和参与了这种社会巨变，并迅速发展、壮大、繁荣，成为学科体系完整、学科门类齐全、专业教学和研究人员众多，并有着广泛社会影响力的一级学科。"问题导向"是中国特色社会学最鲜明的风格，希望厦门大学社会与人类学院以我国发展中的重大理论和现实问题为研究导向，不辱使命、努力工作，为繁荣和发展中国社会学不断做出新的贡献。郝时远、李友梅、麻国庆也先后致辞，祝贺我校社会与人类学院成立，并从学科建设、研究领域、学术品牌等方面对学院下一步的建设发展提出了希冀和期待。

厦门大学张彦书记、张荣校长，嘉宾李培林、郝时远、李友梅和我6人共同为学院揭牌。

图 21.3　2019 年 3 月 23 日厦门大学社会与人类学院揭牌成立

接着我作为新学院的院长上台致辞。首先，我代表新成立的社会与人类学院的全体师生，感谢各位嘉宾和领导在百忙之中前来参加这次成立大会，感谢兄弟院校和科研单位一直以来对厦门大学社会学学科的关心和支持！感谢厦门大学领导对社会学和人类学学科发展的大力支持！厦门大学社会学历史悠久，早在 1921 年创校之初就设立了社会学学科，但是发展并不一帆风顺。厦门大学社会学、人类学和人口学这些专业的研究都有相当的基础，但在过去由于院系安排，分散在不同的学院，缺乏整合，因此难以凝聚和优化学科力量。经过一番努力，现在这些社会学学科的不同二级学科整合在一起。我相信厦门大学的社会学学科会因此获得更大的发展。当前的中国正处于百年之未有的变局之中。在经济建设取得巨大成就的同时，社会矛盾和社会问题也日益突出，这就需要社会学、社会工作和人类学等相关学科进行大量的研究，为国家、为社会、为民众找到最好的发展路径。厦门大学成立社会与人类学院，正当其时。党的十九大报告指出："要提高社会治理社会化、法治化、智能化、专业化水平。"作为与社会治理关系最密切的学科，壮大我校社会学在社会学理论与应用、社会政策与社会工作、人类学、人口学等方向的实力，正契合党和国家的大政方针，是目前国家和社会急切需求的专业。我们将从学科的历史积淀、厦大所处的相对区位优势，以及社会发展的需要来考虑凝练学科方向，打造具有厦大特色的研究领域。我们愿与国内兄弟院校的同人一道，为中国社会学和人类学的繁荣和发展贡献我们的力量！

成立大会后，"中国社会学与人类学重建 40 年高端论坛"随即召开，先是由李培林、郝时远、邴正、麻国庆、张静和高丙中等作大会主旨发言。接着来自国内高校和研究机构的社会学、人类学、民族学领域的近 50 名专家学者围绕学科建设与发展，人口发展与社会政策，社会网络与社会分层，民族志与区域发展，人类学、民族学理论与经验 5 个议题展开深入探讨和交流。

公元 2019 年 3 月 23 日，是个不平凡的日子。这一天将载入厦门大学的校史，也将载入中国社会学和人类学发展的历史。从这一天开始，厦门大学社会学科的发展进入了一个新阶段。

# 二二　跻身一流

　　学院成立了，作为一院之长，我必须花很多时间抓学科建设，调动全院教师的力量，让学科更上一个台阶。一直以来，老师都在抱怨学校没有重视社会学科。现在学校愿意投入资源建立了社会与人类学院，学校给了社会学科一个很好的机会，我们应加倍珍惜这来之不易的机会，一定要把学科建设做好。

　　学科的发展要靠人才，要有一定规模的师资队伍，加上几位出色的学术骨干和学科带头人，一个学科才能撑起来。新学院成立以后求职者的数量和质量都有较大提升。学院成立后的第一年就有来自香港大学的两个博士申请南强青年拔尖人才 B 类计划，这几个人都不错，希望都能够引进。为了扩大影响，能够引进比较好的人才，我们又在学院网页推出招人广告。经朋友圈转发，阅读量已经突破 5000。2019 年 6 月 6 日，学校校长办公会讨论了人事处提交的报告，涉及我院编制、设社工系以及辅导员编制等问题。我列席了此次会议。新学院有社会学、社会工作和人类学 3 个本科专业，原本只有两个系。学校原则同意将社会工作专业从社会学与社会工作系中独立出来，另设社会工作系。另外，学校同意增加 5 个预聘制教师岗位。

　　大学的竞争是人才的竞争。为了吸引更多优秀青年人才加盟，厦门大学推出了南强青年拔尖人才计划，通过这一计划招聘在科研方面比较突出的年轻教师。学校人事处每年举办一次南强青年学者论坛，各学院则在这个论坛之下举办分论坛。入选南强 A 类人才者聘任为教授，入选 B 类人才者聘任为副教授或教授，学校为他们提供具有竞争力的薪酬、科研启动经费、购房补贴。依照规定，人文社会科学领域申报人一般不超过 43 周岁。借助这一人才计划，我院陆续引进一些青年人才。2020 年初龚浩群入选南强 A 类计划，来自香港大学的常青松也入选南强 B 类。常青松的引进过程并不是很顺利，一开始在社会科学部投票的时候因为没有达到需要的票数未获下一步推荐，经过努力，校聘任委员会最后还是同意将常青松列入南强 B 类计划。社会学系在建院之后引进了黄晓星、吴胜涛、汪子臻、李潇、罗思雨。人类学系引进了龚浩群、卢成仁、王利兵、张群、李晋等人。社会工作系引进了潘海敏、卢玮、陈琪琪和曾月。学院于 2020 年 5 月 21 日至 27 日分别开设了社会学与社会工作、人类学与民族学、社会工作、社会学四场分论坛，吸引了来自普渡大学、亚利桑那大学、香港理工大学、香港中文大学、墨尔本大学、荷兰莱顿大学等高校的 11 位青年学者参会。2021 年 3 月 22 日和 24 日举行了三场线上的分论坛，共有 10 位学者在论坛上发表演讲。2022 年 3 月 3 日至 5 日，我院在线上举办了社会学、人类学、社会工作三场分论坛，来自牛津大学、纽约州立大学奥尔巴尼分校、香港大学等高校的 12 位青年学者参会。2023 年 3 月 26 日至 27 日，学院举办 2023 年南强青年学者论坛社会学分论坛，来自清华大学、牛津大学等多所国内外顶尖高校的 15 位青年学者参会交流。

　　厦门气候温和、风景秀丽，厦门大学也是一所不错的 985 高校，这是吸引人才加盟的优势，但是厦门地处东南一隅，房价奇高，这对于引进人才来说是极其不利的。作为学院来说，能够动用的资源有限，我想更重要的是把学科建设做好，让每一个加盟学院的年轻人在这里都能找到自己发展的机会。

引进人才很重要，把学院现有教师的积极性调动起来更重要。我打算通过一些制度规定来调动大家的积极性。王传超的分子人类学成果显著，能够在国外顶尖期刊发文。我决定从人类学系中划出 6 个编制给人类学研究所，给予该所一定的独立性，把分子人类学放到所里，避免与文化人类学争资源。为了调动教师的积极性，让教师能够有更多的精力投入科研，学院决定年终分配取消课时补贴，把这一部分变成科研奖励，鼓励教师多出成果。学院还特别规定，对于申报重大项目者，给予 1 万元奖励。上好课是每一位教师的基本职责，但学院不鼓励教师上太多的课，能够完成基本教学工作量即可，不是课上得越多越好。除了奖励，我还在学院建立了教师述职制度，让每个人上台讲一讲过去一年做了哪些事，包括上了哪些课、申请了几个课题、发表了几篇文章。每个人都把自己的研究成果在全体教师面前亮一亮。学院教师的第一次述职大会在 2020 年 12 月 21 日下午进行。我在会上讲了这次述职大会的意义："2020 年是很不平凡的一年。世界经历过新冠疫情的磨难。现在教学和科研工作都算进入正轨。年初就说过要做这件事，这一次结合学校要求的师风师德活动，我们举办一次全体教师的述职活动。大家都把自己过去一年的教学、科研和社会服务工作总结一下，讲一讲你上了什么课，申请了什么课题，获得什么奖励，发表了什么文章。我觉得教师述职有这三个方面的意义：一是让学院了解每个教师的工作情况。知道每个教师都上了哪些课，发表了什么文章，申请了哪些课题，做了哪些事。学院的发展需要靠大家共同努力，只

341

二二 跻身一流

有大家都上好课，多出成果，我们的学科才能够得到发展，我们的学科在全国才有影响力，我们学院在学校才有地位。通过比一比、看一看，我们才知道大家在教学、科研以及社会服务方面做得怎么样。我们才会知道，我们哪些方面做得比较好，哪些方面还做得不够，哪些教师做得比较好，哪些教师还需要进一步努力。对于在某些方面做得不够的教师，学院也会想办法让他们在新的一年里做得更好一点。我们希望每位教师把自己的潜能充分发挥出来，在原来的基础上做得更好一些。学院希望大家都能够很好地得到发展，大家都成名成家了，我们的学院就是了不起的学院了。二是让同事之间多一些了解，可以相互学习，相互交流，共同进步。我们经常发现，同一个学院、同一个系的老师我们都认识，知道他上什么课。但有时却不知道他做什么研究，或者他擅长的领域是什么。我们花很多时间和精力外出开会，其实也就是与同行交流、学习。但是，我们学院内部的交流还是开展得不够充分。我们已经有沙龙、学生论文开题、答辩等活动。我们还是要多做一些事情来促进教师之间的交流。三是总结一年的教学科研情况，帮助大家得到提升。通过述职，大家可以看到自己的教学和科研情况，可以从同事那里学到很多东西，可以帮助大家提升。"

通过奖励加述职，学院试图建立这样一种机制，发挥每一个教师的潜能，调动他们的积极性。为了让年轻学者尽快成长起来，学院每年都要组织教师申报国家社科基金项目和其他各类课题。凡是符合申报条件的教师，都要动员他们申报。在申报过程中，学院组织同行对申报书进行评议，经过多轮修改和打磨，让申报书更有竞争力。

学院的老师们在自己的领域都做得不错，为了扩大他们在学术界的影响，需要通过各种途径宣传他们。我在"今日头条"上开辟了一个专栏，叫作"我们学院的年轻人"。在 2021 年 2 月 21 日至

6月30日不到半年的时间里，先后推介了王传超、张亚辉、龚浩群、陈福平、刘子曦、阳妙艳、常青松等22位年轻教师。从2021年下半年开始，我又接着推介学院的教授们，还是在今日头条上介绍，这次把专栏的标题改为"我们学院的老师们"，先后推介了童敏、张先清、徐延辉、高畅、邓晓华、彭兆荣、叶文振、易林等。每个教师的介绍只放3张照片，大约600字的文字。在今日头条推送之后又通过朋友圈转发，产生了很好的宣传效果。学院宣传部门做事拖杳，一个新闻的发布往往拖上好几天，新闻变旧闻了，也就失去了宣传的意义。我只好通过自己的微信朋友圈、微信公众号和微信视频号来宣传学院，让学院的新闻宣传效果做到快、准、好。我自己用剪映学起了剪辑技术，制作一些简单的短视频，宣传效果很好。我还请寿宁的摄影师叶虎平为学院拍摄了一部8分钟的宣传视频，2021年4月5日在我的微信视频号发出，点击率达到8.8万次。

2019年12月以来，随着新冠疫情形势日益严峻，春节期间大家都不敢出门了。放假后的前几天学院由我带班，2020年1月23日下午3点学校临时召开疫情防控工作会议，要求各学院成立疫情防控工作小组，每日向学校报告学院教师学生情况。

2020年春季学期在2月17日正式开始上课。虽然学生没有回校，但老师们都各显神通，当起了网络主播，用不同的软件给学生远程上课，有用微信的，有用QQ电话的，有用腾讯课堂的，还有用钉钉软件的。历年来研究生复试都是在线下进行的，但这一年也要改为线上进行了。2020年5月8日上午学院召开研究生复试的培训会。社会学专业的复试时间是5月14日下午3点开始，到5点半结束。由于疫情，这一次的面试都是在线上进行，面试的学生要设双机位，在开始之前先查验身份证和准考证，并签订诚信承诺书。整个面试过程还算顺利。

虽然疫情使线下的学术活动受到了很大限制，但线上的学术活动仍然进行。我策划了一个"政治社会学云系列"讲座，时间从 2020 年 6 月 24 日至 7 月 17 日。本系列讲座邀请北京大学张静教授、中国人民大学冯仕政教授、清华大学应星教授、中国社会科学院李春玲教授、复旦大学周怡教授、南京大学邓燕华教授主讲，本校则由我和易林教授担任主讲人，分享各自在政治社会学相关领域的最新研究成果，受到了学术界的关注，产生了很好的影响。

接着，我又策划了一个面向中学生的"社会学走进中学"系列讲座。社会各界对社会学这一学科的了解不多，目前高中生中高考第一志愿填报社会学专业者人数有限。因此，社会学界的同仁需要多做一些宣传和科普的工作，让更多的人了解这个学科。我策划了"社会学走进中学"系列讲座，在 2020 年 7 月 21 日至 30 日的 10 天时间里在线上播出。学院的 7 位老师从不同侧面介绍社会学一级学科下面的社会学、人类学与民族学、社会工作等三个专业的性质、特征和现状。第一讲"自学与治学：我的社会学研究"由我主讲。我与学生们分享了自己以"自学"为主的求学时光和在治学中不断学习的经历，在鼓励学生们不断学习的同时，讲解了社会学这门学科的魅力。易林教授主讲的第二讲"社会学是什么"从社会学视角、社会问题、社会学三大目标等 11 个小主题入手，用通俗易懂的语言向学生们介绍了社会学研究的基本问题。第三讲"社会变迁与心理适应"的主讲人是吴胜涛副教授，他从城市化与文化价值失调、现代化/技术变革与人性的断裂、全球化与社会认同危机等三个话题切入，引申至我们的责任与希望。第四讲郑思明助理教授以"社会工作：用生命影响生命"为题，梳理厦门大学社会工作专业发展建设历程，以生动的个人亲身经历和服务案例让学生们了解什么是社会工作。张亚辉教授在第五讲"什么是文化人类学"的讲座中，讲述了人类学在现代社会科学学科分类中的位置、人类学的起源及其根本问题、中国人类学的历史与现状等人类学的发展脉络和学科传统。第六讲王传超教授从三个问题"我们是谁,从哪里来,又要到哪里去?"入手,梳理了生物人类学的百年探索。最后一讲,唐美玲副教授从近期社会新闻引入,带领中学生一起"走进性别研究",解答了"为什么要进行性别研究",以及性别研究的发展、性别社会学讨论的议题等问题。随着疫情的缓解,社会学走进中学系列讲座还从线上走到线下,2020年11月30日,张亚辉教授走进西安铁一中宣讲人类学,易林在2020年12月18日走进福州第三中学宣讲社会学,童敏在2021年4月12日走进福州格致中学宣讲社会工作。我则分别在2021年1月21日到福建寿宁犀溪中学、2021年2月2日到浙江泰顺中学、2021年4月21日福建平和一中宣讲社会学和我的治学之路。

图 22.1　2021 年在寿宁县犀溪中学宣讲社会学

在厦门大学即将迎来百年校庆之际,作为"百年南强群学,再创学科辉煌"系列活动的一部分,2020年12月13日至14日,我院举办了"变动社会的秩序与治理"云端论坛。50多位来自国内高校社会学学科的学者，为听众呈现了一场"云"端的学术视听盛宴。在论坛开幕式上，我和中国社会学学会会长陈光金教授为本次会议致辞；中国社会科学院社会学研究所李培林研究员和上海大学社会学院李友梅教授分别做了题为"开启中国现代化新征程"和"当代中国社会治理转型的推动力"的主旨发言。两天时间，50多位中国高校社会学学科的名家围绕"社会治理与数字社会""社会转型与区域发展""社会建设与社会治理""美好社会建设""反贫困与社会政策""乡村振兴与治理"六大单元进行研讨。

2021年3月1日新学期正式开始上课，由于新冠疫情，第一周和第二周的课都在线上上。这学期我有两门课，一门是定量研究方法，星期一晚上9节至11节，另一门是农村社会学，星期二下午7节至8节。不过，3月13日学生陆续返校，接着开始线下上课。由于疫情，厦门大学百年校庆的活动也受到影响，原来学校准备组织一场大型的国际论坛，但因为邀请国外学者参会有许多不便，只能改为国内会议。为了拍摄学院的宣传视频，叶虎平从寿宁来到厦门。2021年3月11日下午学院召开教工大会布置新学期工作，叶虎平到场拍了一些镜头，13日上午9点半在上弦场拍学院全体教师的合照。作为百年校庆的一部分，学院举办了主题为"全球化背景下的多元文化与社会"的学术论坛。4月6日上午学校开校庆大会，我陪先到的嘉宾到校史馆和人类博物馆参观。4月6日下午，由社会与人类学院承办的"全球化背景下的多元文化与社会"论坛，在科艺中心隆重开幕。中共厦门大学纪委全海书记、中国社会学学会会长陈光金教授和我分别在开幕式上致辞。我致辞的主题是"建世界之大学，做世界之学问"，我在致辞中说："一百年前，陈嘉庚先生在厦门大学设立了社会学科，播下了一颗社会学的种子。从此，社会学便在厦门大学生根发芽、开花结果。虽然历经坎坷、筚路蓝缕，但社会学却在中国东南沿海这片土地上开枝散叶、茁壮成长。我们愿与国内同行一起做好社会学这门学问，在理论和研究上有所建树，为社会学这个学科贡献中国学者的智慧和力量。"在主旨发言中，中国社会科学院李培林研究员、上海大学社会学院李友梅教授、中国社会科学院社会发展研究所张翼研究员和中国人民大学社会学理论与方法研究中心的刘少杰教授分别做了主旨报告。

疫情期间许多学术会议都改为线上了。为配合我主编的《定量研究方法》教材的出版发行，2021 年 4 月 28 日应邀在北京大学"博雅大讲堂"上做题为"社会科学定量研究论文的写作"，听众达 6 万人之多。2021 年 5 月 12 日应邀在中国人民大学的"郑杭生社会学大讲堂"上做线上演讲，题目是"我的社会单位理论"，由刘少杰教授主持。随着设立社会学一级学科博士点的学校的增多，为了探讨研究生培养中遇到的问题，很有必要把国内拥有社会学博士一级学科学位点的学科带头人召集一起，每年开一次会，聊一聊研究生培养与学科建设。基于这样的设想，在与几个兄弟院校的社会学科带头人沟通之后，我发起召开首届全国社会学院长论坛。2021 年 6 月 20 日，由我院主办的首届全国社会学院长论坛在厦门大学科学艺术中心成功举办。来自中国人民大学、清华大学、北京大学、武汉大学、南开大学、复旦大学、中国社科院大学、中央民族大学、上海大学等 25 所社会学博士点单位的院长、系主任和学科带头人就社会学学科建设和研究生培养等问题进行了深入探讨。我在致辞中就举办本次会议的目的进行了阐述。中国社会学重建走过 40 年的历程，社会学学科人才培养方式日趋完善，形成了从本科、硕士到博士的人才培养体系，而中国社会学的重建是从研究生的培养开始的，因此十分有必要定期举办一场这样的会议，召集各院校社会学的学科带头人相互交流，针对中国社会学的研究生教育和人才培养的经验展开讨论和分享，共同提升社会学研究生的培养质量，为中国的社会学的发展作出贡献。

图 22.2　2021 年 6 月 20 日，首届全国社会学院长会议在厦门大学召开

2022 年 12 月 10 日，由河海大学主办的第二届全国社会学院长论坛召开。由于疫情的影响，这次会议在线上举行。主办方邀请了时任教育部学位管理与研究生教育司司长洪大用、中国社会学学会会长陈光金致辞。第三届全国社会学院长论坛由西南财经大学主办，在 2023 年 6 月 3 日召开。此次会议在线下举行，大家聚在一起，面对面进行了深入的交流。

受新冠疫情影响，中国社会学 2020 年会采取线上与线下相结合的方式进行。我在 2020 年 10 月 29 日下午 3 点 25 分乘坐厦航到贵阳，入住贵安新区的群升豪生酒店，参加中国社会学会的年会。此次年会举行了理事会的换届选举，我当选中国社会学会副会长。参加完 31 日年会的闭幕式后，我和周晓虹、关信平、张文宏从贵阳乘坐高铁至成都南，与李文和沈光明会合。在九三学社四川省委员会的安排下，我们在接下来的几天在阿坝州进行了考察。先后走访了茂县、九寨沟、马尔康和理县等地。

图 22.3　在 2020 年贵阳召开的中国社会学会理事会上当选副会长

中国社会学会 2021 年会在重庆召开，我在 7 月 15 日上午乘坐 9 点的厦航班机飞往重庆江北机场，与山东女子学院的老师们会合，到武隆走了一趟。7 月 16 日下午赶回北碚，晚饭后赶往西南大学参加社会学会的理事会，我在会上提出申办中国社会学会 2022 年会，得到了大家的支持。7 月 17 日上午是大会开幕式，接着是大会发言。原定年会由西南大学承办，但因为疫情，校方对参会人数做了限制，变成年会由西南大学、重庆工商大学和四川外国语大学等几所大学联合承办，把三千多的参会者分散到几个学校。我们主办的分论坛设在四川外国语大学，我在 11 点多从西南大学赶往四川外国语大学。中午林移刚请客，周晓虹、翟学伟也来了。下午 3 点在四川外国语大学社会学院的会议室与教师们交流。晚上在瓷器口与川外校领导一起吃饭。18 日上午在川外参加由我们厦门大学社会与人类学院主办的城乡基层治理论坛，中午休息之后赶往西南大学参加大会闭幕式，并从陈会长手上接过会旗，正式确定承办中国社会学会 2022 年会。12 月 5 日上午在线上参加了中国社会学会会长会议，内容是学习党的十九届六中全会精神，同时也讨论了学会评奖以及 2022 年会的主题。为进一步商量年会事宜，陈光金、谢寿光、童根兴和傅学军一行 4 人 2022 年 1 月 10 日中午抵厦。下午 4 点在厦门大学社会与人类学院会议室召开 2022 年全国社会学年会的筹备会，初步确定了年会的主题是"中国社会发展新阶段与社会学新使命"。会后还实地查看了建南大会堂和科艺中心。初步确定 2022 年会的时间，7 月 15 日报到，16 日至 17 日开会。15 日晚上的理事会和 17 日的闭幕式可以用科艺中心的音乐厅。16 日的大会开幕式和主题演讲就定在建南大会堂。厦门大学承办全国社会学年会拥有得天独厚的优越条件，建南大会堂楼下可以容纳 2700 人，加上楼上可以容纳 3000 多人，开幕式和大会可以在这里召开，不用分成若干分会场。分论坛需要 60 多间教室，科艺中心的小会议室可以租用几间做论坛，周边公共事务学院、人文学院、南洋研究院、教育研究院以及外文学院的会议室可以借用。主要是南强楼的教室需要与教务处协调。校内 300 多间客房留给理事和常务理事，其他参会者住学校周边宾馆。用餐安排在一至两个学生食堂。在住宿宾馆和学校会场之间，每天只安排早晚两个班次的大巴接送。校门进出统一用电子胸牌加二维码，与会务收费绑定。接下来学院要成立相应的机构，落实校内场所，落实周边宾馆，找一家会务公司协助做会务。

疫情期间只是偶尔外出，2022年2月去了一趟湘南学院，辅导青年教师的国家社科基金项目的申报，我还在陈立周、颜雅仪和向颖等的陪同下游览了很有特色的高椅岭。

疫情的反复增加了许多不确定性，其实新冠病毒的毒株已经发生了很大的变异，毒性减弱了，传播性却增强了。原定的2022年中国社会学年会的开会时间往后推迟了。8月15日下午2点在线上召开中国社会学会长会议，决定把年会改在线上开。开幕式和主旨发言还是安排在8月26日上午。

8月26日上午，由中国社会学会主办、厦门大学承办的中国社会学会2022年学术年会在厦门大学线上开幕。本次年会的主题为"中国社会发展新阶段与社会学新使命"，来自全国高校与科研机构2100余名专家学者线上观看会议直播。中国社会学会学术委员会主任李培林、厦门大学校长张宗益、时任中国社会学会会长陈光金在开幕式上致辞，开幕式由厦门大学党委副书记徐进功主持。开幕式的主题报告环节，由中国社会学会副会长、清华大学社会学系主任王天夫教授主持。中国社会学会特别邀请了中国社会科学院原副院长蔡昉做了题为"社会（学）问题的经济学投射——破解'索洛悖论'和'凯恩斯悖论'"的演讲。大会安排了4位社会学者做主题发言，分别为：我作为会议承办单位做题为"人的需要与社会单位的形成"的演讲，中国社会科学院社会学研究所杨典做题为"资本、权力与文化：金融化与资本无序扩张的制度逻辑"的演讲，哈尔滨工程大学郑莉的演讲题目为"承认的观念史与全球化时代的文化认同"，上海大学社会学院黄晓春则以"党建引领与当代中国社会治理创新"为题做主旨演讲。本届年会采用线上线下结合的方式进行，在厦门大学设立开幕式主会场直播间，在中国社会科学院社会学研究所设立开幕式分会场，其他专家学者和师生在线上实名注册参会。年会在全国共设置83个

352

分论坛。

年会没办法在线下进行，是不是再推迟几个月之后有可能在线下召开理事会和年会闭幕式呢？基于这样的想法，会长会议决定把理事会和闭幕式推迟到年底。10 月 20 日学会秘书处发布通知，确定在 11 月 26 日厦门宾馆明宵厅召开理事会和闭幕式。但是接下来的疫情形势更加严峻，北京已经开始大面积感染，学会秘书处又再一次更改会议通知，线下的会议又改成了线上的会议，原定的会议时间也推迟至 12 月 17 日进行。上午是中国社会学会理事学习党的二十大精神，全体理事参加，由中央党校龚维斌、贵州大学李建军、中国社科院张翼、南京大学宋林飞、黑龙江社科院王爱丽和我 6 个做专题发言。下午的会议有两个时段，第一个时段是理事会，审议 10 多个专委会换届和成立报告，接着是闭幕式。本次年会在 8 月 26 日线上开幕，历时近 4 个月才落下帷幕，这在中国社会学会史上应该是独一无二了。

南强群学讲坛是学院致力打造的另一学术品牌。学院每年通过各种途径邀请国内外学者到厦门大学社会与人类学院做学术演讲。每一位来演讲的嘉宾学院都会颁发一个纪念牌。南强群学讲坛第一讲在 2019 年 12 月 6 日晚上开讲，由中山大学社会学系王宁教授做了题为"从不平衡消费到平衡消费：'富裕失范'的社会学分析"的报告。这一讲坛自开讲至 2023 年底，共开设讲座 118 讲。在 2023 年底，我们还推出了"南强群学讲坛：2023 海外学者系列"线上讲座，邀请美国明尼苏达大学边燕杰教授、英国牛津大学项飙教授、美国斯坦福大学周雪光教授、上海纽约大学吴晓刚教授、浙江大学赵鼎新教授、美国加州大学洛杉矶分校周敏教授、香港岭南大学李连江教授、美国加州大学圣塔芭芭拉分校杨美惠教授、加州大学洛杉矶分校阎云翔教授、香港理工大学石丹理教授、东芬兰大学陈虹霖教授、香港中文大学 Andrew Kipnis 教授以及英国斯特林大学 Lena Dominelli 教授等知名专家担任主讲人发表演讲，在国内学术界产生了广泛的影响，起到了很好的作用。

学院成立之后的任务之一是申报国家一流本科专业。2019年4月9日，教育部发布通知，决定启动一流本科专业建设"双万计划"，2019年至2021年建设1万个左右国家级一流本科专业点和1万个左右省级一流本科专业点。"双万计划"的评审由各专业的教学指导委员会负责。教育部高等学校教学指导委员会是中国教育部聘请并领导的专家组织，具有非常设学术机构的性质，接受教育部的委托，开展高等学校本科教学的研究、咨询、指导、评估、服务等工作。2018年11月1日，2018—2022年教育部高等学校教学指导委员会成立会议在北京召开，新成立111个学科类教学指导委员会，新一届教学指导委员会最终遴选出委员5550人，包括主任委员111人、副主任委员710人。我有幸入选社会学类专业教学指导委员会副主任委员。2018年12月15日，2018—2022年教育部高等学校社会学类专业教学指导委员会成立暨第一次全体委员会议在北京召开。中国人民大学党委常务副书记张建明、教育部高教司人文社科教育处副处长高巍巍、本届社会学教指委主任委员李路路给我和周飞舟、田毅鹏、顾东辉、文军、成伯清、王宁等副主任委员颁发聘书。

2019年5月29日，厦门大学开会推荐国家一流本科专业，但我们学院申报的社会学和人类学两个本科专业均未入选。全国范围的社会学类的本科一流专业推荐工作在随后进行。2019年9月15日上午飞北京，下午1点在中国人民大学参加社会学类教学指导委员会主任委员办公会议，讨论双万计划本科专业的推荐问题。4点多从中国人民大学到机场，晚上乘坐6点55分的厦航班机回厦，11点回到家里。

2019年教育部社会学类学科教学指导委员会全体会议于9月28日至29日在青海民族大学召开。我提早一天于27日抵达西宁。2019"双万计划"推荐工作会议于10月在重庆西南大学召开。我在10月18日上午乘坐9点15分的厦航飞往重庆江北机场，19日是"双万计划"推荐工作会议，先是分六个小组酝酿名单，而后再召开主任委员会议进行统一协调。中央赛道推荐18个专业，地方赛道推荐20个专业。下午投票，但票数没有当场公布。

图 22.4　2019 年 10 月在西南大学参加会议留念

2020 年 10 月社会学类教学指导委员会会议在哈尔滨工程大学召开。因郑莉邀请我给她的学生做一个讲座，我提早在 10 月 15 日从厦门飞哈尔滨。我在15日早上出发，从厦门飞哈尔滨需要经停大同，路上花了一天时间，在下午4点多才抵达哈尔滨太平机场。晚上给学生开讲座，16日上午在赵岩陪同下游览了虎园、歌剧院以及中央大街。下午稍事休息后到学校行政楼，参加简短的聘任仪式，校党委杨副书记为我和冯仕政颁发聘书。17日上午参加教指委大会，下午乘坐4点20分的南方航空航班飞杭州，参加次日浙江大学韦路教授重大项目的开题报告会。由于疫情，接下来的一流本科专业评选也都改为线上进行了。2021年1月6日晚上开了一次社会学类教指委的主任办公会议，1月9日上午又召开第二次社会学类教指委主任办公会议，主要是讨论推荐国家级一流本科专业的评选工作。1月9日下午2点开始，全体教指委委员在线上开会，先开全体会议，再分成几个小组，最后再开大会，然后大家按照推荐名单投票。厦门大学的社会学专业在这一次推荐中入选一流本科专业。

新冠病毒不断变异，上海、泉州形势严峻，疫情外溢，多地都有零星病例，厦大也封校了。因为疫情，许多课程改为线上上课。2021年10月，社会学类专业教学指导委员会全体会议在苏州大学召开。因为当时厦门有疫情，我就不能参加这次会议了。第三批一流本科专业的评选原定2021年底，因为疫情推到2022年初。我们社会学类教指委的几位主任委员在2022年3月24日晚上开了会，初步确定了一个名单。一流本科专业的评选分中央赛道和地方赛道，此次中央赛道有18个名额，地方赛道有24个名额，但地方赛道申报学校多达50多家，竞争激烈。3月26日上午9点全体教指委开会投票。先是全体大会，接着又分组开会，再接下来全体开会投票。厦门大学的人类学专业在这一次入选一流本科专业。

评估排名对于一个学科来说是很重要的。厦门大学投入资源成立独立的社会与人类学院，也寄希望于我们在新一轮的学科评估中能有好的成绩。虽然第五轮学科评估还未正式启动,我们却早就开始相关的准备工作。2020年2月19日上午院务会,讨论了学科评估目前要做的三项工作:一是思政经验的提炼,由陈夷负责;二是社会服务案例的准备,由魏爱棠和陈福平准备;三是校友联络工作,先由陈夷负责。2020年3月6日下午,学校召开2020年学科建设自评估部署会。张荣校长做动员讲话,副校长韩家淮做工作部署,研究生院常务副院长方颖解读自评估要求。2020年4月22日上午研究生院欧阳高亮副院长一行来到学院调研学科自评估情况。

2020年11月,第五轮学科评估正式启动,学校发布《关于开展2020年厦门大学学科评估工作的通知》。根据这一通知和学校相关部署会会议精神,11月17日上午,我院召开了第五轮学科评估工作部署会。我和学院党委书记谢银辉、党委副书记陈夷、党委副书记毛毛、副院长徐延辉、副院长冯文晖、各系主任和学院党政人员参加了此次会议。会议由我主持。会上,我首先介绍了本次学科评估的相关文件精神,强调要提前谋划,努力推动学科评估的各项工作落到实处,力争我院在第五轮学科评估中有较大突破;陈福平结合我院实际情况,对本轮学科评估的政策导向、指标体系变化、工作任务分解和时间节点等方面作了详细说明。全体与会人员就推进学科内涵式发展和建设、详细掌握学科评估政策和指标体系等内容进行了充分的交流讨论。

学科评估中最重要的任务是组织填写"学科评估简况表",这个表格共分五个部分:一是人才培养质量,二是师资队伍与资源,三是科学研究水平,四是社会服务与学科简介,五是需要填写学科自2016年至2020年的成果。与前面几轮评估相比,这次更加突出思想政治教育和师德师风。往次评估中师资队伍规模大的学校可以占到便宜,因为师资规模大相应的论文和课题数量也就更多。但这一次的表格不需要填写太多的教师，在"代表性教师情况"一栏中，只限填写 15 个人，而且 45 岁以下的青年教师不少于三分之一。同样，在"科学研究水平"栏目中，代表性论文总数不超过 40 篇，其中国内期刊论文不少于二分之一，同一教师作为第一作者的论文不超过 3 篇。更为重要的是，这 40 篇代表性论文不是简单地罗列，需要从中凝练出 5 项标志性的成果，每项成果分别简述其原创性、前沿性、突破性创新内容和学术贡献。我们从全院教师 2016 年以来发表的论文中筛选了 40 篇论文，分为如下 5 个项目：（1）社会资本、政治信任及多元文化中的社会治理；（2）社会质量、劳动力市场、社会工作与精神健康；（3）个体化时代文化共同体建设及质性方法探讨；（4）印欧社会与藏族社会的比较研究；（5）人类体质、语言、健康的历史与现状。社会服务方面，我们精选了 5 个案例：（1）建立高校与实务界社工协同网络，助力武汉养老院抗疫紧急援助；（2）全国唯一的人类学专业博物馆服务文化传承创新；（3）引领国内社工实务发展，牵头制定行业标准；（4）发起"我的村庄建设运动"，助力国家乡村振兴战略；（5）搭建学科平台，策划"社会学走进中学"活动。2020 年 12 月 28 日下午，研究生院欧阳副院长，带了几个人来我们学院帮我们看社会学一级学科评估表格的填写情况，提了一些意见。学科评估的事耗费了很多时间，表格的有些栏目还需要不断修改和打磨。经过反复的修改，评估表格在 2021 年 1 月 18 日正式提交。

提交表格之后，就开始了漫长的等待。我们预期的结果是这一次可以进入 A 档，有一个好的结果。虽然正式的评估结果没有揭晓，但软科的排名却在很大程度上提振了我们的信心。2021 年 10 月 25 日，高等教育评价专业机构软科正式发布"2021 软科中国最好学科排名"，厦门大学社会学学科入选"中国一流学科"，进入社会学学科前 10%，位列全国第九。2022 年 9 月 21 日，软科又一次发布"2022

软科中国最好学科排名"，厦门大学社会学学科再次入选"中国一流学科"，进入社会学学科前 10%，位列全国第八，较 2021 年上升一个名次。

图 22.5　在厦门大学指导博士研究生修改论文

2021 年 3 月 25 日下午，学院在曾呈奎楼 B 栋 206 会议室召开厦门大学社会与人类学院社会学学科建设专项会。研究生院副院长欧阳高亮、学位与学科建设办公室副主任杨柳、学位与学科建设办公室副主任王晟到会，我和学院党委书记谢银辉、副院长徐延辉教授、副书记陈夷、社会学系副主任陈福平教授等参加会议，本次会议由我主持。会议主要分为四项内容，分别是我院下一阶段学科建设发展的整体思路、近期学院推动学科评估后续工作的安排、一级学科牵头建设学科共同体的初步方案，以及学院对主负责的拟重点发展的一级学科建设发展的总体考虑。会议明确下一阶段学科建设发展的整体思路，主要是围绕我院学科的优势特色打造学科评估的目标愿景，进一步清晰社会学、人类学和社会工作专业的学科方向，努力克服人才队伍缺少"70后"教师的短板瓶颈，从而改进学科队伍结构。会议回顾近期推动学科评估工作的安排，主要包括 2021 年下半年邀请国内外名家给学生开设南强群学讲坛，打造学术品牌、在线上推出系列学术讲座，策划"社会学走进中学"系列活动，举办社会学冬令营等。

2021 年 12 月 5 日，中午在星海湾吃过饭，稍事休息，赶回学校参加 4 点的学科评估内部会议。校领导周大旺、李建发、方颖以及 20 多位院长到会。会上通报了学科评估的最新进展，评估表格和相关材料在接下来的几天就会由评估中心下发到各个专家手上。据说今年的规则改变了，专家主观打分占很大比例。每个一级学科有 105 位评审专家，由各高校副教授以上职称者组成，"双一流"高校专家占三分之一。

2022 年 4 月 1 日下午，厦门大学召开教师干部视频会议。中央组织部副部长李小新到会宣布中央决定，张荣同志任厦门大学党委书记，张宗益同志任厦门大学校长。2022 年 5 月 30 日下午 3 点，新任校长张宗益到学院调研。我介绍了学院的教学科研情况。这是第一次与张宗益校长面对面接触，感觉他是一位非常务实的领导。2022 年 6 月 6 日下午，张校长主持召开第一次行政系统工作会议，全校各学院院长和部处长参加。这是新校长的做法，此后每月都要开一次，安排在第一周星期一的下午。

自 2022 年 12 月 7 日国务院疫情防控机制综合组发布进一步优化落实新冠疫情防控措施的通知以后，全国陆续改变原来严防死守的动态清零政策，疫情迅速蔓延开来，周边的人一个接一个感染，学院班子的成员也陆续感染。我也未能幸免，在 12 月 28 日感染，先是干咳，第二天低烧，第三天开始咽喉疼痛，像刀片割过一样。接着身上长了不少疹子。之后相关症状逐渐消失，但在长达一个多月的时间，人还是感到没有力气。2023 年 1 月 4 日下午，校长召开学期最后一次行政系统会议，周大旺副校长在会议上宣布了厦大此轮学科评估的结果，社会学进入"A-"，连升两级，取得了重大突破。这是一件值得庆贺的事。

事实上，在新学院成立之后，厦门大学的社会科学学科有了很大的发展。学院上下一心抓学科建设，陆续引进了一批年轻学者。在2024年10月15日，高等教育评价专业机构软科正式发布"2024软科中国最好学科排名"，厦门大学社会取得了位列第五的好成绩。

# 后　记

　　时光如梭，尽管岁月流逝，但过往的一些重要场景却也历历在目。回首走过的路，感慨良多。我抽空把过去的一些记录整理了一下，于是便有了这本自传式的学术志。

　　我是从1984年进入南开大学学习的时候开始记日记的。我并没有每天记，通常几天记一次，有自己觉得新鲜的事就会记下来。因为有了这些记录，有了时间、地点、人物和事件的线索，就可以把过去的一些事串起来了。这些都是流水账似的生活琐事，既没有曲折的情节，也没有激动人心的故事，只是自己读书、考试、教书、报课题、做研究、参加学术会议和做学科建设的记录。虽然记的都是凡人琐事，但岁月留痕，作为一个研究社会学的学者，我始终认为这些平凡的记录有着重要的意义。

　　何况我们生活在这样一个大变革的时代。时代的浪潮形塑着我们每个人的生活轨迹，我们的经历也深深地烙上了时代的印记。在没有上学之前，史无前例的"文化大革命"也波及我生长的小山村，从上小学开始，我就知道了"大字报""红榜""语录"这些词汇，也看到了批斗和游行示威的场面。1973年，在"批林批孔"运动中全国中小学生向黄帅学习的背景下，我的一张大字报让我成为老师关注的学生，成为学校的风云人物。进入中学，在农业学大寨的背景下，学校不仅强调开门办学，每周还有一到两天的劳动课，因此我们可以在没有学习压力的情况下发挥自己的个性和创造力，自己在房前屋后种菜，还自己动手做电的实验。在"四人帮"倒台之后，随着高考制度的恢复，1978年16岁的我参加高考，成了乡里的第一个大学生。1980年我宁德师范专科学校毕业，18岁的我又成了犀溪中学高中毕业班的一名教师。在乡下中学教书的日子里，一台茶花牌收音机是我获取外界信息的重要渠道，我不仅凭此收听陈琳的广播英语讲座，学习掌握了英语，也学到了音乐以及各方面的知识。正是在改革开放的背景下，小平同志提出社会学要赶快补课，南开大学率先办起社会学研究生班，我得以在1984年考入南开大学，自此与社会学这一学科结缘。1986年我从南开大学社会学研究生班毕业到厦门大学任教，在那个充满激情和理想的年代，虽然青年教师待遇不高，却没有太大的晋升压力，可以"野蛮生长"，做自己想做的事情。也正因为如此，我大胆构想了我的社会单位理论，并在1995年破格晋升教授，33岁的我成为当时中国最年轻的社会学教授。1996年至1999年，抱着多学一点东西的想法，已经晋升教授的我又到香港城市大学攻读博士学位。2000年从香港学成回校，恰逢厦门大学人文学院建院，我有幸参与创办了社会学系。自此之后，社会学在厦门大学不断发展壮大。在经过不懈努力之后，2019年厦门大学终于成立了社会学与人类学院，我出任创院院长。在厦门大学，我见证了社会学从一门课到一个专业，从一个专业到一个系，又从一个系到一个学院的艰辛发展历程。几经曲折，筚路蓝缕，厦门大学的社会学终于成为国内最有影响的社会学学科之一。

如果从 1986 年到厦门大学任教算起，我在厦门大学任教的时间已经整整 39 年了。时光荏苒，岁月匆匆。虽然已经是两鬓斑白，但我的学习和研究是不敢有丝毫懈怠的。

胡荣

2025 年 7 月 10 日

**图书在版编目（CIP）数据**

永不懈怠：一位社会学家的学术志 / 胡荣著 .
北京：社会科学文献出版社，2025.7. -- ISBN 978-7
-5228-4187-8

Ⅰ . C91-53

中国国家版本馆 CIP 数据核字第 2024L4V990 号

永不懈怠：一位社会学家的学术志

著　　者 / 胡　荣

出 版 人 / 冀祥德
责任编辑 / 孙　瑜
责任印制 / 岳　阳

出　　版 / 社会科学文献出版社·群学分社（010）59367002
　　　　　　地址：北京市北三环中路甲29号院华龙大厦　邮编：100029
　　　　　　网址：www.ssap.com.cn
发　　行 / 社会科学文献出版社（010）59367028
印　　装 / 北京联兴盛业印刷股份有限公司

规　　格 / 开　本：880mm×1230mm　1/32
　　　　　　印　张：11.875　字　数：309千字
版　　次 / 2025年7月第1版　2025年7月第1次印刷
书　　号 / ISBN 978-7-5228-4187-8
定　　价 / 128.00元

读者服务电话：4008918866